謹以此書

紀念

「文革」結束三十周年

「文革」對「五四」及
「現代文藝」的敘述與闡釋

王　堯著

現代文學研究叢刊
文史哲出版社印行

國家圖書館出版品預行編目資料

「文革」對「五四」及「現代文藝」的敘述
與闡釋 / 王　堯著. -- 初版. -- 臺北市：文史
哲，民 94
　面：公分 -- (現代文學研究叢刊；21)
　ISBN 957-549-648-5(平裝)

1.中國文學 – 歷史 – 現代（1900-　　　）2.
中國文學 – 評論
820.908　　　　　　　　　　95000126

現代文學研究叢刊　21

「文革」對「五四」及
「現代文藝」的敘述與闡釋

著　　者：王　　　　　　　堯
出 版 者：文 史 哲 出 版 社
　　　　　http://www.lapen.com.tw
登記證字號：行政院新聞局版臺業字五三三七號
發 行 人：彭　　　正　　　雄
發 行 所：文 史 哲 出 版 社
印 刷 者：文 史 哲 出 版 社
　　　臺北市羅斯福路一段七十二巷四號
　　　郵政劃撥帳號：一六一八○一七五
　　　電話886-2-23511028・傳真886-2-23965656

實價新臺幣三八○元

中華民國九十四年（2005）十二月初版

「文革」對「五四」及「現代文藝」的敘述與闡釋

目　　錄

「文革」對「五四」及
「現代文藝」的敘述與闡釋

　　在確立和展開「『文革』對『五四』及『現代文藝』的敘述與闡釋」這一課題的研究時，我充分意識到堅持歷史原則與學術立場的重要，尤其是當我面對關於「五四」的解釋從來就充滿分歧這樣的研究歷史時。對「五四」新文化運動的不同敘述與闡釋，不僅曾經是二十世紀中國政治鬥爭的一個焦點，也構成了二十世紀中國學術史、思想文化史的不同層面，並且因此呈現了「中國問題」的階段特徵[1]。二十世紀已經過去，但知識份子只要打開窗戶，就會感受到「五四」的日照。我們現在已經清醒地意識到，我們能夠反顧自身、反顧那個叫做歷史的東西，並且在這種反顧中摸索或者預示那個稱爲未來的東西，很大程度上是因爲我們思想的藍天高懸著「五四」的太陽。

　　就像對「五四」的解釋從來就充滿分歧一樣，現在各翼對「文革」的解釋似乎也有大相徑庭的現象[2]。無論是在「文革」當中還

---

1 我曾經想編選一本《「五四」與中國》這樣的書，在臺北看到相同的文選後，我對認識「五四」的差異之大感到驚訝，於是放棄了編選的計劃。
2 本文對「文革」的基本看法依據《關於建國以來黨的若干歷史問題的決議》所確立的政治原則。

是「文革」結束以後,「文革」都與「五四」牽扯到一起。今天討論「文革」與「五四」的關係,我覺得首先不是一個研究方法問題,而是對一種歷史存在的思考。本文無意對「五四」與「文革」作整體分析研究,也不準備專門比較「文革」與「五四」的異同,在「文革」與「五四」的關係成爲熱點問題時,我想從另外一條路徑進入這一領域做些工作,即重點關注「文革」如何敘述與闡釋「五四」及「現代文藝」。在我看來,只有瞭解「文革」如何來理解「五四」,才能發現「文革」思潮與「五四」精神之間究竟有著怎樣的聯繫和差異。這樣的企圖與思路,顯然表明了我本人對一段時期以來關於「文革」與「五四」關係研究的不同看法。「文革」與「五四」關係的焦點問題,在一些人那裏已經簡略爲「文革」是否是「五四」激進主義思潮延續的結果。這一問題牽涉到對整個二十世紀中國歷史與二十世紀中國知識份子的理解,不是作簡單的結論可以一說了之的。在「是」與「否」之間,我們不能僅僅爲某一種觀點辯護,而是需要以史爲據的論證。我和一些學者有著相同的看法:「文革」與「五四」存在著某種聯繫,但「文革」與「五四」完全是兩種本質不同的運動;「五四」精神不能用「激進主義」來論定,即使我們贊成用「激進主義」來指稱「五四」新文化運動中的某思潮,也不能因此「邏輯」地認爲「文革」思潮就是「五四」式的「激進主義」。我不想急於論證這一基本想法,我覺得現在需要對「歷史」作些還原,這種「還原」未必能夠抵達歷史真實的深處,但也許比從概念、命題出發去解釋局部現象更科學些。我嘗試著這樣做,也包含了我對研究上述一些問題的方法上的思考。

　　「五四」新文化運動同時是新文學運動。「文革」通常把「五四」到「文革」前的文藝稱爲「現代文藝」,並且把 1942 年以來的文藝史看成是「五四」以來文藝界階級鬥爭的延續,「五四」以來的現代文藝史被解釋為「兩種根本不同的文藝路線和文藝思想」鬥爭的歷史。這個解釋確立了「文革文學」的路向:既然「五四」以來的新文學史是兩個階級、兩條道路、兩條路線鬥爭的歷史,那麼「文革文學」只能是這些鬥爭的延續和發展。對這些現象的研究,將會拓展「現代文藝」的研究空間。因此本文的下篇是研究「文革」如何敍述和闡釋「現代文藝」。

對於我現在研究的這段歷史,我還算不上一個真正的目擊者。我曾經跟在抄家的隊伍後面,也似懂非懂地看著自己的小學老師打派仗,被大人允許戴一次紅衛兵袖章那是多麼的興奮,這就是那個時代留給我的關於「革命」的記憶。我們不是主體,但我們切實感受到了「文化大革命」的狂歡。準確地說,對「文革」的記憶我是從「九大」開始的,我緊隨在遊行隊伍中放著小鞭炮。我們沒有真正參與「文革」,但「文革」在塑造著我們,七十年代的批林批孔、評水滸批宋江以及反潮流成了我們的功課。我們開始成長的時代,是對魯迅最隔膜甚至也是最歪曲的時代。今天,當我們把「文革」當作一段歷史加以敍述時,當許多人動情地講述「文革」中的遭遇時,其實,仔細想想,在「文革」中遭遇最不幸的當是魯迅。一個被歪曲了的魯迅填補著我們當時的精神空洞,因此我們從來沒有接受真正意義上的啓蒙。就精神家園而言,我們曾經「喪家」而且「乏」。思想上的這種成長經歷對我們的影響幾乎是致命的。我們是在複製語言的環境中學習寫作與言語的。語言的暴力敲打的是人的靈魂,「打倒」,「踏上一隻腳」之類的話教會我們的不是一個句式,是一種意識形態,一種思維方式,一種政治運作。在語言的複製中,我們的作文就成了那個時期語言文化的一部分,儘管是可以忽略不計的部分,但它是我們寫作的開始。我現在仍然沒有把握肯定，少年時開始的這樣一種狀態是否已經徹底擺脫，因為我還時常從我同輩人（以及更為年輕的一輩）身上看到當年的蛛絲馬迹。

六十年代出生的人在歷史中的位置始終是尷尬的。二十世紀六十年代無論在中國還是在外國，都是風雲變幻之際，但六十年代不屬於我們，我們屬於六十年代。我們不是各種故事的主角，因此，二十世紀的宏大敘事中沒有我們這一代人的往事。我們已經長於解嘲和自我解嘲，並且學會了與社會「調情」的手段，但這不應當是我們的本質。對今天的許多問題，我們有著言說的欲望，但我們缺少對重大思想文化問題的命名能力和解析能力。但這不意味著有理由放棄對重大思想文化問題的命名與解析。儘管我們在殘缺的背景上成長，現在我們仍然處於各種力量的擠壓中，但這絲毫不妨礙我們尋找抵達歷史深處之途的努力。

上　篇

「五四」與「文革」的「五四」

1966 年的 5 月 4 日，並沒有很多文章來紀念「五四運動」。這固然與國內的注意力已經轉到正在發動之中的「文化革命」有關，但也是知識份子喪失話語權的結果。在一系列政治運動之後，對「五四」的紀念，通常是以主流媒體的社論為主調，間或有一些參加過「五四」運動的老知識份子的回憶，這些回憶文章的主要觀點不免此一時彼一時。在當代史上，對於已經成為傳統的「五四」，在諸多方面（譬如文化背景、思想傾向和歷史理念等）存在差異的解釋者們，常常會在相同的現實處境中發出異口同聲的說法或者最終趨向一致，豐富的「五四」遺產於是在趨同中逐漸變質和流失。當對「五四」的解釋已經等同於對中國革命史的解釋時，無疑存在話語權的問題。這種現象其實並不是短期的甚至也不是局部的。一個整體的「五四」彷彿存在著，但是在不同階段對「五四」所作的敘述與闡釋又在摧毀著那個整體的「五四」；如果說對「五四」的解釋還存在什麼標準的話，那只能是現實政治的需要 ——「五四」在「文革」中的遭遇就是這樣。

被認爲是知識份子報紙的《光明日報》，5 月 4 日發表社論《積極參加文化戰線上興無滅資的鬥爭》。這篇社論當然不可能系統地論述正在發動之中的「無產階級文化大革命」。在中共中央《五一六通知》和《關於無產階級文化大革命的決定》出來之前，通常的表述是「社會主義文化革命」或「社會主義文化大革命」，這一革命被解釋爲「文化戰線上興無滅資的鬥爭，是無產階級同資產階級、社會主義同資本主義兩個階級、兩條道路、兩種意識形態之間的階級鬥爭的一個重要方面」。值得注意的是，社論還初步比較了「社會主義的文化革命」與「五四」運動的不同。「要取得這場興無滅資鬥爭的勝利，還必須解放思想，破除迷信。毛主席說：『五四運動的成爲文化革新運動，不過是中國反帝反封建的資產階級民主革命的一種表現形式。』而我們今天進行的革命，卻是社會主義革命。社會主義的文化革命，是要從根本上剷除一切剝削階級的意識形態的革命，是在思想文化戰線上最徹底的革命。無產階級敢於打倒一切剝削階級的思想，創造人類歷史上從未有過的社會主義新文化。」不同在哪里？「五四」是「資產階級民主革命」，而正在發生的「文化革命」是「社會主義革命」。關於「文革」是否是一場革命的問題，在今天已經不需要作什麼討論了。社論這樣的表述雖然沒有明說，但實際上包含了要破除對「五四」的迷信這一層意思。

但是，破除迷信與批判局限都不意味著丟棄「五四」，而只是突出了現實所需要的一部分，這一部分當然也是一種思想認識的結果。1965 年出版的《辭海》對「五四運動」所作的解釋要點有：一、1919 年 5 月 4 日爆發的中國人民反對帝國主義和封建主義的偉大革命運動，它是在十月革命的影響和國內工人階級壯大的條件下發生的，是中國新民主主義革命的開端。二、在 6 月 3、4 兩日上海等地罷工、罷市以後，五四運動發展到一個新的階段即從其開始的共產主義知識份子、革命的小資產階級知識份子和資產階級知識份子三部分人的統一戰線運動，發展為以工人階級為主力，包括城市小資產階級和民族資產階級參加的廣大群眾運動，是為「六三」運動。三、五四運動也是徹底地反對封建文化的新文化運動。當時具有初步共產主義思想的革命知識份子，在五四運動以後，深入工人群眾，傳播馬克思列寧主義，領導罷工鬥爭，促成了馬克思列寧主義同中國工人運動的結合，在思想上和幹部上準備了 1921 年中国共產黨的成立。這些主要的觀點和以及「文革」中對「五四」局限的認識，源自毛澤東《新民主主義論》、《五四運動》和《青年運動的方向》等經典著作，在建國後為大多數知識份子接受，也成為認識中國革命史的基本原則。

事實上，建國以後，毛澤東《新民主主義論》中的一些重要思想已經被放棄。儘管「文革」中所有關於「五四運動」的解釋名義上都是以毛澤東《新民主主義論》、《五四運動》和《青年運動的方向》等經典著作為依據，但實際上已經偏離了一些原則，並且強化了在一些研究者看來原本已經存在著的矛盾之處。由於從特定的政治鬥爭需要出發，「文革」關於「五四」的闡釋發生了關鍵性的變化，更多的是借「五四」來確證今天的「文化大革命」的合法性，這時的「五四」與毛澤東在他的經典著作中闡釋的「五四」也不完全一樣。也就是說，「文革」對「五四」的敘述與闡釋，不僅是某種思想的延續，也是「五四」的新的遭遇。

　　既然一個是「資產階級民主革命」，一個是「社會主義革命」，這裏實際上已經存在一個根本性的衝突，這樣的衝突也就預示了「文革」會從什麼角度來敘述和闡釋「五四」。為了能更好地理解「文革」敘述與闡釋「五四」及「現代文藝」的語境，我們簡要提及「文革」文獻對「文革」的解釋。中共中央 1966 年 5 月 16 日的《通知》說：「要高舉無產階級文化革命的大旗，徹底揭露那批反黨反社會主義的所謂『學術權威』的反動立場，徹底批判學術界、教育界、新聞界、文藝界、出版界的資產階級反動思想，奪取在這些文化領域的領導權」，實現「無產階級對資產階級的專政，無產階級在上層建築其中包括在各個文化領域的專政」。1966年 8 月 8 日通過的中共中央《關於無產階級文化大革命的決定》說：「當前開展的無產階級文化大革命，是一場觸及人們靈魂的大革命，是我國社會主義革命發展的一個更深入、更廣闊的新階段。資產階級雖然被推翻，但是他們企圖用剝削階級的舊思想，舊文化，舊風俗，舊習慣，來改變整個社會的精神面貌。在當前，我們的目的是鬥垮走資本主義道路的當權派，批判資產階級的反動學術『權威』批判資產階級和一切剝削階級的意識形態，改革教育，改革文藝，改革一切不適應社會主義經濟基礎的上層建築，以利於鞏固和發展社會主義制度。」這就是「文革」期間所說的「鬥批改」。

　　這些關鍵性的論點，譬如「專政」與「鬥批改」等使「無產階級文化大革命」區別於「五四」。在當代，「五四」不僅被視為政治運動而且被視爲「文化革命」，六十年代中期以後「文化革命」成爲中國政治生活中一個十分重要的概念並且最終以「文化革命」來發動一場政治運動，顯然也表明了當代政治利用「五四」的重點。實現「無產階級對資產階級的專政，無產階級在上層建築其中包括在各個文化領域的專政」，既是「文革」的目的，也是「文革」敘述和闡釋「五四」的全部思想所在。由此，我們可以尋繹出「文革」敘述和闡釋「五四」的思路及重點：一、突出「五四」作爲「文化革命」的意義，由「文化革命」進行政治運動成爲當代中國常見的政治鬥爭方式，胡適當年感到困擾的政治對文化的干擾在「文革」中不再是一個問題；二、「文化革命」不等同於「思想啓蒙」，對孔孟之道和一切剝削階級的思想意識形態的批判是「五四」作爲文化革命的主要內容；三、知識份子，主要是指「小資產階級知識份子和資產階級知識份子」在「五四」中的「統一戰線」中的作用被降到最低以至抹殺；四、從階級鬥爭、路線鬥爭出發來解釋「五四」是最基本的思路；五、實現「無產階級對資產階級的專政，無產階級在上層建築其中包括在各個文化領域的專政」是「文革」敘述和解釋「五四」的政治制高點。這些當然不是「文革」敘述和闡釋「五四」的全部要點。但是，由此我們可以知道，「五四」的涵義在「文革」中將隨著形勢的變化而變化。於是，就有了「運動」初期的「五四」，上山下鄉運動的「五四」，「批林批孔」的「五四」和「反擊右傾翻案風」的「五四」等。

　　「文革」對「五四」的敘述與闡釋存在最根本的盲點，就是對「民主」與「科學」的回避和歪曲。在文化領域的「專政」導致了十年的文化專制。在「文革」主流意識形態之外的任何思想都已經失去合法性，靈魂深處的「革命」其實是扼殺思想自由的

一種方式，而思想自由與獨立精神是互動的。儘管毛澤東在《反
對黨八股》中曾經指出，中國共產黨人「繼承了五四運動的科學
和民主的精神，並在馬克思主義的基礎上加以改造」，但「民主」、
「科學」的精神在「文革」中不再被視爲「五四」精神。一個不
爭的事實是，作爲思想啓蒙運動的「五四」在「文革」中是不存
在的。

　　無疑，「文革」是反傳統的，即使有人認爲「文革」主流意
識形態繼承了傳統中的某些思想因素，但這不能否認「文革」反
傳統的基本屬性。後期「文革」仍然斷章取義地用馬克思主義經
典作家關於「與傳統實行最徹底的決裂」的論述來推動人們的「思
想革命化」。在我看來，「文革」的反傳統，其實不僅僅是個「批
判繼承文化遺產」的問題，它還是使「文革」具有「劃時代」意
義的政治策略，在「文革」的不同階段，對傳統的批判總是與突
出「文革」的「劃時代」意義聯繫在一起的。在長期的研究中，
人們似乎忽略了這一點。多年來，在談到「文革」的反傳統問題
時，通常是用「革命」概括「反傳統」的特徵，這一概括或揭示，
只是原則性的，準確的說法應當是「革命大批判」，「革命大批判」
是「文革」反傳統的基本特徵。比較「文革」與「五四」反傳統
的異同，實際是比較「革命大批判」與「重估一切價值」的異同。
我不贊同林毓生等關於「文革」是五四反傳統思想的繼續和發展
的看法。「文革」反傳統與「五四」反傳統的根本差異在於它們在
出發點、根本方向、目標上是相反的。即便是林毓生先生自己在
談到「五四」目標時也說：「什麼是五四目標？大家都知道五四運
動最初是一個內除國賊外禦強權的民族主義愛國運動。它的基本
目標是：使國家強盛。五四運動是在合理、合乎人道、合乎發展
豐富文明的原則下進行的愛國運動。所以它是與自由、民主、法

治、科學這些目標分不開的。」[3]而「文革」雖然也聲言「建設社會主義強國」，但事實上是領導者錯誤發動被林彪、「四人幫」反革命集團利用的一場內亂。它否定了以理性為基礎的啓蒙精神，拋棄了自由民主法治科學這些目標，在「革命」的名義下反人道、摧殘人的尊嚴與人格，而國民經濟也幾乎瀕臨崩潰的邊緣。在提出「從《國際歌》到樣板戲是一片空白」這樣的論調時，「文革」對「五四」新文化運動實際上是抽象肯定具體否定。和「五四」先驅試圖把中國置於世界文明潮流之中不同，「文革」時的中國被看成是世界革命的中心，即使是當時評價紅衛兵運動也提到這一運動對世界革命的貢獻。在這裏涉及「文革」時的中國與世界的關係問題，「五四」以後的中國之所以稱為「現代中國」，包含了中國與世界關係的重新確立。我們都意識到，中國的社會主義現代化實踐有著深刻的歷史文化原因。新中國是在二次世界大戰結束世界政治格局重新組合中成立的，東西方兩個集團的對壘和中國革命的性質決定了當時的中國在西方的「現代性」和蘇聯的「現代性」之間只能選擇後者，新中國的建設從一開始就包含了對「西方」的反抗。這當然還有歷史的原因，中國近代以降，飽受西方列強的侵略和蹂躪，在這樣的歷史中建立起來的現代民族國家不可能親近西方。到了五十年代，中國對如何走自己的路建設社會主義的問題已經開始有所探索。建立民族國家的任務和意識形態的分歧導致了中蘇聯盟破裂，並孕育了發動「文革」的根據。這個根據就是認為中國社會既有「中國的赫魯雪夫」和「修正主義」，又有「資本主義復辟」的危險，「文革」的重要文獻始終不斷地闡述這樣的預設。

---

3 林毓生：《冷靜與熱烈》，上海文藝出版社 1998 年 6 月第 1 版。

　　「革命中心」論的出現，當然與西方左翼學者和第三世界一些國家對「文革」的評價有關。「文化革命」的中國一開始就引起世界的注意，西方一些左翼學者敏銳地把「文革」與「現代性」的重建聯繫在一起。在日本，1967年2月5日的《朝日周刊》介紹過日本左派的觀點，這種觀點認爲「文革」具有兩個側面，一個是具有從普及毛澤東思想這種意識形態方面的問題出發而開展的黨內整風運動，另一個是具有創造新型的社會主義文化這種積極建設的側面，而且把「文革」這場鬥爭看作是「世紀性實驗」。藤村在《中國社會主義革命》一書中，把「無產階級文化大革命」看作是「提出了即使在世界史中也是遙遙領先的大問題」。他認爲，「文革」是通過階級鬥爭消滅工農、城鄉、腦體三大差別，旨在實現共產主義的鬥爭。他高度評價「文革」的群眾路線：相信群眾，讓群眾自由討論，放手發動他們，讓他們搞鬥批改，並使他們在運動中進行自我教育與自我解放。把克服落後條件所作的努力與「消滅三大差別」直接聯繫起來是當時對「文革」評價的特點。這就是說，「西方」對「文革」的理解包含了克服現代性內在矛盾的欲望，把「文革」看成是對現代性重建的思路與觀念，是在中國「文革」開始時便產生的西方話語。山田在《問未來》中通過對「文革」的解釋得出結論：在高度工業化的國家裏，在分工過細的體制下，人們的存在被隔裂開來，生存的目的被忽視；中國從相反方向克服落後性的體制，通過發展這種體制，向作爲現代的最困難的課題提出了挑戰，克服「近代」問題的契機也許就潛藏在那裏[4]。西方學者在「文革」開始時對「文革」現代性的理解，後來逐漸概括爲「反現代性的現代性」，毛澤東的社會主義

4　參見韓鳳琴編譯《日本對「文化大革命」的研究與日本的「文化大革命」》，《中共黨史研究》1998年第3期。

思想也被看成「反資本主義現代性的理論」[5]。

　　無論是「民主」與「科學」、「全盤反傳統」與「全盤西化」，還是「人的發現」(陳獨秀曾說新文化運動是「人」的運動，不是「狗的運動」)，都涉及到對中國現代化道路的認識。「文革」時的中國是怎樣理解自己的現代化道路的呢？「文革」期間「現代化」這個詞的使用頻率並不高。但是「文化大革命」與「社會生產力發展」的關係問題在許多重要文獻中都有大同小異的論述，其核心論點就是關於「文化大革命」的「十六條」中指出的：「無產階級文化大革命是使我國社會生產力發展的一個強大的推動力。把文化大革命同發展生產力對立起來，這種看法是不對的。」正式恢復「建設社會主義的現代化強國」提法是在 1975 年 4 月四屆人大會議上。在研究這一問題時，有一篇重要的文章是不能疏忽的，在建國二十周年前夕，北京市革委會寫作小組發表了《中國社會主義工業化的道路》，系統論述了中國的工業化問題，這樣的論題在「文革」時期是很少見的。這篇文章對中國現代化狀況的評價是：「在毛主席光輝思想的指引下，我國工人階級和廣大勞動人民，高舉『鼓足幹勁，力爭上游，多快好省地建設社會主義』總路線的偉大紅旗，堅持『獨立自主，自力更生』的偉大方針，使我國的面貌發生了天翻地覆的變化。我國已經由一個經濟極端落

---

5 汪暉在《當代中國的思想狀況與現代性問題》中說：「毛澤東的社會主義一方面是一種現代化的意識形態，另一方面是對歐洲和美國的資本主義現代化的批判；但是，這個批判不是對現代化本身的批判，恰恰相反，它是基於革命的意識形態和民族主義的立場而產生的對於現代化的資本主義形式或階段的批判。因此，從價值觀和歷史觀的層面說，毛澤東的社會主義思想是一種反資本主義現代性的現代性理論。從政治後果方面來看，毛澤東消滅三大差別的社會實踐消滅了獨立於國家的社會範疇存在的可能性，不僅造成了一個前所未有、籠罩一切的龐大的國家體制，而且把社會生活的各個方面組織到先鋒政黨的周圍。」

後的半封建、半殖民地的農業國，變爲既沒有內債、又沒有外債的日益強大的社會主義國家；在工業殘缺不全，基礎極爲薄弱的條件下，差不多建立了獨立的現代化工業體系；高速度地發展了現代科學技術，攻克了一系列科學難題；培養了一支革命化的工人階級隊伍和科學技術隊伍。」文章的關鍵之處是突出了「文革」通行的觀點，即以階級鬥爭推動社會主義生產力的發展：「在社會主義社會，始終存在兩個階級、兩條道路、兩條路線的鬥爭。我國社會主義工業建設就是在這種鬥爭中前進的。如果我們不是無產階級政治挂帥，就必然是資產階級政治挂帥，這是關係到國家的存亡和人民得到一切或者喪失一切的頭等重大問題。只有堅持無產階級政治挂帥，不斷進行經濟戰線、政治戰線和思想戰線上的社會主義革命，才能保證工業化有堅定正確的政治方向；才能保證經濟建設的領導權牢牢掌握在無產階級手裏，不斷地鞏固和加強無產階級專政。如果忘記了階級鬥爭，不搞革命，片面地搞物質，搞機器，搞機械化，社會主義企業就會變質成爲資本主義企業，政權就要改變顏色，經濟建設的一切成果，就會被資產階級吞食，用來壓迫和剝削廣大勞動人民。因此，首先必須搞好革命化，用革命化來領導機械化。」具體到「文革」，「在無產階級文化大革命中，毛主席領導全國人民，徹底摧毀了以劉少奇爲首的資產階級司令部，粉碎了他的反革命修正主義路線，在上層建築包括文化領域實現全面的無產階級專政。偉大的毛澤東思想得到了空前大普及，中國工人階級和廣大勞動人民階級鬥爭和兩條路線鬥爭的覺悟空前提高，社會主義階級性和創造性像火山爆發一樣地迸發出來，有力地推動了我國社會主義生產力的發展，並且將在我國經濟建設中發生越來越深遠的影響」[6]。

　　知識份子（此時的知識份子既不是「工人階級」的一部分，也不是「勞動人民知識份子」）在「現代化」中的作用已經不被提及。這當然與「文革」對知識份子的定性有關。既然知識份子是資產階級的，「文革」又要對資產階級實現專政，知識份子對現代化歷史使命的承擔也就失去了合法性。「文革」時知識份子身份的轉換和知識份子話語權的剝奪，改寫了知識份子的歷史，知識份子「啓蒙與救亡」的衝突，轉換成了「『再教育』與『全面專政』」的統一（既要實行「全面專政」又要通過「再教育」給出路）。我們都知道，新文化運動的知識份子精英以立國先立人的思想解決啓蒙與救亡的矛盾衝突，在他們看來，立人是根本，而要立人就必須啓蒙，啓蒙是實現人的解放的必由之路。因此即使是在後來的「革命文學」那裏，知識份子的主體地位已經被否定、工農大眾成爲新的主體，但是在文學中工農大眾仍然是被喚醒而後由不覺悟到覺悟再到鬥爭直至最後勝利的主體。但是，把「啓蒙」僅僅看成是「喚醒」，而忽略知識份子的「覺醒」，忽略了「立人」這個「人」應當是包含自己在內的「人」，因此，知識份子的脆弱其實是有自身原因的。當然，在體制之中，關於知識份子階級屬性的定性成爲決定知識份子命運最爲關鍵的問題。「文革」中，「再教育」雖然是爲了「給出路」，但是它的前提仍然是把知識份子歸到資產階級那裏。1968 年 9 月 5 日《人民日報》刊載《紅旗》雜誌發表《從上海機械學院兩條路線的鬥爭看理工科大學的教育革命》的編者按語：「這裏提出一個問題，就是對過去大量的高等及中等學校畢業生早已從事工作及現正從事工作的人們，要注意對

---

6 載《紅旗》雜誌 1969 年第 10 期。

他們進行再教育，使他們與工農結合起來。其中必有結合得好的
並有所發明創造的，應予以報道，以資鼓勵。實在不行的，即所
謂頑固不化的走資派及資產階級技術權威，民憤很大需要打倒
的，只是極少數。就是對這些人，也要給出路，不給出路的政策，
不是無產階級的政策。上述各項政策，無論對於文科、理科新舊
知識份子，都應是如此。」[7]按照這篇評論員文章的說法，無產階
級文化大革命運動進入「後期」，「接近全面勝利」，在這樣的「大
好形勢下」，對知識份子「再教育」、「給出路」「是無產階級文化
大革命運動後期必須提起注意的一個問題」。與「文革」初期相比，
此時關於知識份子的「各項無產階級政策」已經有一些變化，但
在本質上仍然是「無產階級在上層建築其中包括在各個文化領域
的專政」的一個重要環節[8]。

---

7 江青 1968 年 9 月 7 日在北京市革命群衆慶祝大會上的講話中說：「這篇按語
　是代表了我們偉大領袖毛主席的聲音的」。1968 年 9 月 12 日《人民日報》、《紅
　旗》雜誌評論員文章《關於知識份子再教育》明確說：「9 月 5 日報上發表的
　《紅旗》雜誌及其重要的編者按，是偉大領袖毛主席的聲音」。對這一「編
　者按」作了進一步的發揮。文章認爲，「在毛主席最新指示的指引下，浩浩
　蕩蕩的產業工人大軍已經並正在有領導，有步驟地到學校去，到上層建築各
　個領域中去，到一切還沒有搞好鬥、批、改的單位去，促進那裏的鬥、批、
　改。這不僅爲無產階級教育革命打開了嶄新的局面，也必將加速我國工人階
　級按照自己的面貌改造知識份子隊伍的進程。」「工人階級進入文化教育陣
　地，工作物件主要是知識份子。」
8 在第一支工人、解放軍毛澤東思想宣傳隊進駐清華大學一周年時新華社《工
　人階級向上層建築領域進軍的一周年》的文稿寫道：「一年前的七月二十七
　日，遵照偉大領袖毛主席的偉大戰鬥號令建立起來的、在中國共產黨領導下
　的我國第一支工人解放軍毛澤東思想宣傳隊，肩負著『無產階級必須在上層
　建築其中包括各個文化領域中對資產階級實行全面的專政』的偉大使命，浩
　浩蕩蕩地開進了知識份子成堆的清華大學。這一偉大的革命行動，揭開了產
　業大軍在中國共產黨領導下登上上層建築領域鬥、批、改政治舞臺的新紀
　元。」因此，「再教育」與「給出路」仍然是「無產階級」對「資產階級」
　實行「全面專政」的方式。

在「全面專政」中，知識份子作為一個階層不僅失去了思想的權利，還失去了思想的能力（儘管在民間在地下還有為數不多的思想者），在這樣的情形下，主流媒體雖然也有思想解放的字樣，也有「百花齊放，百家爭鳴」的表述，實際上只剩下字面的意思。1976 年的《辭海》文藝條目（徵求意見稿）在解釋「百花齊放，百家爭鳴」時，突出了「實現無產階級在上層建築其中包括各個文化領域中對資產階級的全面專政」這一目的。於是，相對於「五四」那樣一個思想解放運動，「文革」沒有留下真正的思想遺產，我們不能把它的負面啟示當成思想遺產。「文革」是一個漫長的思想多天，但知識份子不是按照自然規律進入多眠狀態的。這在後來被看成是當代知識份子的恥辱。但是當所有的指責都變成了道德的義憤時，思想界還沒有真正從「文革」的思維中擺脫出來。當年知識份子被「改造」時，也曾遭到指責，只是說法不同而已。知識份子在「文革」中的悲劇，給八十年代的思想界預留了一個大的空間，在這個空間中，所有回到常識的思想都可能被當作思想解放的成果，這正是因為在我們的身後有過「文革」。

「文革」已經走到「五四」的反面。

青年節：紅衛兵與「五四」

自從有了那份叫《新青年》的雜誌後，「新青年」就永遠蠱惑著那些青年。

可以設想一下，在 1966 年，突然有這麼一天，「革命」終於由歷史由傳奇變成了現實時，「紅衛兵小將」們為自己能夠成為這一革命的「急先鋒」該是怎樣的瘋狂。這使我常常想到梁小斌的詩作《中國，我的鑰匙丟了》，他在詩中寫道：「中國，我的鑰匙丟了/那是十多年前/我沿著紅色大街瘋狂地奔跑/我跑到了郊外的荒野上歡叫/後來/我的鑰匙丟了」。我覺得「沿著紅色大街瘋狂地奔跑」是紅衛兵運動一個非常形象的寫照，而丟失與尋找「鑰匙」可以用來描述相當一部分紅衛兵的思想歷程。

那些認爲自己錯過了「大革命」年代的青年學生，此時想到了「五四」運動。一位當年的紅衛兵寫道：「多年的革命傳統教育，已在我頭腦中形成了關於革命青年學生的固定形象。那就是雕刻在北京天安門廣場上人民英雄紀念碑底座上的圖像，以及畫報、宣傳畫中幾乎一成不變的形象：一群學生，男同學有的戴眼鏡，有的披圍巾，女同學短髮，長裙；他們手持話筒，或揮灑傳單，在街頭巷尾宣傳革命道理；工農群衆、商販店員則若有所悟地傾聽著。這是宣傳中典型的『五四』運動和『一二九』學生運動中的革命學生形象。今天，我們不是和前輩完全一樣嗎？」[9]毫無疑問，「五四」又在蠱惑著紅衛兵。當想象中的「五四」仿佛要成爲現實的「五四」時，「文革」就成了青年學生的狂歡。

這個想象中的「五四」，正是當代教育的邏輯結果。在中國的現代史上，無論是反帝反封建還是反抗國民黨的專制統治，青年學生運動都有著光榮的傳統。建國以後，這個傳統中所包含的大無畏的造反精神和英雄主義行爲，成爲青年學生的榜樣。我們可以從紅衛兵當年的宣言和行爲中清楚地找到這一明顯的歷史因素。但是，青年學生受到的思想教育是矛盾的。要求青年學生「做黨的馴服工具」、「做螺絲釘」，在「文革」中就有了「毛主席揮手我前進」的集體行爲。這樣的教育與青年學生運動所體現的精神

9　徐友漁：《我在一九六六》，《我們那一代的回憶》，中國文聯出版公司，1998年10月第1版。

是矛盾的,甚至是不同方向的。這種矛盾的教育和不斷掀起的政治運動交互作用,不僅在思想意識上而且在實踐的層面上塑造著這一代人。1962 年中共八屆十中全會以後,黨的指導思想不斷左傾,「以階級鬥爭爲綱」成爲各項工作的指導思想,階級鬥爭教育成爲大中小學思想政治教育的中心任務。源於階級鬥爭擴大化理論和極左思潮的思想政治教育和鬥爭實踐,給這一代人形成了一個相當牢固的政治文化背景,並賦予青年學生以這一背景爲依託的關於中國與世界、無產階級與資產階級、馬克思主義與修正主義、歷史與現實、個人與集體、革命與反革命等等相關的知識體系,觀察與思考的立場、觀點和方法(尤其是思維方式),從事階級鬥爭、參與政治運動的欲望等等,而這一切都使青年學生能夠在操縱之中最大限度地發揮他們的先鋒作用。當這種作用發揮愈大時,青年學生在長期的教育中所形成的精神矛盾也就轉變成了一種非理性的行爲,這樣的行爲不僅破壞了社會,而且也撕裂著青年學生自身。「文革」結束以後,一些青年學生的信仰危機,正是原有的充滿矛盾的教育朝另外一個方向發展的結果。當我們的教育仍然不能正視和克服這些矛盾時,面對這樣的危機只能無可奈何。

其實,在「文革」發動之前,毛澤東就多次表示了對現行教育體制的不滿,但毛澤東本人和黨內部分人士認爲教育的危機是「資產階級知識份子統治」。「文革」是從學校發動起來的,所謂「鬥批改」的「改」就包括「改革教育」,改革教育是「文革」的一個極其重要的任務,而紅衛兵就是在「改革教育」的聲浪中浮出地表並且成爲「文革」初期的先鋒與主力。紅衛兵們「砸爛舊學校」,而所謂的「舊學校」則是他們成長的搖籃;但是,在「舊學校」砸爛之後,紅衛兵根本沒有成爲「改革教育」的主力,而是很快也被劃到「知識份子」的行列，並成爲「接受貧下中農再教育」的物件。這個道理在當時很簡單，因爲紅衛兵接受的是資產階級知識份子的教育，所以也可能成爲資產階級知識份子，或者具有資產階級知識份子的缺點。關於十七年教育的「兩個估計」，其實是「資產階級知識份子統治」的另外一種表述。紅衛兵在「文革」中的興衰與角色轉換，當然有政治人物的謀略，但實質上是「文革」發動理論實際的結果，當「思想」可以成爲劃分階級的依據時，青年學生就會因爲他們所受的教育而成爲「資產階級知識份子」的一部分。

對青年知識份子作用的評價，還是源於對「五四運動」本身的理解。施瓦支曾談到他對這一問題的看法，可以作爲參考：「按照毛澤東的觀點，知識份子必須拋棄五四批判一切的觀念，學會和工農群眾打成一片。爲了使他的告誡更明確，毛澤東以讚揚『六三運動』結束了對五四運動的評價，這樣就取消了北大知識份子的中心地位，代之以全國範圍的支援學生運動的大罷工。通過這樣有選擇的紀念五四，毛澤東能宣告知識份子的運動『它的失敗是必然的』。」[10]對青年學生在運動中的作用，在 1968 年之前曾經用「某種先鋒隊作用」加以肯定，但此後，強調得比較多的是以是否走與工農相結合的道路來衡量一個青年革命與否。儘管在1968 年之前，特別是在 1966、1967 年，雖然也提倡與工農相結合，但側重在要求工農兵支援青年學生的革命行動。

我在前面提到的《光明日報》的那篇社論，號召知識份子青年們和學生青年們投入文化革命的熔爐來紀念「五四」：「『五四』運動以來，一向站在革命隊伍的前列，起了某種先鋒隊作用的我

10 〔美〕微拉·施瓦支：《中國的啓蒙運動》，山西人民出版社 1989 年 4 月第 1
版。

國青年，在這場社會主義文化革命中也正在起著一個重要的方面軍的作用。我國的知識青年們和學生青年們，參加學術批判的大論戰，投進文化革命的大熔爐，在這場興無滅資的鬥爭中做出自己的應有的貢獻，並使自己得到戰鬥的鍛煉，是對『五四』青年節最好的紀念。」在這段文字中，關於青年的作用有兩處措辭不可輕易滑過：「某種先鋒隊作用」、「一個重要的方面軍的作用」，這樣的修飾限定，表明了「知識青年」和「學生青年」身份的尷尬，他們既是青年又是知識份子。社論作這樣的表述和毛澤東當年談青年運動的方向的意義和語境都不一樣[11]。

1967 年對五四的紀念還是以「鬧革命」爲主調。這一年，青年運動的歷史被解釋爲「路線鬥爭」的歷史，「一條是以毛主席爲代表的無產階級革命路線，一條是反革命修正主義路線」。這一年《北京日報》紀念五四青年節的社論題爲《永遠沿著毛主席指引的方向徹底鬧革命！》社論對「青年運動」的兩條路線作了概括：「毛主席指出的革命青年和工農群眾相結合的方向，歸根結底，就是要我們永遠做勞動人民的忠實兒子，虛心地向勞動人民學習，全心全意地爲勞動人民服務，一時一刻不脫離群眾，在三大革命運動中，經風雨，見世面，徹底改造思想，樹立共產主義的世界觀，把自己鍛煉成全心全意地爲人民服務，爲社會主義和共

---

11 「某種先鋒隊的作用」和「一個重要的方面軍」的提法，見於毛澤東《青年運動的方向》一文：「『五四』以來，中國青年們起了什麼作用呢?起了某種先鋒隊的作用這是全國除開頑固分子以外，一切的人都承認的。什麼叫做先鋒隊的作用?就是帶頭作用，就是站在革命隊伍的前頭。中國反帝反封建的人民隊伍中，有由中國知識青年們和學生青年們組成的一支軍隊。這支軍隊是相當大的，死了的不算，在目前就有幾百萬。這幾百萬人的軍隊，是反帝反封建的一個方面軍，而且是一個重要的方面軍。但是光靠這個方面軍是不夠的，光靠了它是不能打勝敵人的，因爲它還不是主力軍。主力軍是誰呢?就是工農大眾。」

產主義奮鬥的無產階級革命事業的接班人。」「黨內頭號走資本主義道路的當權派，是中國青年運動中推行反革命修正主義路線的最大的代表……他宣揚的青年運動的方向，歸根結底是『吃得苦中苦，方爲人上人』的剝削階級的升官發財之道，是脫離工農，壓迫工農的反革命修正主義的方向。他的目的是要把青年培養成資產階級的接班人，成爲他在中國復辟資本主義的工具。在無產階級文化大革命中，他妄圖扼殺剛剛興起的紅衛兵運動，惡毒咒罵紅衛兵是『非法的組織』。」社論還論述了毛澤東與紅衛兵的關係以及紅衛兵的豐功偉績：「在史無前例的無產階級文化大革命中，以毛主席爲代表的無產階級革命路線，給青年運動指出了更加明確的方向。在首都北京，毛主席首先發現和支援了紅衛兵這個剛剛出現在地平線上的具有強大生命力的新生事物，一個空前規模的革命青年運動 —— 震撼世界的紅衛兵運動，迅速席捲全國。千百萬革命的紅衛兵小將，沿著毛主席指出的方向，以革命的先鋒的姿態，殺向社會，深入工廠、農村，和工農群眾相結合，摧毀了被黨內一小撮走資本主義道路當權派盤踞的一個個頑固堡壘，蕩滌著舊社會遺留下來的一切污泥濁水，爲中國革命和世界革命創建了豐功偉績。」

　　也就在把「紅衛兵運動」視爲震撼世界的「青年革命運動」，並且提出這個運動的「豐功偉績」時，主流媒體文章對紅衛兵的評價與著眼點已經悄悄變化。和一段時間一味的吹捧不同，開始指出並且批評紅衛兵本身的缺點，要求他們也要正確對待自己，要奪自己頭腦中「私」字的權。1967 年 5 月 3 日，上海萬余紅衛兵隆重集會紀念「五四」青年節。《文匯報》的報道稱：上海的革命紅衛兵「熱血沸騰，鬥志昂揚，表示要永遠緊跟中國人民和世界人民心中最紅最紅的紅太陽毛主席，奮起戰無不勝的毛澤東思想的千鈞棒，大造黨內最大的一小撮走資本主義道路當權派的反，大造剝削階級的反，大造帝國主義、修正主義和各國反動派的反，把無產階級文化大革命進行到底！把中國革命和世界革命進行到底！」但是，這次集會的重點內容則在「告全市革命紅衛兵書」。大會通過的「告全市革命紅衛兵書」，號召「廣大紅衛兵在革命的大批判中活學活用毛主席著作，破私立公，努力向解放軍學習，加強無產階級的革命性、科學性、組織紀律性，加強團結，爲成立大專院校和中等學校紅代會而奮鬥」。這個號召是針對紅衛兵的「內戰」和派性發出的[12]。

這個變化既與紅衛兵運動自身的分化，也與「文革」發展後的新的政治格局有關。本來以爲「許多事學生一沖就解決了」，但全國動亂的形勢也隨之而來，學生組織已經到了失控的境地，工宣隊不得不進駐學校，工人階級的領導地位又被強調。紀念「五四」的文章，開始強調在工人階級領導下發揚「五四」精神。

歷史是殘酷和尷尬的。進入 1968 年的「革命小將」們其「身份」發生了轉換。1968 年 7 月 28 日凌晨，毛澤東在中南海召見清華大學、北京大學、北京航空學院、北京師範大學和北京地質學院的五位元學生組織的頭頭，毛澤東對他們說，「今天是找你們來商量制止大學的武鬥問題」，「誰如果還繼續違犯，打解放軍、破壞交通、殺人、放火，就要犯罪；如果有少數人不聽勸阻，堅持不改，就是土匪，就是國民黨，就要包圍起來，還繼續頑抗，就要實行殲滅。」毛澤東的講話爲工宣隊進駐學校掃除了障礙。

---

12 在這個會上發言的紅衛兵代表表示：我們在造舊世界的反的同時，還要不斷地造自己頭腦中「私」字的反，敢於在靈魂深處鬧革命。我們要活學活用毛主席著作，破私立公，堅決打倒無政府主義、山頭主義、小團體主義、風頭主義、個人主義等等資產階級的「主義」。

事實上，因爲揪出了「中國的赫魯雪夫」劉少奇以後，紅衛兵已經完成了在「文革」中的使命；另一方面，紅衛兵的種種行爲，已越出毛澤東預設的軌道並影響到毛澤東對「文革」的控制。毛澤東會見紅衛兵幾大領袖，批評他們「全身浮腫」，「脫離了農民，脫離了群衆，脫離了學生的大多數，做了現代蠢事、錯事，乃至犯罪的事」。有了這樣的批評，紅衛兵運動開始徹底走下坡路。需要指出的是，「紅衛兵運動」的這些問題，並非「五四」青年運動的缺點，但要解決這些問題，又不得不從「五四運動」那裏來尋找經驗，這樣，與工農相結合道路問題開始成爲紀念「五四」的主要內容。所以，「五四」對「文革」來說始終是一個被動的存在。

1968 年 8 月，首都工人、解放軍毛澤東思想宣傳隊進駐北大。紅衛兵運動隨著工宣隊進駐學校而結束。「工人階級」在「文化大革命和一切工作中的領導作用」被強調，這意味著紅衛兵在「文革」中的「先鋒」性已經不復存在。姚文元在 8 月 26 日發表的文章《工人階級必須領導一切》中還傳達了毛澤東的指示：「實現無產階級教育革命，必須有工人階級領導，必須有工人群衆參加，配合解放軍戰士，同學校的學生、教員、工人中決心把無產階級教育革命進行到底的積極分子實行革命的三結合。工人宣傳隊要在學校中長期留下去，參加學校中全部鬥、批、改任務，並且永遠領導學校。在農村，則應由工人階級的最可靠的同盟軍 —— 貧下中農管理學校。」姚文元在這篇文章中，對紅衛兵提出了批評，說他們「自己宣佈自己爲『無產階級革命派』的知識份子」，「言行不一的空談習氣和兩面派作風」，「輕視工農、愛擺架子、自以爲了不起」。姚文元指出，「單靠學生、知識份子不能完成教育戰線的鬥、批、改以及其他任務」，只有「工人、解放軍開進去」，才能打破「知識份子獨霸的一統天下」。北京大學工人、解放軍毛澤東思想宣傳隊在 1969 年 7 月 17 日《發動群眾總結經驗，團結起來落實政策》的報告中對「紅衛兵小將」的評價是:「北京大學的紅衛兵小將和廣大革命師生員工，在文化大革命初期，在毛主席革命路線的指引下，積極投入戰鬥，寫了一張回應中央號召的大字報，奮起批判資產階級反動路線，奪了一小撮反革命修正主義分子的權，進行革命的大串連，開展革命大批判，立下了功勳。但是，在運動的中、後期背離了毛主席的革命路線，使北大成爲一不鬥、二不批、三不改，『內戰』不休的『老大難』單位」。在其後的《人民日報》、《紅旗》雜誌評論員文章《關於知識份子再教育》，提出了對紅衛兵「由工農兵給他們以再教育」和「改造」，因爲他們「過去受的資產階級教育」和「資產階級知識份子教育」。

因此，到了 1968 年，紅衛兵也就由「鬧革命」的「先鋒」成爲「再教育」的物件。「九大」召開以後，對紅衛兵的評價基本限定在「接受再教育」這樣的框架之中，青年運動的方向不再等同于紅衛兵運動的方向，而是重新回到和工農相結合的方向上來，儘管此前同樣強調與工農相結合，但結合的側重點有根本的差異，1968 年之前強調的是與工農兵一起「鬧革命」，而現在的結合是去接受「再教育」，並且把這個結合看成是革命小將永葆革命青春、培養和造就無產階級革命事業接班人的根本道路[13]。

---

13 紅衛兵對自己身份屬性的變化頗爲失望，當事人曾經有這樣的議論:「紅衛兵運動在 1967 年 1 月達到峰巔，也開始了衰敗。在中央文革小組等一夥人的眼中，大學紅衛兵完成了『歷史使命』，漸漸失去使用價值，甚至成了某種累贅。於是，在兩報一刊上再看不到《工農兵要堅決支援革命學生》、《向我們的紅衛兵致敬》，而是『鬥私批修』、『要向工人階級學習』的教誨。也就是說，你們到了革自己命的階段。始亂之，終棄之，大學紅衛兵是可悲的;但這種棄使我們沒有在極左道路上滑得更遠，其中一部分紅衛兵開始自省，這又是紅衛兵的大幸。」(參見安文江《我不懺悔》，《我們那一代的回憶》，中國文聯出版公司 1998 年 10 月第 1 版)關於自省的問題，我們還

以 1968 年爲界，我們可以比較一下 1967 年、1969 年《北京日報》兩篇紀念「五四」青年節社論在談到紅衛兵問題時的差異。1967 年的社論說：「堅持毛主席指引的青年運動的方向，徹底鬧革命，就是要在階級鬥爭的大課堂中，更好地活學活用毛主席著作，恭恭敬敬、老老實實地當工農群衆的小學生，正確地對待自己，徹底奪自己頭腦中『私』字的權，樹立共產主義世界觀。只有這樣，才能正確處理個人同無產階級事業的關係，個人同工農群衆的關係，做一個一心爲革命、一心爲人民的共產主義戰士。」而在 1969 年的社論中，沒有提關係的處理，因爲「再教育」的提出已經剝奪了紅衛兵曾經被賦予的「革命性」和政治資本，成長的目標則是「在三大革命運動中，錘煉一顆忠於毛主席的紅心，努力把自己鍛煉成爲無產階級革命事業的可靠接班人」。對紅衛兵和青年知識份子的存在問題也更直截了當地指出，要求他們「徹底清除『讀書作官論』以及怕苦怕累、好逸惡勞等資產階級思想的影響，同社會上的舊習慣勢力作堅決的鬥爭，克服知識份子的

要注意朱學勤先生提出「68 年人」的命題。朱學勤在《道德理想國的覆滅》中提出「68 年人」的概念。「此精神履歷上說，我屬於 1949 年以後出生的大陸第三代人。這一代人的精神覺醒，大致可以 1968 年爲界。那一年正是他們以各種紙張書寫他們對社會政治問題的思考的年代，也是他們捲入思潮辯論的年代。這種辯論後來延續到農場，延續到集體戶。我清楚記得，當年上山下鄉的背囊中，不少人帶有馬迪厄《法國革命史》的漢譯本。從此他們無論走到哪里，都難擺脫這樣一個精神特徵：以非知識份子的身份，思考知識份子的問題。用梁漱溟總結本世紀初他那一代人的話來說，1968 的這一代人是『問題中人』，而不是『學術中人』。儘管他們中間後來有人獲得知識份子身份，但是 1968 年產生的那些問題始終左右著他們的思考，甚至決定著他們終身的思想命運。」(朱學勤《道德理想國的覆滅》序，上海三聯書店 1994 年 9 月第 1 版)朱學勤序中的這段文字，在《道德理想國的覆滅》出版時並未引起更多人的注意和呼應，朱在序中的想法後來擴展爲《思想史與思想史上的失蹤者》，此文在 1995 年的《讀書》上發表後引起反響。

動搖性，毅然決然地打起背包，走出城市，到農村去，接受貧下中農的再教育」。

1969 年五四運動五十周年，在紀念五四運動時，「九大」已經召開，「文革」的形勢也發生了變化。在這個變化中，紅衛兵在運動中的角色則由「急先鋒」變成了「再教育」的物件，與工農相結合的含義也和「文革」發動初期不一樣了。毛澤東《青年運動的方向》重新發表。《人民日報》、《紅旗》雜誌、《解放軍報》社論《五四運動五十年》，把「逐步同工農革命相結合」視爲「國際範圍內的革命青年運動空前蓬勃發展」的特徵，並肯定了「紅衛兵運動」：「五十年來，中國革命的青年運動沿著毛主席指出的知識份子同工農相結合的道路，由新民主主義革命階段發展到社會主義革命階段，又發展到無產階級文化大革命的紅衛兵運動」。但社論的重點已經不像過去那樣號召青年學生、紅衛兵小將去革別人的命，而是強調紅衛兵改造自己的世界觀，側重點發生了大的變化。兩報一刊社論說：「無產階級文化大革命中，青年知識份子，紅衛兵小將，立下了豐功偉績，這是應當充分肯定的，但是他們同樣要走五四運動以來革命知識份子必走的道路 —— 和工農兵相結合的道路。革命事業需要有盡可能多的知識份子參加，但是許多知識份子表現出動搖性和革命不徹底性。知識份子的動搖性和革命不徹底的弱點，只有在長期的革命鬥爭中，在和廣大工農群眾相結合的過程中，才能夠得到克服。知識份子一定要下決心，長期地、老實地拜工農兵爲師，接受工農兵的再教育，堅定地在這條正確道路上走下去。只有這樣，他們才能更好地改造自己的世界觀，爲工農兵服務，在階級鬥爭、生產鬥爭、科學實驗三大革命運動中發揮更大的作用。」是否走與工農相結合的道路，再次成爲區分青年人革命與否的標準。於是，紅衛兵運動變成了上山下鄉運動，上山下鄉成了青年運動。此後，關於「五四」青年節的紀念，也就成了「紮根農村幹革命」的宣示，至少在 1976年粉碎「四人幫」之前，它成為紀念「五四」的主調。而「紅衛兵運動」和上山下鄉運動究竟給一代知識份子帶來了怎樣的影響仍然充滿了爭議。我們已經習慣從「反面」找出「正面」，青年學生重新走上啓蒙之路似乎從上山下鄉開始了。這就是「黑夜給了我黑色的眼睛，我卻用它尋找光明」。1976 年的「四五運動」預告了「四人幫」的垮臺和「文革」的結束，寫下了中國青年運動的光輝篇章，並且因此有了「四五一代知識份子」。那一年是「五四運動」五十七周年。這個運動在當時被當成「對五四運動的反動」，這是「文革」對「五四」青年節最後的紀念與闡釋。

魯迅是如何「介入」「文革」的

　　在回溯「文革」對「五四」的敍述與闡釋時，我們自然要提到「文革」對魯迅的「研究」。這是一個重要的課題，已經有不少學者提及並且做了較為深入的研究。今天再說魯迅，似乎有些湊熱鬧。在這裏我想簡略敍述一下魯迅是如何「介入」「文革」的，以及與之相關的人與事。

　　「文革」初始和「文革」後期是「研究」魯迅最為活躍的階段。我們可以看看當時編輯、出版魯迅著作的一些情況。1967 年紅總司出版系統總聯絡站《看今朝》編輯部編輯出版《魯迅手冊》，1967 年 10 月江西省文藝界革命造反總指揮部《文藝戰線》編輯部編輯《魯迅先生言論輯錄》，1967 年 10 月江蘇省無產階級文化大革命資料交流站編輯《魯迅言論輯錄》，1967 年首都紅代會新北大井岡山兵團魯迅縱隊編印《魯迅語錄》，1967 年 10 月開封「八二四」《造反有理報》編輯部編印《魯迅精神》，1967 年 10 月武漢毛澤東思想中學紅教工、毛澤東思想紅藝軍合編《魯迅言論輯錄》，1967 年 10 月西北大學中文系「戰地黃花兵團」、西安《文藝戰線》編輯部合編《魯迅語錄》，1967 年 10 月中南民族學院鋼二司宣傳部、三司革聯《鏖戰急》編輯部合編《魯迅語錄》，1967 年 10 月南京大學《紅衛兵》編輯部編印《魯迅言論摘錄》，1973 年人民文學出版社出版《吶喊》、《彷徨》等單行本並出版《魯迅全集》，1973 年 11 月北京圖書館編印《魯迅反對尊孔復古言論選輯》，1974 年 1 月人民出版社出版《魯迅批判孔孟之道的言論摘錄》，1974 年不少出版社出版了魯迅批孔反儒之類的文選，1975 年 9 月人民文學出版社出版《魯迅關於〈水滸〉的論述》，等等。魯迅是怎樣被扭曲的，可以從他的著作編輯出版的情況看出。

當然，魯迅在「文革」中的「出場」有過很長時間的鋪墊，這個過程構成了魯迅與當代中國的關係。1966 年 10 月 31 日，七萬多人在北京集會，隆重紀念魯迅。新華社新聞稿稱:「在史無前例的無產階級文化大革命的新高潮中，首都和來自全國各地的紅衛兵、工農兵和文藝工作者的代表共七萬多文化革命大軍，今天下午舉行盛大集會，隆重紀念無產階級文化戰線上的偉大旗手魯迅。到會革命群眾意氣風發，鬥志昂揚，決心以魯迅爲榜樣，更高地舉起毛澤東思想偉大紅旗，繼承和發揚魯迅的大無畏的、徹底的無產階級革命造反精神，橫眉冷對以美國爲首的帝國主義，橫眉冷對以蘇共集團爲中心的現代修正主義，橫眉冷對各國反動派，俯首甘爲全中國和全世界革命人民的牛，誓死捍衛以毛主席爲代表的無產階級革命路線，徹底粉碎資產階級反動路線，把無產階級文化大革命進行到底。」魯迅精神被概括爲「大無畏的、徹底的無產階級革命精神」，而這種精神又成爲「把無產階級文化

大革命進行到底」的動力。這一概括，抽去了魯迅精神的深刻性
和複雜性，使魯迅成爲「文革」主流意識形態的載體，魯迅之成
爲「文革」的工具由此開始。

　　在大會上，姚文元等五人作了發言。姚文元在長篇講話中
說：「魯迅的貢獻是多方面的。它的靈魂，它的核心，就是毛主席
指出的這種無產階級的革命精神。拋棄魯迅的革命精神，就是拋
棄了魯迅的靈魂，也就是拋棄了整個魯迅。紀念魯迅，首先和主
要的，就是要按照偉大的毛澤東思想，大大發揚這種大無畏的、
徹底的革命精神，敢想、敢說、敢做、敢闖、敢革命，鍛煉出一
身無產階級的鋼筋鐵骨，同以美國爲首的帝國主義、同以蘇共領
導集團爲中心的現代修正主義、同那些反華大合唱中亂跳亂叫的
啦啦隊、同國內外的反動勢力、同一切牛鬼蛇神戰鬥到底。」在
對魯迅精神作了如此解釋之後，姚文元突出了《紀要》的「深遠
歷史意義」：「今年二月，林彪同志委託江青同志召開的部隊文藝
工作座談會，高舉毛澤東思想的偉大紅旗，對當前文藝戰線上階
級鬥爭的許多問題，作了深刻的馬克思列寧主義的分析。在這個
有深遠歷史意義的座談會的《紀要》中，用毛澤東思想回答了社
會主義時期文化革命許多重大問題，堅決捍衛了無產階級文藝路
線，徹底揭露了三十年代以周揚爲代表的資產階級文藝路線，揭
露、批判了周揚篡改歷史、打擊魯迅的陰謀，揭露了『國防文學』
這個口號的資產階級反動本質。這是一場保衛毛澤東思想、保衛
以毛主席爲代表的正確路線的鬥爭。」姚文元的這篇講話是「文
革」時期魯迅研究的「導言」。

　　在大會上許廣平作了題爲《毛澤東思想的陽光照耀著魯迅》
的發言。「如果魯迅活著會怎樣」的假設讓許多人頗費思量。許廣
平先生假設的答案是：「魯迅要是能夠活到今天，親眼看見這一

切,該是多麼興奮啊!」許先生說:「今天,在我們最最敬愛的領袖毛主席親自發動和領導的無產階級文化大革命高潮中,中央文化革命小組召開這樣的大會,隆重紀念文化戰線上的偉大旗手魯迅,使我感到無比激動。我們偉大的導師、偉大的領袖、偉大的統帥、偉大的舵手毛主席,在全國燃起了文化革命的燎原烈火,震動了整個世界。魯迅要是能夠活到今天,親眼看見這一切,該是多麼興奮啊!」「他在國民黨反動派的白色恐怖中,不顧個人生命安危,公開宣告自己能作為毛主席的一個同志,是很大的光榮。當時魯迅和毛主席雖然住在天南地北,但魯迅的心向往著毛主席,跟隨著毛主席,我們偉大的領袖毛主席,是魯迅心中最紅最紅的紅太陽。」關於魯迅與黨與毛澤東思想的關係,許先生在文章中說:「毛主席稱讚魯迅是文化革命的主將,但魯迅總是以黨的一名小兵自命,他自己的革命活動,叫做聽取『將令』的行動,把自己的革命文學叫做『遵命文學』。魯迅一生所遵奉的命令,是革命人民的命令,是無產階級的命令,是黨和毛主席的命令。他努力學習和掌握毛澤東同志制定的黨的方針政策。他自己的全副精力放在無產階級的文化工作上。」許廣平認為,毛澤東思想「在當時就是魯迅和一切革命文化工作者的最高指導原則」,「毛澤東思想的陽光,引導和鼓舞著魯迅成為一個偉大的共產主義戰士」。

我沒有作過考證,也無從知道這一發言是否出自許廣平之手;我無法瞭解和揣測許廣平先生當年真實的心境,但由這篇發言可以多少感受到魯迅在「文革」中的獨特地位帶給她的尷尬處境。她應當是瞭解魯迅的,但她又是那樣依據「文革」主流意識形態來解讀魯迅,我不知道她這樣做時是否痛苦,或者還有別的什麼感覺。在她逝世後,聶元梓和周海嬰都曾撰文紀念她。聶元梓在《悼念許廣平同志,學習她的革命精神》中說:「許廣平同志以魯迅爲榜樣，努力做到『橫眉冷對千夫指，俯首甘爲孺子牛』。
對我們偉大的領袖毛主席，對偉大的中國共產黨，她是無限熱愛，
無限敬仰，無限忠誠的。」根據聶元梓的敍述，在「文革」中，
許廣平先生不止一次「激動」地對別人說：「無論在過去和今天，
最關心魯迅，最瞭解魯迅，對魯迅作出最正確、最全面、最深刻
評價的，不是別人，正是我們最最敬愛的偉大領袖毛主席。」「相
反，對中國赫魯雪夫劉少奇，對周揚一夥反革命修正主義分子，
對一切牛鬼蛇神，她是深惡痛絕，萬分憎恨的。自文化大革命開
始以來，她爲了捍衛毛主席的無產階級革命路線，爲了徹底摧毀
劉鄧推行的反革命修正主義文藝黑線，拿起筆做刀槍，參加批判
大會，寫批判文章，口誅筆伐，憤怒聲討中國赫魯雪夫劉少奇及
其一夥的滔天罪行。」聶元梓在文章中還提到了許先生一篇未發
表的文章：許廣平先生「病重住院以後，她仍未停止戰鬥。她在
醫院裏，寫出了《我們的癰疽，是它們的寶貝》等戰鬥文章，把
中國赫魯雪夫劉少奇及其走狗周揚之流，包庇漢奸、重用叛徒、
結黨營私、招降納叛的反革命嘴臉暴露在光天化日之下。出院不
久，她又應新北大《文化批判》的要求，著手撰寫另一篇文章，
揭露中國赫魯雪夫及其一夥利用叛徒瞿秋白貶低魯迅攻擊毛主席
的罪行。身體愈來愈不支了，她仍然堅持戰鬥。她對人說：『我有
病，不能去機關工作，但我不能停止戰鬥，我要把自己僅有的這
點力量貢獻給文化大革命。』就在逝世前的一個多星期，她完成
了這篇一萬多字的長文章向一些同志徵求意見，準備再一次修
改，不料，文章還未發表，她就與世長辭了。」[14]據此來評價「文
革」中的許先生當然是不周全的。但聶元梓的這篇文章至少表明

---

14 參見《文化批判》第 2 期，1968 年 4 月出版。

許廣平先生在「文革」中被扭曲和被利用。周海嬰在紀念他媽媽的文章中也說了大致相同的話:「在這場史無前例的無產階級文化大革命中,媽媽,你更以全副精力投入了戰鬥。你反復學習了《林彪同志委託江青同志召開的部隊文藝工作座談會紀要》,親自向江青同志寫信,表示了你對毛主席的無限崇敬和熱愛,以及堅決緊跟毛主席革命到底的決心。你對我們說:『我一生是在戰鬥中度過的。對劉少奇、瞿秋白、周揚這些壞人的反動面目,我也不是一下子識破的。這次我一定要好好參加鬥爭,把他們批倒、批臭。』你雖然抱病在身,但你不僅積極參加了文藝界革命的群眾鬥爭,而且親自幾次撰文,批判劉少奇、周揚、瞿秋白、周作人之流的罪行。就是你臥病在床或住在醫院,你還認真地給新北大撰寫,並且總是熱切地關心著運動的發展,盡力要跟隨以毛主席爲首的無產階級司令部,參加力所能及的戰鬥,直到生命的最後一刻。」[15]周先生這段話大概是當時的應景之作,其實他並不瞭解他的媽媽。在我結束這篇文章時,我讀到一篇訪談錄。周先生在回答記者會不會寫母親的回憶錄時說:「我不會再寫母親。我對母親不是太瞭解。解放前我們住在一起,後來我去念書,她在國務院當副秘書長;後來我工作了,住在郊外的中關村,母親生病是和我住在一起,但是沒過多久她就去世了。」[16]

　　許廣平關於魯迅活到「文革」的假設只是一個假設,但這個假設卻成爲所有研究魯迅者的假設。這個活到「文革」的「魯迅」距離那個真實的魯迅究竟有多遠?

---

15 參見《文化批判》第 2 期,1968 年 4 月出版。
16 舒晉瑜:《「我要維護父親」── 訪周海嬰》,《中華讀書報》2001 年 11 月 28 日。

北京大學：「五四」與「文革」

　　「五四」使北大有了舊北大與新北大之分，「文革」亦然。

　　北京大學是「五四」新文化運動的搖籃，又曾經被認為是「文革」的「策源地」[17]。在「文革」發動時，1957 年曾經認為「先輩們的廣場已經荒蕪了」的北大的那些學子早已消失，而民主廣場也沒有他們期待的「一萬朵美麗的花」。北京大學與「文革」的關係，顯然不是本文有能力研究解決的問題，我所關心的是：曾經是「五四」新文化運動搖籃的北大「文革」時是如何敘述與闡釋「五四運動」的，對這一問題的清理將有助於我們認識「文革」與「五四」的關係，把握「五四」之後知識份子在不同歷史階段的思想歷程。

　　有這樣一個事件常常為人們所忽略：1966 年 11 月 1 日，北京大學校文革集會紀念「六一」── 聶元梓等七人簽名的大字報發表之日 ── 五周月，聶元梓在會上建議將「六一」作為北大校

---

17 關於「五四」運動與北京大學的關係問題，蕭超然著《北京大學與五四運動》一書是這樣敘述的：「在五四運動爆發前後的短短幾年中，北京大學從新文化運動搖籃發展成為五四愛國運動的策源地。又進而發展成為馬克思主義在中國早期傳播的一個中心，並光榮地成為中國共產黨的一個淵源地。」這是具有相當代表性的論點。他所指導的美國學者魏定熙的博士論文《北京大學與中國政治文化》，敘述了北京大學在兩大發展目標間的衝突：「北大應該成為一個獻身學術研究和自我修養的封閉的聖地，還是成為截然不同的新興的政治文化中心」，並分析了衝突的結果：「超越教育：充當政治舞臺的北大。」蕭序說：「這本書抓住北大的一個顯著特徵 ── 光榮的革命傳統，從政治文化的角度，對北大早期的歷史加以審視。他將北大的建立和發展放在中國政治文化尤其是二十世紀初期北京政治文化的背景中加以探究，探索學術與政治的邊界，教育與政府的關係，論述北大何以成為中國最高學府，並超越教育而在中國具有了象徵的意義。」

慶日。1966 年 5 月聶元梓等人貼出了那張著名的大字報。在大字報貼出後的 27、28 日兩天，北大貼大字報五百多張，其中批「三家村」的一百多張，批聶元梓的近四百張。6 月 1 日，中央人民廣播電臺根據毛澤東的指示，全文播發了聶元梓等人的大字報。1966 年 6 月 1 日不久成爲一個重要的時間。1967 年 6 月，校文革舉辦「慶祝毛主席發動文化大革命一周年」的七萬人大會，會上宣佈《校文革關於正式通過「六一」爲新北大校慶日的決定》。這個「紀念日」的確定，意味著「五四」的北大變成了「文革」的北大。此時的北大已經不必再談什麼政治與學術的邊界等問題，還有邊界嗎？北京大學終於像陳伯達所說的那樣：「在這個文化革命鬥爭中，北京大學站在最前面。」在 7 月 28 日「北京大學文化革命委員會籌備委員會」成立後的兩周內，各地來北大大串聯的約三萬六千個單位，七十一萬八千多人次。8 月 17 日毛澤東題寫「新北大」。8 月 18 日毛澤東在天安門城樓接見北大師生代表。

以「六一」爲校慶日的這個「新北大」與「舊北大」的區別在哪里呢？新華社 1969 年 10 月 5 日電訊《北京大學革命委員會勝利誕生》，報道了北京大學的變化：「舊北京大學是資產階級統治的一個反動堡壘，徹底摧毀舊北京大學的資產階級專政，由工人階級把它佔領下來，經歷了極其複雜的階級鬥爭。無產階級文化大革命一開始的，在毛主席無產階級革命路線的指引下，在毛主席親自批發了北京大學寫的一張回應中央號召的大字報的巨大鼓舞下，北京大學的紅衛兵小將、革命師生員工高舉『對反動派造反有理』的大旗，奪了叛徒、內奸、工賊劉少奇在北大的代理人等一小撮反革命修正主義分子的權，揭露和批判了他們推行的反革命修正主義路線，粉碎了他們在北大復辟資產階級專政的陰謀。1968 年 7 月，在偉大領袖毛主席的號令下，工人階級進入文

化教育陣地，領導上層建築的鬥、批、改，一年來，特別是人民
解放軍八三四一部隊支左人員駐進學校後，使北大的面貌在迅速
發生變化。在黨的『九大』精神的鼓舞下，全校革命師生員工緊
跟毛主席的偉大戰略部署，認真貫徹黨的各項無產階級政策，革
命的大聯合不斷鞏固和發展。廣大革命群衆活學活用毛澤東思
想，團結對敵，開展了清理階級隊伍和整黨建黨工作，許多犯有
錯誤而又有了覺悟的幹部及時得到解放。」也就是在確定「六一」
爲校慶日的六月，由「新北大公社文藝批判戰鬥團」編輯的《文
藝批判》出版。這份後來改名爲《文化批判》的刊物在今天獨具
研究價值。自「五四」以來，「文化批判」一直被視爲現代知識份
子的使命，在當代「五四」被稱爲「文化革命」，而正在發生的這
場「文化革命」，又是如何來張揚「文化批判」的旗幟的？這份刊
物給了我們一定的啓示。

　　《文藝批判》創刊號除了登載「毛主席文藝語錄」外，載有
《發刊詞》、聶元梓《高舉毛澤東文藝思想偉大紅旗奮勇前進》、
阮銘《毛主席的無產階級文藝路線勝利萬歲》等。參加編輯這本
刊物的不少人，後來在新時期仍然從事文化教育工作，和他們當
初編輯這本刊物對文化教育的理解當然大不相同了。《發刊詞》寫
道：「在無產階級文化大革命響徹雲霄的凱歌聲中，在向中國赫魯
雪夫劉少奇發動總攻擊的進軍號中，在毛主席的《在延安文藝座
談會上的講話》發表二十五周年的光輝節日裏，《文藝批判》迎著
階級鬥爭的暴風雨誕生了！」刊物的宗旨是：「《文藝批判》誕生
的崇高的歷史使命就是宣傳、捍衛毛澤東思想。光焰無際的毛澤
東思想永遠是她戰鬥的指路明燈。」「《文藝批判》是高舉革命的
批判大旗衝鋒陷陣的紅色戰士。它將以戰鬥的姿態，呼嘯著，奔
騰著，大喊大叫地投入到洶湧澎湃的無產階級文化大革命的洪流

中去。」在談到刊物的「戰鬥任務」時，又說：「反革命修正主義統治我們文藝的現象再也不能繼續下去了！我們再也不能容忍了！今天，是我們殺過去了！我們要刮起十二級革命的大風，把他們攪個『周天寒徹』，殺它個人仰馬翻！什麼帝王將相，才子佳人，什麼『名流學者』，『專家權威』，都要一齊打倒，統統都在掃蕩之列！在文藝界來個大批判，大掃蕩，剷除這些毒草，蕩滌這些污垢，徹底批判劉鄧文藝黑線，這是《文藝批判》的戰鬥任務。」關於「戰鬥任務」的這段文字，體現了典型的「文革文體」的特點和橫掃一切的語體風格，這樣一種文體在「文革」時期大行其道。

　　1968 年 3 月，《文藝批判》改刊爲《文化批判》，「作爲北京大學文化革命委員會的革命大批判刊物繼續出刊」，編輯者也改爲「北京大學文化革命委員會《文化批判》編輯部」。批判的領域則由「文藝」擴大到「文化」：「《文化批判》要堅決高舉毛澤東思想偉大紅旗、以徹底的辯證唯物主義的革命批判精神對文藝、歷史、哲學及意識形態其他部門中的資產階級反動思想展開徹底批判。目前仍以文藝批判爲主，逐漸擴及別樣。」事實上，《文化批判》開始由文藝而擴及其他了。譬如《文化批判》第二期發表了批判馮友蘭的文章《剝下反共老手、蔣賊禦用哲學家馮友蘭的畫皮》，第五期發表了《池深王八多 —— 看舊北大校務委員會中的國民黨勢力》、《翦伯贊是法西斯主義的辯護士》、《朱光潛是蔣介石的乏走狗》、《「四開党」季羨林的罪惡史》等，第八期發表了《胡喬木〈三十年〉的要害是反對毛主席的無產階級革命路線》，等等。《文藝批判》改刊爲《文化批判》雖然只易一字，卻是爲了「在上層建築包括文化領域對資產階級實行全面專政」。「改刊致讀者」從意識形態鬥爭的長期性、複雜性這一角度出發，分析了國內和北

大校內的形勢，以此突出《文化批判》在推動「革命大批判運動
更廣泛、更深入地展開」中的重要作用[18]。就此而言，《文化批判》
不是真正文化意義上的批判，而是「革命大批判」。

　　《文化批判》所獲得的話語權是與「北京大學文化革命委員
會」特殊的政治地位聯繫在一起的，這種政治地位在一段時間內
又體現在它與江青的關係上。《文化批判》有相當的篇目和篇幅是
頌揚江青的。《文藝批判》的「發刊詞」有專門的一段文字稱頌江
青；《文化批判》第三期發表了中文系文革教學小組的文章《捍衛
毛主席革命文藝路線的英勇旗手——江青同志》；第八期發表「本
刊評論員」文章《學習江青同志，向文藝黑線勇猛衝殺》，這一期
還刊載《新北大誓死保衛江青同志報告會》的消息，消息稱「新
北大無產階級革命派正展開學習江青同志的活動，《文化批判》將
出版誓死保衛江青同志專號」；第十期是「向江青同志學習，向江

18　「改刊致讀者」寫道：「以中國赫魯雪夫為代表的黨內最大的一小撮走資
　　派，長期以來，利用他們竊據的領導權，勾結資產階級，資產階級反動學
　　術『權威』，為資本主義復辟做精神上和輿論上的準備。毛主席親自發動和
　　領導的無產階級文化大革命，粉碎了他們復辟資本主義的夢想。為了把無
　　產階級文化大革命進行到底，還必須用毛澤東思想這一銳利武器，把他們
　　批深、批透、批倒、批臭，徹底掃蕩他們所鼓吹、宣揚的資產階級意識形
　　態，把意識形態領域中的兩個階級、兩條道路、兩條路線的鬥爭進行到底。
　　只有這樣才能鞏固無產階級專政，才能徹底挖掉修正主義的根子，才能徹
　　底剷除資本主義復辟的可能性。意識形態領域中這種誰勝誰負的鬥爭，是
　　曲折的、複雜的、激烈的，也是長期的、艱巨的。我們無產階級革命派不
　　能對此掉以輕心。」「舊北大是一個資產階級頑固的反動堡壘，資產階級意
　　識形態，在這裏表現得十分頑強，它統治全校，流毒全國。陸平、彭佩雲
　　等黨內一小撮走資派和馮定、翦伯贊、馮友蘭、朱光潛等資產階級反動學
　　術『權威』，都是中國赫魯雪夫、彭真、陸定一、周揚等黨內最大的一小撮
　　走資派進行資產階級復辟活動在意識形態領域中的黑幹將。為了摧毀舊北
　　大，建設新北大，必須高舉毛澤東思想偉大紅旗，鞏固發展紅色政權，對
　　黨內最大一小撮走資派及其在北大的黑幹將的反動立場，對他們所鼓吹、
　　宣揚的資產階級意識形態，展開徹底的批判。」

青同志致敬」的專號,發表頌青《英勇的旗手偉大的戰士》、殷承宗《江青同志指揮我們戰鬥》、劉春華《以江青同志爲榜樣,沿著毛主席的革命文藝路線奮勇前進》等文章。

北大知識份子捲入「文革」者甚多。在「文革」結束後,批評者的眼光大多盯著「梁效」與馮友蘭先生,而忽略一些「集體行爲」。在討論「文革」中的知識份子問題時,討論者常常從學術良知或獨立人格這樣的概念出發來解釋,其實,這並不是問題的全部。「文革」的發生還使許多一直要求進步的一些知識份子特別是從解放前過來的知識份子在思想上進一步左翼化,這正如有一些知識份子在經歷了「文革」以後向另外一個方向走去一樣。如果忽視這樣一個事實,我們甚至不能完全理解二十世紀中國知識份子的左翼道路,以及九十年代中國知識份子的分化與一些思潮產生的背景。

在這裏我想關注曾經參加過「五四」而「文革」時仍然健在的知識份子。我想用一定的篇幅比較北京大學教授楊晦先生寫于五十年代和「文革」時的兩篇回憶「五四」的文章。一篇文章是《五四運動與北京大學》,收入 1959 年中國青年出版社出版的《光輝的五四》一書。除了史實的敘述以外,這篇論文的主要觀點是:「五四運動傑出的歷史意義,是徹底的不妥協的反帝國主義與徹底的不妥協的反封建。五四運動的文化革命則是徹底反封建文化的運動。」「這次運動就成了中國民主革命由舊民主主義革命轉變爲新民主主義革命的轉捩點,在中國革命歷史上寫下了光輝的一頁。」由楊晦先生表達的這些論點,我們能夠看出,知識份子在五十年代是接受了《新民主主義論》對「五四」性質的論述的。因此雖然是個人的紀念,但表達的卻不是個人的思想。和當時對中國革命史的評價一樣,楊晦先生還突出了李大釗傳播馬克思主義的貢獻以及李大釗對《新青年》的貢獻，而回避陳獨秀的作用：
「……歷史最久、傳播民主主義文化最有影響的刊物是《新青年》……在中國，最早接受馬克思主義的是李大釗同志，他所寫的《庶民的勝利》和《布林什維主義的勝利》就都發表在《新青年》這個刊物上面。李大釗同志正是毛主席在《論人民民主專政》裏所說的那種先進分子，『用無產階級的宇宙觀觀察國家命運的工具，重新考慮自己的問題』的先進分子。這個中國的先進分子莊嚴地向中國人民宣告了社會主義的勝利，布林什維主義的勝利。這是一個莊嚴的宣告。這就是說，指導無產階級社會主義革命勝利的理論，不是別的，正是布林什維主義 ── 馬克思列寧主義。《新青年》這個刊物，主要是李大釗，在這個刊物上介紹了馬克思主義，並且運用馬克思主義分析了中國的社會問題和文化問題。在五四運動後不久，也是李大釗首先用馬克思主義跟胡適的改良主義展開了鬥爭，這就是問題與主義的討論。」楊先生已經能非常嫻熟地用革命史的觀點來解釋中國現代史，這通常被看成建國後知識份子在政治上的進步。

　　但是面對同一個「五四」，楊晦先生在「文革」批林批孔時期卻發生了一些變化。1974 年 5 月 5 日，楊先生在《光明日報》發表署名文章《回憶五四運動，深入批林批孔》，其時，楊先生已經七十五歲了。也許，在今天看來，這只是一篇應景文章，而類似的應景文章在「文革」時不計其數。我當然沒有苛求楊先生的意思，但是，描述這樣一個事實，也許更能夠讓我們思考「文革」與「五四」的關係，並進而突出現代中國知識份子思想歷程這根鏈條上的某一個環節。除了對時局的評價之外，楊先生這篇文章的主要論點與前一篇文章沒有差異，但強調了「以毛主席為代表的無產階級革命知識份子走到工農中去，馬列主義逐步和中國工人運動結合。五四運動就這樣爲中国共產黨的成立作了思想上和幹部上的準備」。這從一個側面反映了當代對「五四」的解釋有基本不變的一條線索。楊先生這篇文章的變化在哪里呢？首先，在談新思想的啓蒙時，除了講「十月革命一聲炮響，給災難深重的中國人民送來了馬列主義」外，突出了批孔對思想覺醒所起的作用，當然「民主」與「科學」的作用同樣是避而不談的。在談到「五四」人物對新文化運動所起的作用時，文章突出了魯迅的作用。其次，強調了知識份子必須走與工農相結合道路，並且提出了「老一輩要向青年一輩學習」。文章這樣寫道：「今天，中國廣大青年，正在繼續發揚五四革命精神，回應毛主席的偉大號召，上山下鄉，走和工農相結合的道路，在三大革命運動的大風大浪中鍛煉成長。就以我的子女來說，四個兒子分別在農村、工廠、邊疆，和廣大青年一道戰天鬥地。最小的孩子在邊疆鍛煉了幾年，參加了偉大、光榮、正確的中国共產黨。近兩年經過貧下中農推薦，兩個孩子上了大學。看看眼前，想想過去，我感到無比欣慰。」楊先生覺得新的年輕一代勝過老一輩，理由是「五四當年，我們方朦朧感受到知識份子要和工農相結合。現在的青年，在毛澤東思想的陽光雨露下，茁壯成長，滿腔熱情地走同工農相結合的道路。我們老一輩要向青年一輩學習」。楊先生在比較中得出的結論，其實正吻合了知識份子必須接受「再教育」的理論。

　　對「五四」的不同回憶與解釋，又凸現了另外一個問題：五四的「啓示」對現代知識份子來說，究竟是思想「原點」還是「工具」？「回憶」是敍述五四運動的一種方式，它的目的不在回憶，而在紀念。微拉·施瓦支在《中國的啓蒙運動 —— 知識份子與五四遺產》一書中說，「在中國歷史的不同階段，知識份子爲了論證自己的啓蒙和革命的主張，對五四有著不同的說法」。「各取所需地

回憶五四，這同五四本來的歷史使命是背道而馳的」。這種現象產
生的原因，正如施瓦支所說，「在動蕩的年代，當前的『邏輯』幾
乎壓倒了過去的『邏輯』」。在當前的「邏輯」中，知識份子回憶
五四歷史的真實程度取決於他面對現實政治壓力的自主程度。施
瓦支認為，「在中國大陸和臺灣，紀念和回憶一直錯綜複雜地聯繫
著。個人的回憶從未擺脫社會歷史的需要，1949 年之後更是如此」
[19]。因此，即使在知識份子那裏，關於「五四」的回憶也存在一
個政治立場與策略問題北大青年一代對「五四」的紀念則是直接
參與政治運動，他們把這看成是「發揚『五四』革命傳統」。1967
年 8 月 19 日，聶元梓召集、發起成立北大「紅衛兵」組織大會。
從 8 月 18 日至 10 月 15 日，北大出現的各類紅衛兵組織、戰鬥隊、
戰鬥組共九十二個，參加者約三千餘人，其中較大的組織有「毛
澤東主義紅衛兵」、「新北大毛澤東思想紅衛兵」、「新北大紅衛兵」
等。「紅衛兵」組織成立後，在校內外「橫掃四舊」，抄家沒收家
產、文物、書籍等。據不完全統計，這期間校內被抄家的有五百
三十六戶（教授百分之五十三、中層幹部百分之八十以上均被抄
家）。紅衛兵還以反「四舊」的名義，改臨湖軒為「解放院」，燕
南園為「反修園」，南閣為「五二五樓」，俄語系一度改為「反修
系」。在 1974 年「批林批孔」時，共青團北京大學委員會這樣敍
述北大青年學生是如何發揚「五四」革命傳統的：「北京大學是一
個具有光榮革命傳統的學校，廣大青年學生在中國共產黨的領導
下，曾經向美日帝國主義和國民黨反動派進行英勇鬥爭。在偉大
的無產階級文化大革命中，紅衛兵遵照毛主席關於『對反動派造
反有理』的偉大指示，奮起造了劉少奇的反革命修正主義教育路

---

19 〔美〕微拉·施瓦支：《中國的啓蒙運動 —— 知識份子與五四遺產》，山西人
　　民出版社 1989 年 4 月第 1 版。

線的反，盤根錯節的封資修勢力頃刻瓦解。在工人階級領導下，我們工農兵學員進一步發揚了五四運動的反潮流精神，上大學、管大學，用馬列主義、毛澤東思想改造大學。哪里有修正主義路線回潮，就在哪里反擊。在黨的十大精神鼓舞下，我們工農兵學員最早貼出了反擊修正主義回潮的大字報。在毛主席和黨中央的親切關懷下，我校革命青年和全校革命師生員工一起，痛斥了階級敵人反對批林批孔的種種反動謬論，緊緊抓住批林批孔這個中心，狠批了『克己複禮』的反革命的修正主義路線。」這樣的「發揚」當然不是北大青年一代的全部[20]。顯然，1957 年的「傳統」被排除在外，而在 1957 年，有一批北大學生說：「北京大學是五四的故鄉，北大兒女是五四的後裔，我們的血管裏流著五四的血液……」

作為紀念「五四」的「批孔」

「文革」中的批孔並非自 1974 年始，但 1974 年的「批林批孔」是「文革」解釋「五四」的一個重要事件。這一年，「五四運動」已經五十五周年了。

主流話語是從「五四」是「文化革命」的性質出發來闡釋批孔的意義的，並且將批孔解釋爲思想文化鬥爭。這在當時幾乎是衆口一詞。有些文章，不僅認爲「文化革命」的主要內容是對孔學的批判，甚至認爲「打倒孔家店」的口號「宣告了無產階級領導的新民主主義革命階段的開始」[21]。

---

20 共青團北京大學委員會：《發揚「五四」革命傳統，把批林批孔鬥爭進行到底》，《北京日報》1974 年 5 月 4 日。
21 參見石侖《發揚「五四」精神，深入批林批孔》，《朝霞》1974 年第 5 期。

　　我在這裏的側重點仍然放在「批林批孔運動」如何闡釋「五四」的批孔這一方面。因爲反孔，特別是因爲有了「批林批孔」，「文革」和「五四」的關係被拉近了，「文革」因此被一些人視爲一場和「五四」一樣的反孔貶儒的新文化運動。對此，持不同看法的學者提出了這樣幾個問題：批林批孔是爲政治鬥爭服務的輿論活動，還是一場破舊文化、立新文化的運動？批林批孔和文化大革命無疑是革文化的命，對中國的文化事業造成了巨大損害，但它是像歐洲歷史上的啓蒙運動和「五四」運動那樣，在文化上既有破壞，也有建樹，或者不談利弊，畢竟是一場真正的文化運動，還是像「反胡風反革命集團」、「反右」那樣，是以思想文化鬥爭爲幌子的政治迫害運動[22]？我贊成這兩個設問所包含的傾向性意見，但需要補充的是，「思想文化鬥爭」和「政治鬥爭」並無「幌子」與「實質」的區分，因爲當時通行的理論是「任何思想鬥爭，都是爲政治鬥爭服務的。思想文化上的尊孔復古派，必然是政治上的復辟派」。

　　1974 年，是以「批林批孔深入發展的大好形勢」來紀念「五四」的。《人民日報》在 5 月 4 日的社論《紀念五四運動五十五周年》中闡述了「批林批孔」的「現實意義」和「歷史意義」：「當前正在進行的批林批孔運動，是五四運動以來，中国共產黨及其領導下的廣大革命人民群衆對國內外敵人長期鬥爭的繼續。它是

這篇文章還提出：「在『五四』時期，無產階級高舉徹底反帝反封建的革命大旗，組成了浩浩蕩蕩的新文化運動的統一戰線，對反動的孔孟之道進行了有力的鞭撻和聲討。鋒芒所及，搗毀著孔家店在各個方面的陣地，勢如破竹，所向披靡，從而使這次批孔鬥爭成爲中國歷史上一次偉大的思想解放運動，爲馬克思列寧主義在中國的傳播開闢了道路。」

22 參見徐友漁《「文革」、「五四」與激進主義》，《自由的言說》，長春出版社1999 年 12 月第 1 版。

我國建立了無產階級專政的條件下開展起來的。在以毛主席為首的黨中央的領導下，經過無產階級文化大革命鍛煉的億萬群眾，鋒芒直指林彪、孔老二『克己復禮』的反動綱領，直指林彪反革命的修正主義路線的極右實質。這場鬥爭，是上層建築領域裏馬克思主義戰勝修正主義、無產階級戰勝資產階級的政治鬥爭和思想鬥爭，是社會主義革命的深入發展，對於鞏固無產階級專政、防止資本主義復辟有重大的現實意義和深遠的歷史意義。」

　　這篇社論同時還對「五四」忽略法家的作用作了批評：「毛主席曾經指出：『五四運動本身也是有缺點的。那時的許多領導人物，還沒有馬克思主義的批判精神，他們使用的方法，一般地還是資產階級的方法，即形式主義的方法。』他們缺乏辯證唯物主義和歷史唯物主義的觀點，沒有把儒家和法家的鬥爭看作是兩條路線的鬥爭。他們反對儒家是很對的，卻沒有對法家的進步作用給予必要的歷史的肯定，對法家的著作也缺少馬克思主義的研究和分析，因而也就不可能徹底打敗儒家思想。」這兩段文字突出的是「現實意義」，而其中關於法家作用的論述則為我們研究「文革」思潮在「反傳統」時又是如何接受了「傳統」的影響這一問題，提供了一個角度。有意義的是，《人民日報》社論這段文字，出現在其他文章中時幾乎沒有什麼修改，譬如說，《朝霞》1974年第五期上署名「翟青」的文章《讀韓非的〈五蠹〉篇》，在結尾時就這樣寫道：「要徹底戰勝孔孟之道，這是一個十分艱巨的歷史任務。五四運動提出了『打倒孔家店』的口號，但由於那時的許多領導人缺乏辯證唯物主義和歷史唯物主義的觀點，沒有把儒家和法家的鬥爭看作是兩條路線的鬥爭，他們反對儒家是很對的，卻沒有對法家的進步作用給予必要的歷史的肯定，對法家的著作也缺少馬克思主義的研究和分析，因而也就不可能徹底打垮儒家思想。」這段文字在今天看來無疑是抄襲的，但這樣的現象在當時卻比比皆是，習以爲常。這種小報抄大報、人云亦云的學風，正說明了「文革」的批孔不是嚴肅的學術研究，也不是文化批判運動。

因此，「文革」所總結的關於「五四」時期批孔的「歷史經驗」或「啓示」，其實只是「批林批孔」的「現實意義」的另外一種表述。這一點，我們可以從當時主流媒體的文章看出。1974 年 5 月 4 日《光明日報》發表北京師範大學靳史的文章《五四時期打倒孔家店的鬥爭》。文章認爲「五四」時期打倒孔家店鬥爭的啓示是：只有以馬克思主義、列寧主義爲銳利武器，才能把孔老二及其所代表的反動思想徹底打垮；徹底摧毀孔家店，必須以工農群衆爲主力軍；反動派及其反動思想，不會甘心自行退出歷史舞臺，總是要作垂死的掙扎。5 月 5 日《光明日報》另外一篇署名史衆的文章《五四時期批孔鬥爭的歷史經驗 ── 紀念五四運動五十五周年》，把批孔孟之道和尊孔派看成「黨內歷次兩條路線鬥爭的重要內容」。這篇文章所總結的「五四」時期批孔鬥爭的「歷史經驗」和前一篇文章概括的「啓示」基本相同，但後者在思路、邏輯上卻很奇特：「只有無產階級及其領導的文化革命新軍，才能真正批孔，只有堅持無產階級的立場和世界觀，才能徹底批孔。無產階級只有解放全人類，才能最後解放自己。無產階級爲了實現當前的革命目標和最終的革命理想，必須同一切舊的傳統觀念實行最徹底的決裂，因此只有無產階級才能徹底完成『打倒孔家店』這個歷史使命。」這些觀念是「文革」回顧「五四」批孔鬥爭的基本尺度。

當批孔鬥爭成爲「路線鬥爭」的內容時，「五四」時期的批孔鬥爭也就有了路線之分。石侖在文章中寫道：「要徹底戰勝孔孟之道，必須有正確的思想政治路線作指導。毛主席說過：『五四運動的發展，分成了兩個潮流。一部分人繼承了五四運動的科學和民主的精神，並在馬克思主義的基礎上加以改造，這就是共產黨人和若干黨外馬克思主義者所做的工作。另一部分人則走到資產階級的道路上去，是形式主義向右的發展。』這兩個不同潮流的出現，是由批孔運動中兩種不同的世界觀和思想路線所造成的。前者以偉大領袖毛主席和魯迅爲代表，後者的代表則是吳虞、陳獨秀等人。」[23]用「路線鬥爭」來解釋「五四」的批孔，關於「五四」新文化運動的敘述也就成了路線鬥爭、階級鬥爭的敘事，而「五四」反孔所具有的倫理革命的意義則被抹殺。這在當時批林批孔的文章中幾乎是一致的。

　　不顧「五四」新文化運動反孔的歷史語境，把一個多元並存的文化批判空間，緊縮爲無產階級與資產階級的兩種批判，其實是反歷史唯物主義的。在評價小資產階級知識份子、資產階級知識份子在「五四」新文化運動的作用時，這一特點表現得十分明

---

23 當時「批林批孔」的文章在談到毛澤東在「五四」反孔鬥爭的作用時，通常的提法是：「偉大領袖毛主席在五四運動期間就戰鬥在『打倒孔家店』戰鬥的最前列」，「毛主席非常重視思想文化戰線的鬥爭。他以馬克思列寧主義爲思想武器，對孔孟之道進行了極其深刻的批判，並把這種批判與反帝反封建的鬥爭密切聯繫在一起，在批孔鬥爭中促進了馬克思列寧主義的傳播，喚起人民進行徹底的反帝反封建的革命。毛主席對孔孟之道的徹底批判，代表了五四時期及其以後批孔鬥爭的正確路線和方向。」對魯迅的批孔甚至用到了「繼續革命」這樣的提法：「魯迅不僅在五四運動中對孔孟之道進行了猛烈的廣泛的批判，而且把五四運動當作繼續革命的偉大起點。五四運動以後，魯迅堅持徹底地不妥協地反帝反封建的政治方向，把批判孔孟之道和反帝反封建的鬥爭緊密地結合起來，在鬥爭中認真學習馬克思列寧主義，不斷地自覺改造世界觀，始終站在鬥爭的前列，在鬥爭中一步步地成爲堅強的共產主義戰士。」(參見《朝霞》1974 年第 5 期石侖文章)這樣的提法在當時是通行的。

顯。對陳獨秀、吳虞這一「潮流」的基本評價是一致的，通常運用毛澤東《反對黨八股》中的觀點，強調他們「沒有馬克思主義的批判精神」，只能用「資產階級的方法，即形式主義的方法」。靳史《五四時期打倒孔家店的鬥爭》作過這樣的分析批判：「資產階級激進派也參加批孔鬥爭 —— 他們反對尊孔復辟，希望建立的是像歐美資產階級專政那樣的『共和制』。他們批判孔學，用的是歐洲自由平等的學說。資產階級的立場、世界觀，決定了他們在反孔運動中的妥協、折中，不堅決，不徹底。更何況反動的儒家學說在中國年深日久，源遠流長，流毒深廣，與他們的思想有著千絲萬縷的聯繫。他們在批評『孔家店』時，就不可能從路線鬥爭上去批，不可能認識孔丘和孔學的反動階級本質，對於本來就是復辟的祖師爺孔老二，有的認為『孔子自是當時之偉人』，有的則說孔孟之道『並非一無可取』等等。」其實，關於思想與方法問題，毛澤東也曾有過自我解剖：「這些社團大部分是受了陳獨秀的著名《新青年》雜誌的影響而組成的。我在師範學校做學生時就開始讀這個雜誌，對胡適和陳獨秀的文章非常欽佩。有一段時期他們成為我的模範，代替了我以前曾崇拜過但當時已經放棄了的梁啓超和康有為。那時我的頭腦是自由主義、民主改良主義和烏托邦社會主義有趣的混合物。對於『十九世紀的民主制度』、烏托邦主義和舊式的自由主義，我多少是有些模糊的熱誠，並且我已明顯地是一個反軍國主義者和反帝國主義者。」周策縱在評論這段話時說：「有一點應當注意的是，這種『有趣的混合物』並非當時某一個學生的特殊心境。實際上它代表『五四運動』之中活躍與擾動不安的青年們的思想主流。」

　　靳史以及當時大多數文章在談到這個問題時，實際上把「五四」時期所倡導的「民主」與「科學」歸到了資產階級那裏。靳史用的是「歐洲自由平等的學說」這一提法，實際上是指「民主」
與「科學」。1919年1月陳獨秀在《新青年罪案之答辯書》中說：
「他們所非難本志的，無非是破壞孔教，破壞禮法，破壞國粹，
破壞貞節，破壞舊倫理（忠孝節），破壞舊藝術（中國戲），破壞
舊宗教（鬼神），破壞舊文學，破壞舊政治（特權人治）這幾條罪
案。」「這幾條罪案，本社同仁當然直認不諱。但是追本溯源，本
志同仁本來無罪，只因為擁護那德莫克拉西（Democracy）和賽
因斯（Science）兩位先生，才犯了這幾條滔天的大罪。要擁護那
德先生，便不得不反對孔教、禮法、貞節、舊倫理、舊政治。要
擁護那賽先生，便不得不反對舊藝術、舊宗教；要擁護德先生又
要擁護賽先生，便不得不反對國粹和舊文學。大家平心細想，本
志除了擁護德、賽兩先生之外，還有別項罪案沒有呢？若是沒有，
請你們不用專門非難本志，要有氣力、膽量來反對德、賽兩先生，
才算是好漢，才算是根本的辦法。」

當年反對者非難的是陳獨秀他們反孔教，現在非難的是陳獨
秀他們用「歐洲自由平等學說」反孔教。批判文章說：「混進無產
階級革命隊伍裏的資產階級代表人物陳獨秀，『五四』時期也曾以
『反孔』的姿態出現。但因為他頑固地站在資產階級的立場上，
害怕和反對人民革命，當他推行右傾機會主義路線的時候就由『反
孔』轉向尊孔，叫囂要『重新評定』孔老二的『價值』，成為帝國
主義和資產階級的忠實走狗。」[24]有的批判文章還指責了陳獨秀
對秦始皇的不恭：「他不僅在批孔的同時，把孔老二這個復辟分子
美化成是有『特色』的、『變古』的革新派，居然還把孔學所以成
為『支配中國人心』的統治思想歸罪於焚書坑儒，說成是『秦火

---

24 史衆：《五四時期批孔鬥爭的歷史經驗》，《紅旗》雜誌1974年第5期。

以還，百家學絕』的結果，把賬算到了秦始皇的頭上，這完全是
顛倒是非，混淆黑白。孔孟之道後來成爲右傾機會主義路線的理
論基礎。」[25]此時對秦始皇的維護已經有了現實的原因了。在批
孔的同時，「評法批儒」也在全國展開。首先在《吳虞文錄》序中
使用「孔家店」這一名稱的胡適，在「批林批孔」運動中被認爲
是「假批孔」：「至於買辦資產階級文人胡適，原來就是一個尊孔
派。五四運動初期，他曾捲進了『打倒孔家店』的洪流，那不過
是投革命之機，想撈取一點政治資本而已。因爲他站在買辦資產
階級的立場上，只能是假批孔。所以他根本不去觸動孔孟之道的
要害，只是搞什麼『文學形式』的『改良』。隨著革命的深入，面
對著馬克思主義的廣泛傳播和工農運動的蓬勃興起，他很快就撕
下了反孔的假面，亮出了尊孔的真相，挑起了一場『問題與主義』
的論戰，公然把矛頭指向馬克思列寧主義。他後來積極爲帝國主
義出謀劃策，要帝國主義用孔孟之道來『征服中國民族的心』。這
就充分暴露出他是一個尊孔和崇洋賣國相結合的洋奴。」[26]被胡
適譽爲「只手打倒孔家店的老英雄」吳虞，在「批林批孔」運動
中受到了嘲弄：「但就是這個吳虞，由於站在資產階級立場上去批
判孔孟之道，儘管看到了孔學在維護封建專制統治中的反動作
用，同時卻又認爲孔子在春秋末年『自是當時的偉人』。他不但對
法家在歷史中的進步作用沒有給予必要的肯定，卻反而不分青紅
皂白地對儒法兩家採取了一鍋煮的態度。他胡說什麼：『吾國專制
之局，始皇成之，李斯助之，荀卿啓之，孔子教之也。』後來隨
著革命的發展和無產階級的登上歷史舞臺，他也就丟掉『打倒孔
家店』的口號，抽鴉片，寫豔詩，頹唐、消沈，倒退墮落成爲一

---

25 石侖：《發揚「五四」精神，深入批林批孔》，《朝霞》1974 年第 5 期。
26 史衆：《五四時期批孔鬥爭的歷史經驗》，《紅旗》雜誌 1974 年第 5 期。

個封建文人了。」[27]對吳虞的批判，沒有提到胡適稱讚吳虞無意之中運用了實驗主義的方法，當時，把陳獨秀、胡適、吳虞他們的方法通稱爲「資產階級的方法」，即「形式主義的方法」。

當然我們不必糾纏於「文革」對陳獨秀、胡適、吳虞反孔教、儒學的評價，但這裏涉及到兩次批孔的內容與路向問題。周策縱曾經精闢地分析過陳獨秀、魯迅、吳虞批孔的特點。他說：「陳獨秀注意到，孔子學說有其可取之處，但他反對不加區別地接受它，理由是它畢竟是封建時代的產物，不適合現代社會的需要。」周策縱從九個方面概括了陳獨秀批孔的主要思想[28]。對吳虞的批孔，周策縱認爲「可能是正適應了時代的需要」，「問題的實質並非是對孔子的教義進行重新評價，而是要揭露許多世紀以來，由統治者和官僚們強加在人們身上的倫理原則、制度，即基於孔子本人的教義或者冒用孔子教義的名義的倫理原則與制度的虛僞與殘酷。戰鬥的關鍵是反對僵化了傳統，而儒學則是這一傳統的核心。」周認爲魯迅對儒學的批判「更加尖銳也更加用力。他將對儒家理論的批判伸展到了整個傳統的社會與傳統的生活，以及中國人的國民性。他的方法並非進行理論上的討論，而是以其辛辣而又充滿幽默的文筆進行諷刺與揭露。他獨特的風格，他的睿智，他的冷峻，使他贏得了大量的讀者」。「文革」對陳獨秀、胡適、吳虞的批判究竟與歷史真實有多大差距，我們也可以從 1981 年 6 月出版的《從鴉片戰爭到五四運動》一書相關章節的內容看出。這本書寫於撥亂反正時期，在今天看來已經是十分謹慎了。胡繩迴避了對具體人物的評價，顯出他的「爲難」，但不管怎樣，胡繩

---

27 史衆：《五四時期批孔鬥爭的歷史經驗》，《紅旗》雜誌 1974 年第 5 期。
28 參見周策縱《「五四」運動史》第十二章《新思想與對傳統的價值重估》，以下關於吳虞、魯迅的引文也出自本章。

還是在思想文化運動的層面上肯定了「《新青年》的作者們」，認
爲他們「針對著當時正在十分猖獗的復古尊孔的反動思潮，進行
了勇猛的鬥爭。他們舉起民主和科學的旗幟，要用民主和科學來
『救治中國政治上、道德上、學術上、思想上一切的黑暗』。根據
歷史和現實生活，他們指出三綱五常、忠孝節義這些封建老教條
是『奴隸之道德』，是同『今世之社會國家』根本不相容的。他們
把打擊的矛頭直指封建時代的聖人孔子，掀起了『打倒孔家店』
的潮流」。胡繩認爲，「五四新文化運動，作爲反封建的運動是戊
戌維新與辛亥革命的繼續，而其鬥爭的徹底性大大超過了前兩個
時期」。

　　我們再回到「批林批孔」問題上來。「批林」爲何要「批孔」？
《人民日報》社論《紀念五四運動五十五周年》告訴大家：「孔老
二是沒落奴隸主階級的代言人。他創立的儒家學派，厚古薄今，
主張開歷史的倒車。這種思想適應反動統治階級的需要，被他們
大肆吹捧，不斷加工，把它當作宗教教條一樣強迫人民信奉。一
切反動派，包括妄圖滅亡中國的帝國主義和社會帝國主義，都從
孔家店那裏尋找毒害人民、破壞革命的思想武器。黨內機會主義
路線的頭子反對無產階級革命，反對無產階級專政，也要從孔老
二那裏取經學道。叛徒、內奸、工賊劉少奇親自跑到曲阜『朝聖』，
多次拋出鼓吹孔孟之道的黑《修養》，爲推行他的反革命修正主義
路線服務。資產階級野心家、陰謀家賣國賊林彪是地地道道的孔
老二的信徒。他搜集孔孟的反動言論，東拼西湊，在陰暗的角落
裏狂熱鼓吹，進行反革命的陰謀活動，妄圖篡黨奪權，復辟資本
主義。這就充分證明，只要還存在階級和階級鬥爭，還存在資本
主義復辟的危險，還存在黨內兩條路線的鬥爭，反孔和尊孔的鬥
爭就不會結束。」把這段文字和我們前面提到的關於「批林批孔」

的「現實意義」的論述結合起來，就不難看出：「批孔」是爲了防
止否定「文革」（也就是防止資本主義復辟），因此，「批林批孔」
是「文革」的深入和發展。

把「批孔」與黨內路線鬥爭聯繫起來的做法其實並不是從「批
林」開始，「五四」運動五十周年，也就是 1969 年，當時在批判
「劉少奇的反革命修正主義路線」時，也曾經提出要發揚「五四」
運動「打倒孔家店」的精神。回顧「五四」，魯迅的反孔，是反「現
代中國的孔夫子」，劉少奇和林彪是「現代中國的孔夫子」嗎？

知識份子常常被視爲大大小小的「孔夫子」，顯然，無論是
否願意，知識份子都已經被放入了「路線鬥爭」之中，「尊孔」是
資產階級路線，「反孔」是無產階級路線，若要革命當然必須「反
孔」。1973、1974 年的北京大學教授馮友蘭和後來被稱爲中國「最
後一個儒家」的梁漱溟還有一大批知識份子就處在「路線鬥爭」
之中[29]。

馮友蘭爲何由尊孔轉向批孔？當然需要究其源。建國後馮友
蘭就一直在努力跟上時代的步伐。在建國初期，他就曾經寫信給
毛澤東，表示要用馬克思主義的觀點來治學，毛澤東卻不以爲然。
他有過自述。「文革」開始，北大被說成是「池深王八多」的「黑
據點」，馮友蘭也被打入其中，馮友蘭的「尊孔」思想被說成是「新
尊孔論」。1968 年秋隔離審查中的馮友蘭從監改人員那兒獲知，
他的問題是敵我矛盾，照人民內部矛盾處理。「爲什麼對我這樣地
寬大呢？」有人告知馮友蘭：「毛主席在一次中央的會上提到你和
翦伯贊。毛主席說：『北京大學有一個馮友蘭，是講唯心主義哲學

---

29 關於梁漱溟「文革」中拒絕批孔的經歷已眾所周知，他最著名的觀點就是
表示「批林不批孔」，並且認爲林彪有何嘗有什麼政治路線可言。《梁漱溟自
述》和《梁漱溟問答錄》兩書有詳細記載。

的，我們只懂得唯物主義，不懂得唯心主義，如果要想知道一點
唯心主義，還得去找他。翦伯贊是講帝王將相的，我們要知道一
點帝王將相的事，也得去找他。這些人都是有用的，對於知識份
子要尊重他們的人格』」馮友蘭不知道毛澤東究竟是怎麼說的，
「我幾次向工宣隊提出請求，希望看看原來的記錄，他們都滿口
答應，可是事實上是置之不理。無論如何，我之所以能提前回家，
顯然是由於毛澤東的那個講話。工宣隊還叫我寫信感謝毛澤東，
據他們說：翦伯贊也寫了。」這在馮友蘭是個重要的轉折，他的
失落恰恰是從他被「解放」開始。「1971 年 5 月間，謝靜宜到我
家來了。謝靜宜常參加我們哲學系的學習所以認識。她說，她看
見毛主席了，毛主席叫她告訴我說，我給他的信他看見了，謝謝
我。毛澤東並且派她向我問候，這使我很感動。我寫了一感謝信，
還作了一首詩，托謝靜宜轉達。這首詩說：『善救物者無棄物，善
救人者無棄人。若有東風勤著力，朽株也要綠成蔭。』」在東風之
下，「朽株」如何「綠成蔭」呢？1973 年批林運動轉向批孔運動，
批孔還要批尊孔。馮友蘭先生心理又緊張起來，覺得自己又要成
爲「衆矢之的」了。於是他選擇了和群衆一同批孔批尊孔，他在
「相信黨」、「相信群衆」時，忘了相信自己。相當一部分知識份
子在遭遇到挫折時，通常是用這種方式來革自己的命。

　　不久馮友蘭在北大哲學系全體師生大會上作了《對於孔子的
批判和對於我過去尊孔思想的自我批判》的發言，在老年教師大
會上作了《復古與反復古是兩條路線的鬥爭》的發言。寫了兩篇
文章，1973 年第四期《北京大學學報》同時刊出這兩篇文章。1973
年 12 月 3 日《光明日報》全文轉載了《對於孔子的批判和對於我
過去尊孔思想的自我批判》，該報的「編者按」說：「他的文章中，
在批判孔子反動思想的同時，也對自己過去的尊孔思想，以及他

宣揚的對中國哲學遺產『抽象繼承法』有所批判。這是一個進步，值得歡迎」。「從馮友蘭先生的文章中可以看出，他的進步，是在無產階級文化大革命中，在批林整風運動中取得的，也是在積極參加批孔鬥爭中取得的。我們歡迎廣大知識份子，包括過去受孔子思想毒害較深的人，積極投入當前的批判鬥爭，在鬥爭中認真學習馬克思主義、列寧主義、毛澤東思想，進行自我教育，在鬥爭中提高路線覺悟，改造世界觀，努力跟上社會主義革命的步伐。」馮友蘭也為自己的「進步」而興奮。1975年2月4日，《光明日報》發表馮友蘭《參加批林批孔一年來的思想收穫》：「……我和工農革命群眾走到一條路上了……在1974年初冬我按捺不住這種興奮的心情，又作了一首詩，題為『言志』：『水擊三千里，人生二百年。尚未及半數，不為晚著鞭。尊儒風未息，批孔戰方酣。願奮一支筆，奔走在馬前。』」

其後，1975年8月，人民出版社出版了馮友蘭根據批孔的兩篇文章改成的《論孔丘》。馮先生在書的「前言」中詳細敘述了自己批孔的思想歷程，事實上他的內心存在著衝突與痛苦，「當時我想：同是一個批林批孔，在開始的時候，我覺得對於我好像是一場災難。後來我覺得對於我確實是一種幸福。這是因為前後所站的立場有所不同，所走的路線有所不同。從尊孔到批孔，從覺得好像是災難，到覺得確實是幸福，這是一種思想改造上的轉變。這個轉變是同我在文化大革命中所受的教育分不開的，是在那個基礎上取得的。」但是，要求革命的知識份子都看重自己「一種思想改造上的轉變」，並且覺得這個轉變使自己站到「正確」的「路線」上來[30]。

---

30 馮友蘭在「前言」中說：「1974年秋天，群眾性的批林批孔運動展開了。開

　　「文革」結束後，對於自己「能夠同革命群衆一起批林批孔」的這段經歷，馮友蘭在《三松堂自序》中作了剖析：「在領導和群衆的鼓勵下，我暫時走上了批孔批尊孔的道路。我不知道這是走群衆路線，還是嘩衆取寵。這中間必定有個界限，但當時我分不清楚。」等他搞清楚時已屆九十高齡。他說，「照我現在的理解，這個界限就是『誠僞之分』。《周易》乾卦的《文言》說：『修辭立其誠。』我們說話、寫文章都要表達自己真實的見解，這叫『立其誠』。自己有了確實的見解，又能虛心聽取意見，改正錯誤，這叫走群衆路線。如果是附和一時流行的意見，以求得到吹捧，這就是僞，就是嘩衆取寵」。以此爲標準，馮友蘭反顧自身：「1974年我寫的文章，主要是出於對毛主席的信任，總覺得毛主席黨中央一定比我對。實際上自解放以來，我的絕大部分工作就是否定自己，批判自己。每批判一次，總以爲是前進一步。這就是立其誠，現在看來也有並不可取之處，就是沒有把所有觀點放在平等

　　始的時候，我的心情很緊張。我想：糟了，在無產階級文化大革命以前，我一向是尊孔的。現在要批林批孔，我又成了批判的物件。後來又想，這個思想不對。這個思想還是從我在文化大革命以前的舊立場出發的。我過去尊孔，那是因爲我過去的立場反動，路線錯誤。在文化大革命中，我已有所認識。尊孔問題，我也初步地作了自我批判。現在應該在已經作出的批判的基礎上進一步地批孔，批我過去的尊孔思想。我要同革命群衆一起，批林批孔。學校的領導上知道我的這個思想，就鼓勵我在哲學系的全體師生大會上，講講我現在對孔丘的認識。《北京大學學報》(1973 年第 4 期)發表的我的那一篇文章，就是我在這次大會上的發言稿。在預備這篇稿子的過程中，我的緊張心情，逐漸消失。我覺得心情愈來愈輕鬆愉快，覺得能夠同革命群衆一起批林批孔，這是很大的幸福。於是在那篇發言稿的結束部分，我就寫道：無產階級文化大革命正在向縱深發展。在中國哲學史領域內，正在經歷一場新的革命。毛主席親自領導，指示方向。我年近八十，在過去搞了半個世紀的中國哲學史。現在還能看到這個偉大的革命，這是很大的幸福。不但能看到，而且能參加，這是更大的幸福。在我講了以後，當時到會的同志，也給了我很大的鼓勵。」

地位來考察。而在被改造的同時得到吹捧，也確有欣幸之心，於
是更加努力『進步』。這一部分思想就不是立其誠。」比照前述馮
友蘭《論孔丘》之前言，可以說他對自己思想脈絡的剖析是真實
的。馮友蘭因爲參加批林批孔、擔任「梁效」顧問，在「文革」
後爲人詬病，沒有什麼不正常的。但若要洞察歷史又不能不知人
論世。「文革」以後，有不少知識份子曾作懺悔、檢討或自我批判，
但真正像馮友蘭這樣剖心者少。馮友蘭自序數語，可以說是「立
其誠」。他因此得到人們的諒解，曾經苛評他的人也多了一些理解
和同情。傅偉勳便說，「我對他晚年的行爲的苛評，今天重新『蓋
棺論定』，應該收回。」「將近九十高齡的馮友蘭仍能面對自己，
談誠、僞之分，敢於公開自己的錯誤，敢於剖心，似乎暗示他的
赤子之心始終未泯。他的內在真實不因外在苦難與『吾不得已也』
的曲折妥協，而消失不見。」其實「收回」也不必，問題總在那
裏，關鍵在我們如何來論定。馮友蘭晚年繼續他的《中國哲學史》
撰寫，《中國現代哲學史》並沒有人們期待的那樣好，原因是多方
面的，但無疑與他「絕大部分工作就是否定自己」有關。

　　逝者如斯。馮友蘭先生、梁漱溟先生都已經作古，但他們曾
經有過的困惑仍然在延續著，那個還叫孔子的先生還在不停地「論
語」。

下　編

解釋「現代文藝」的基本思路

　　「文革」對現代文藝歷史的解釋，主要涉及到四個方面：「五
四」新文學、魯迅與左翼文學、三十年代文藝和「文革」前十七
年文藝。對延安解放區文藝的評價，在第一次全國文代會上已有

主調，在「文革」中周揚等早已喪失了解釋解放區文藝的話語權，「文革」主流話語突出了對周揚、丁玲和王實味等的批判；而這一變動是由於「文革」重新敘述和闡釋了「五四」新文學、魯迅、三十年代文藝和「文革」前十七年文藝。之所以說是「重新」敘述與闡釋，是因爲「文革」對「現代文藝」的基本估價發生了大的甚至是根本性的變化。因此「文革」對現代文藝的敘述與闡釋，實際是另外一種「重寫文學史」。這在二十世紀中國學術史上構成了重要的一環。

　　解釋「現代文藝」的依據是「文革」主流文藝思想，最重要的文獻是《林彪同志委託江青同志召開的部隊文藝工作座談會紀要》（以下簡稱《紀要》），可以這樣說，《紀要》是在「上層建築其中包括文化領域中對資產階級實行全面的專政」思想在文藝思潮中的集中反映。《紀要》在極左意識形態的視野中重新解釋了中外文學史，並且提出了對文學問題的一系列看法。據參與《紀要》的起草者披露，毛澤東審閱了《紀要》並作修改。譬如，在「我們一定要根據黨中央的指示，堅決進行一場文化戰線上的社會主義大革命，徹底搞掉這條黑線」之後，毛澤東加上了這一段文字：「搞掉這條黑線之後，還會有將來的黑線，還得再鬥爭。所以，這是一場艱巨、複雜、長期的鬥爭，要經過幾十年甚至幾百年的努力。這是關係到我國革命前途的大事，也是關係到世界革命前途的大事。」《紀要》提到的毛澤東著作有五篇：《新民主主義論》、《在延安文藝座談會上的講話》、《看了〈逼上梁山〉以後寫給延安平劇院的信》、《關於正確處理人民內部矛盾的問題》、《在中國共產黨全國宣傳工作會議上的講話》。《紀要》對這五篇著作的意義作了新的說明，並認爲這五篇著作「夠我們無產階級用上一長時期了」。在「文革」中，《看了〈逼上梁山〉以後寫給延安平劇院的信》、《應當重視電影〈武訓傳〉的討論》、《關於〈紅樓夢〉研究問題的信》和《關於文學藝術的兩個批示》統稱爲「關於文學藝術問題的五個文件」。五個文件加上前面提到的幾篇著作,對「文革」的影響是複雜的。《關於文學藝術的兩個批示》實際上爲「文藝黑線專政論」提供了依據。由《新民主主義論》到《關於文學藝術的兩個批示》比較完整地反映了毛澤東在建國後不斷左傾的思想歷程。儘管同樣提《新民主主義論》和《在延安文藝座談會上的講話》,但對它們的理解和闡釋是往「左」的方向發展。

以《紀要》的思想爲主體,以樣板戲的創作實踐爲依據,主流文藝思想的構成主要是四個方面:「無產階級文學的黨性原則」,「社會主義文藝的根本任務」,「無產階級的創作原則」和「無產階級的創作方法」。關於「無產階級文學的黨性原則」,在「文革」中被解釋爲「必須自覺地爲無產階級革命路線服務」。「根本任務」的正式提法見於《紀要》:「要努力塑造工農兵的英雄人物,這是社會主義文藝的根本任務。」後來統稱爲「根本任務論」。至於怎樣塑造英雄人物,主流文藝思想著重闡述了「樣板戲」的經驗,這就是被稱爲「無產階級創作原則」的「三突出」。在對「十七年文藝」思潮的全面破除中,「兩結合」的創作方法沒有被廢棄,而且再次重申是「無產階級的藝術方法」。《紀要》的第九條就是講創作方法問題的:「在創作方法上,要採取革命的現實主義和革命的浪漫主義相結合的方法,不要搞資產階級的批判現實主義和資產階級的浪漫主義。」主流文藝思想的這些方面支撐了「文革」解釋「現代文藝」的文學史觀,是「文革」文論的核心內容。

這樣,對「現代文藝」史的敘述就有了新的變化。當時的教科書和文論,把「五四」以來的新文學史被解釋爲「兩種根本不同的文藝路線和文藝思想」鬥爭的歷史。這樣的變化使得用政治鬥爭的歷史來研究文學史的方法走到了極端。

　　在這樣的文學史中，毫無疑問，「五四運動」所進行的「文化革命」意義被強調爲「徹底地反對封建文化的運動，這是中國有史以來空前徹底的文化革命」，因此「中國無產階級」的新文藝、新文學的歷史，就是從此開始的。不僅如此，中國文藝思想戰線上的馬克思主義文藝思想與資產階級、修正主義的文藝思想的鬥爭，最早也是從此開始的。「五四」新文學運動的歷史從一開始就被扭曲簡化成了階級鬥爭和路線鬥爭的歷史。這種敍述呼應了《紀要》提出的論點：「事實上，在我國革命的兩個階段，即新民主主義階段和社會主義階段，文化戰線上都存在兩個階級、兩條路線的鬥爭，即無產階級和資產階級在文化戰線上爭奪領導權的鬥爭。我們黨的歷史上，反對『左』右傾機會主義的鬥爭，也都包括文化戰線上的兩條路線鬥爭。」因爲有了這樣的鬥爭，「五四」文藝戰線上的鬥爭形勢就變得非常複雜了：「從『五四』運動的輿論準備階段到中国共產黨成立的 1921 年，這一時期的文藝思想戰線，有接受馬列主義的知識份子宣傳介紹馬列主義與運動中的右翼分子如胡適之流的『多研究些問題，少談些主義』的鬥爭，有以魯迅爲代表的戰鬥的革命民主主義者的光輝業績；有堅持推進新文學運動的反封建的激進派與反對文學革命運動的封建復古派如林紓一類人的鬥爭；有陳獨秀這樣打著馬克思列寧主義旗號但卻根本不懂馬克思列寧主義，實際上是站在資產階級激進的民主派立場所宣揚的資產階級『文學革命』論，對共產主義文化思想領導地位的排斥；有以胡適爲代表的資產階級右翼的改良主義和形式主義的主張對運動的破壞，等等。」這樣的敍述比起關於新文化運動的「統一戰線」論是大踏步的後退。所謂複雜的形勢又被看成是歷史發展過程中的內在矛盾，兩條路線、兩種文藝思想

的鬥爭就成爲「現代文藝」的矛盾運動，對這一矛盾鬥爭的描述
與解析代替了對「現代文藝」自身演進歷史的分析。於是，「現代
文藝」的歷史，就成了「兩個潮流」鬥爭的歷史：「五四文化革命
的發展出現了明顯對立的兩個潮流。」「首先是，『繼承了五四運
動的科學和民主的精神，並在馬克思主義的基礎上加以改造』的
(《反對黨八股》)馬克思主義的共產主義革命的洪流，這是真正
的『五四』傳統的發揚光大。」「在四十年代以來，中國文藝戰線
上的兩條路線、兩種文藝思想的鬥爭，真正的革命的無產階級路
線，一直是爲保衛和發展這個革命傳統而堅決鬥爭的。」「與此對
立的還有另外一種潮流，這就是在當時的歷史條件下形成的作爲
五四運動的缺點，及這種缺點在新形勢下的繼續發展和流延，這
是資產階級道路的傳統，是形式主義向右的發展。二十年代以來
的文藝鬥爭，三十年代以來的『四條漢子』的文藝黑線，以至建
國後發生的批判胡適派在《紅樓夢》研究問題上的資產階級唯心
主義的鬥爭，反胡風、反右派，以及反對劉少奇一類騙子的反革
命修正主義路線、文藝思想，都與五四時期兩個對立的潮流的鬥
爭有直接關係。」[31]順著這樣的思路自然會得出這樣的結論：「文
藝戰線上以無產階級文化大革命爲標誌的這個最大鬥爭的回合，
是在全國億萬人民打倒劉少奇叛徒集團的同時，又清除了周揚反
革命修正主義文藝黑線的長期統治而告終的。」

　　以上的敘述反映了一種「路線鬥爭」、「階級鬥爭」的「現代
文藝」的整體觀，這在當時是十分普遍的一種現象。這個整體觀
的內在邏輯不是「現代文藝」自身的演進規律，而是黨內階級鬥
爭、路線鬥爭的思想，對各種文藝現象的解釋，也就必須服從黨

---

31 遼寧大學中文系：《文藝思想戰線三十年》，1973 年 2 月。

內的階級鬥爭和路線鬥爭，而文藝爲無產階級政治服務的觀點和
這樣的文學史觀是一致的。對中國現代文藝歷史的這種解讀，還
反映出「文革」時期文學批評的一種「思維方法」：對各種文藝現
象的解釋都是以揭示和發現其中的階級鬥爭、路線鬥爭的意義爲
目的，違背主流文藝思想的現象都會被視爲階級鬥爭、路線鬥爭
的新動向；與此同時，對歷史的敘述往往是爲了尋找當代文藝鬥
爭的歷史根源，而且認爲既往的歷史又會在現實中有新的反映，
這種反映被描述爲「復辟」或「回潮」。任何歷史都是當代史的觀
點在「文革」對「現代文藝」的解讀中也可以找到論據。

　　以這樣一種關於「現代文藝」的整體觀爲依託，對各種文藝
現象的解讀最後都會得出相同的結論，文學史變成了是非分明的
階級鬥爭、路線鬥爭史。一種文藝現象的性質取決於它服從什麼
階級什麼路線，而一個作家、批評家或者一個文藝工作領導者，
他在文學史上的位置，關鍵看他站在什麼階級、路線的立場，看
他在路線鬥爭中的表現。在談到三十年代文藝時，《紀要》說：「要
破除對所謂三十年代文藝的迷信。那時，左翼文藝運動政治上是
王明的『左傾』機會主義路線，組織上是關門主義和宗派主義，
文藝思想實際上是俄國資產階級文藝評論家別林斯基、車爾尼雪
夫斯基、杜勃羅留波夫以及戲劇方面的斯坦尼斯拉夫斯基的思
想，他們是俄國沙皇時代資產階級民主主義者，他們的思想不是
馬克思主義，而是資產階級思想……因此，絕不能把任何一個資
產階級革命家的思想，當成我們無產階級思想運動、文藝運動的
指導方針。三十年代也有好的，那就是以魯迅爲首的戰鬥的左翼
文藝運動。到了三十年代的中期那時左翼的某些領導人在王明的
右傾投降主義路線的影響下，背離馬克思列寧主義的階級觀點，
提出了『國防文學』的口號。這個口號就是資產階級的口號，而

『民族革命戰爭的大眾文學』這個無產階級的口號，卻是魯迅提出的。有些左翼文藝工作者，特別是魯迅，也提出了文藝要為工農服務和工農自己創作文藝的口號，但是並沒有系統地解決文藝同工農兵相結合這個根本問題。當時的左翼文藝工作者，絕大多數還是資產階級民族民主主義者，有些人民主革命這一關就沒過去，有些人沒有過好社會主義這一關。」這些論點成為「文革」時期批評「三十年代文藝」、「國防文學」的武器。

在這樣的現代文藝史中，新民主主義革命時期只有魯迅受到肯定，而在社會主義革命時期，則是以「樣板戲」為開端的塑造無產階級英雄典型的文藝。由「京劇革命」到「革命樣板戲」是一個不斷意識形態化的過程，是「在上層建築對資產階級實行全面專政」的組成部分。這當中自然有「破」和「立」的問題。按照《紀要》的說法，「在這股資產階級、現代修正主義文藝思想逆流的影響或控制下，十幾年來，真正歌頌工農兵的英雄人物，為工農兵服務得好的或者基本上好的作品也有，但是不多；不少是中間狀態的作品；還有一批是反黨反社會主義的毒草。」這就需要「文化方面的興無滅資的鬥爭」。那麼「興」什麼呢？《紀要》緊隨其後寫道：「近三年來，社會主義的文化大革命已經出現了新的形勢，革命現代京劇的興起就是最突出的代表。」「文化革命要有破有立，領導人要親自抓，搞出好的樣板。資產階級有反動的所謂『創新獨白』，我們要標新立異，我們的標新立異是標社會主義之新，立無產階級之異。要努力塑造工農兵的英雄人物，這是社會主義文藝的根本任務。我們有了這樣的樣板有了這方面的成功經驗才有說服力，才能鞏固地佔領陣地，才能打掉反動派的棍子。」因為完成了這樣的「根本任務」，積累了「這方面成功的經驗」，「革命現代京劇」成了「革命樣板戲」。這樣的評價在後來被

不斷誇大,「革命樣板戲」的出現成爲「新紀元」的開始:「在無
產階級文藝史上,也曾產生過一些好的或比較好的作品。但是,
在社會主義這個歷史階段,堅持以馬克思列寧主義爲指標,站在
路線鬥爭的高度反映工農兵的鬥爭生活,把塑造無產階級英雄典
型作爲社會主義文藝的根本任務,自覺地肩負起鞏固無產階級專
政、反對資本主義復辟的偉大歷史使命,這樣的文藝是從革命樣
板戲開始的。」在主流文藝評論中都可以見到這樣大同小異的文
字。對「樣板戲」評價的最關鍵部分也就在這裏,因爲它不僅強
調了「樣板戲」的地位和作用,而且從主流意識形態出發側重闡
釋了「樣板戲」的話語系統的三個方面:其一強調「關鍵問題」
是寫好「階級鬥爭」、「路線鬥爭」;其二:「創作革命樣板戲的核
心問題是滿腔熱情、千方百計地塑造無產階級英雄典型。」「只有
塑造好無產階級英雄典型,才能實行無產階級在文藝領域內對資
產階級的專政,堅持這一根本任務,就是堅持文藝爲工農兵服務
的方向。這是任何時候都不可動搖的原則問題。」其三就是我們
熟悉的「三突出」創作原則。因此,主流文藝評論認爲,「樣板戲」
表現和確證了「無產階級」與「資產階級」的本質對立。

　　一部豐富複雜的文學史完全被現實政治鬥爭肢解,現代思想
文化資源在這樣的肢解中支離破碎、面目全非。當衆多的優秀作
家作品由於「階級」的原因被批判和排除于文學史之外時,文學
教育也就失常了,這種失常的文學教育,使一代人的思想、思維、
語言和文體都遭到扭曲。今天許多作家、學者、批評家和教授都
是在扭曲中開始研究和寫作的,因此也養成了一脫胎時就有的壞
習慣。我一直覺得,這樣的扭曲對中國當代文學、當代思想文化
和稱爲知識份子的人們是致命的一擊。我們同時還不能不注意
到。無論是在八十年代還是在九十年代,「文革」思維方式與「文

革」話語都還在作慣性運動。這種現象不僅出現在對「文革」的某些事件、人物的批評中，而且也時常出現在八十、九十年代的文學、文化研究中。熟悉「文革」的人，是不難發現八十、九十年代的「文革文本」的。即使是未經歷「文革」的一代，也常常難以擺脫「文革」思維與話語的潛在影響。當我自己在清理這一段歷史時，我感到是對自己的過去和現在的一種批判。在重新閱讀「文革」部分文學期刊和作品時，我常常想起當年急切等待《朝霞》並如饑似渴地閱讀它的情狀，並且我再次意識到「文革」、「文革文學」曾經是我和我們成長的思想文化資源：歷史的殘酷在於它開了一個玩笑，一個曾經是「正面」的資源終於成了「負面」，但歷史又不是簡單地分為正與負的。因此，從另外一個角度說，對這段歷史的研究是對我和我們這類「知識份子」的一種批判。

正像我們前面提到的那樣，對「現代文藝」的敘述與闡釋也確定了「文革文學」的路向。今天我們對「文革文學」的解讀，顯然必須顧及「文革」時期這一段「現代文藝」的學術史。在文學淪為主流意識形態話語的過程中，文學的理想、精神、審美屬性、語言等發生了災難性的變化，幾乎所有的問題到了這時都被推到了極端。在民眾的審美情趣借助主流意識形態話語的力量不斷膨脹的情形下，「五四」新文化的傳統被否定，知識份子的寫作失去了合法性，文學中斷了現代性的追尋。這樣一種非常態的文學成為中國文學史上的獨特構成，因此當我們在今天的語境中討論「文革文學」的文學史意義時不可能不存在分歧。

變與不變：斷裂中的兩個問題

「文革」對「現代文藝」的敘述與闡釋並不是一個突如其來

的結果,而是各種因素演化的產物。當我們今天討論這一問題時,有一項工作是不能忽略的,這就是「文革」在敍述和闡釋「現代文藝」時,它在視角、線索、理論和方法上與「十七年」比較有哪些是一脈相傳的,又有哪些是變化了的,這就是變與不變的問題。從文學與思想文化建設的成績來說,「文革」是一次「斷裂」,但這一「斷裂」還包含了一些藕斷絲連的東西。

在討論這一問題時,我覺得恩格斯關於中世紀不是歐洲歷史簡單中斷的思想是研究的理論支點。關於這一點想法,我在「文革文學」研究中始終堅持著。恩格斯在談到「十八世紀的唯物主義」(主要是機械唯物主義)的局限性時說:「它不能把世界理解爲一種過程,理解爲一種處在不斷的歷史發展中的物質。」「這種非歷史的觀點也表現在歷史領域中。在這裏,反對中世紀殘餘的鬥爭限制了人們的視野。中世紀被看作是由千年來普遍野蠻狀態所引起的歷史的簡單中斷;中世紀的巨大進步 —— 歐洲文化領域的擴大,在那裏一個挨著一個形成的富有生命力的大民族,以及十四和十五世紀的巨大的技術進步,這一切都沒有被人看到。這樣一來,對偉大歷史聯繫的合理看法就不可能產生,而歷史至多不過是一部供哲學家使用的例證和插圖的彙集罷了。」[32]我們也不能把「文革」和「文革文學」看成是歷史的「簡單中斷」,應當注意到歷史階段之間的相互聯繫以及歷史的整體性。

我曾經提到,無論是在當時還是在今天,無論是那時的「文革」當局還是現在的一些研究者,都注意到了文學的「文革」與「文革前」的關聯,只是解釋的角度不同而已,不同的角度顯示了歷史與歷史闡釋者的巨大差異。姚文元在《評反革命兩面派周

---

32 恩格斯:《路德維希·費爾巴哈和德國古典哲學的終結》,《馬克思恩格斯選集》第四卷,人民出版社 1972 年 5 月版。

揚》中說:「當我們回顧解放以來文藝鬥爭的歷史時,可以清楚地看到兩條路線的尖銳鬥爭:一條是毛主席文藝路線,是紅線,是毛主席親自領導了歷次重大的鬥爭,把文化革命一步步推向前進,作了長時間的準備,直到發動了轟轟烈烈的、向資產階級全面進攻的、億萬人民參加的無產階級文化大革命,一直挖進周揚一夥的老巢。」[33]對姚文元在文章中提到的對電影《武訓傳》的批判等重大鬥爭的性質、意義,在「文革」後已經作出完全不同的價值判斷與解釋。但是無論從什麼角度解釋,有一點是明確的:「歷次重大的鬥爭」一步步推動了「文化大革命」。

以對「黑八論」的批判爲例,就能夠發現文藝思潮不斷左傾的過程。「寫真實」論、「現實主義廣闊的道路」論、「現實主義深化論」、反「題材決定」論、「中間人物」論、反「火藥味」論、「時代精神匯合」論等,被認爲是資產階級文藝思想、修正主義文藝思想的代表性論點,「文藝黑線」則是資產階級、修正主義的文藝思想和三十年代文藝的結合。這些觀點出現在《紀要》之中。所謂的「黑八論」中的大部分在「文革」之前就遭到不同程度的批判。譬如姚文元在 1964 年發表了《使社會主義文藝蛻化變質的理論 —— 提倡「寫中間人物」的反動實質》,《略論時代精神問題 —— 與周穀城先生商榷》等。對「黑八論」的批判就是在這些批判的基礎之上展開的。因爲有了「文革」前的批判,所以在「文革」剛結束時,有的人還認爲「文革」前十七年有部分「文藝黑線專政」的現象。

對「現代文藝」的敘述與闡釋還涉及到現代文學史的寫作問題。王瑤等學者在「現代文學史」寫作中的猶豫、困惑,以及現

---

33 姚文元:《評反革命兩面派周揚》,《紅旗》雜誌 1967 年第 1 期。

代文學學科形成過程中的諸多問題，已經是治現代文學學術史的
學者所關注的問題。「文革」對「現代文藝」的敘述與闡釋，其實
正是五六十年代文學史寫作的一種路向的延續與發展。

在這裏，我們簡單回顧一下周揚《在〈中國現代文學史綱要〉
討論會上的講話》，以理清前後的聯繫。關於寫文學史的目的問
題，周揚說：「使大家能夠從這本書中找到一點中國的新文學、人
民大眾的新文學、無產階級的新文學的發展的規律。」周揚強調
了「革命性和科學性的統一，政治性和真實性的統一，這是原則。」
這個「統一」的原則在「文革」中是不存在的。正像周揚所說的
那樣，「麻煩在於有些人政治上反動，文學上卻有貢獻；或者開始
進步，後來反動；或者開始反動，後來進步。要很好掌握分寸。」
這個分寸在「文革」中也丟掉了，陳獨秀、胡適在新文學中的作
用被否定，而一大批左翼之外的作家則被排除在文學史之外。關
於現代文學的性質問題，周揚說：「中國現代文學是新民主主義文
學，是新民主主義文化的一部分。」新民主主義文學不是單一的，
是三個階級組成的統一戰線，是幾個階級的聯盟。」但是周揚同
時又說：「在統一戰線裏，資產階級作家從一開始就是右翼。」我
們可以發現「文革」在敘述和闡釋「現代文藝」時就包含了這樣
的兩分法，但重點放在「資產階級作家一開始就是右翼」的敘述
上。關於「線索問題」，周揚認為：「整個這一段的新文學，是新
民主主義文學發展的過程，是反映人民大眾的反帝反封建的文
學，和帝國主義、封建主義、官僚資本主義文學鬥爭的過程。因
為由無產階級領導（資產階級已無力領導），這個鬥爭過程也是無
產階級和資產階級的文藝思想作鬥爭的過程。同時這個過程也是

中國人民大眾和無產階級的文學發生、發展、成熟的過程。」[34]由此，我們知道突出無產階級和資產階級的鬥爭在「十七年」和「文革」兩個階段對文學史的敘述與闡釋是一致的，不同的是，「文革」又突出了文學史中的路線鬥爭。周揚當年沒有想到他也會不僅是「十七年」的「文藝黑線」的代表人物，而且也是四十年代資產階級文藝路線的代表人物。

　　「文革」中的不少批判也是「十七年」批判的延續和惡性發展，但是「十七年」的批判沒有導致對「十七年文藝」的整體否定。「文藝黑線專政論」的提出，就顛覆了原先的那個解釋「十七年文藝」的框架。

　　在八十年代，有不少學者提出「當代文學史」的上限應該追溯到1942年延安文藝座談會，這一學術觀點拓寬了當代文學研究的視野，特別是對深入把握當代文學發展的內在邏輯是有益的。但在研讀「文革」出版物時，我才發現，在七十年代初期，一些著作在敘述當代文藝思潮時，其上限就起於1942年，譬如遼寧大學中文系文藝理論教研室編寫的《文藝思想戰線三十年》，第一章就寫延安時代，其中包括「解放後對四十年代機會主義文藝路線流毒的『再批判』」。為什麼要從四十年代開始寫起？因為「無產階級文化大革命是歷史上兩條路線鬥爭的繼續。在這場鬥爭中，無產階級革命派不僅是徹底清算了周揚在社會主義革命時期的各種罪行，而且也徹底批判了周揚在歷史上，從三十年代到延安時期一貫推行的文藝黑線」，這樣也就為十七年的文藝黑線找到了根源。以1942年為文學史敘述的起點，最重要的原因則是毛澤東《在延安文藝座談會上的講話》具有劃時代意義。《文藝思想戰線三十

---

34 周揚：《在〈中國現代文學史綱要〉討論會上的講話》，《周揚文集》第五卷，人民文學出版社1994年。

年》寫道:「偉大領袖毛主席親自領導了延安文藝界的整風運動,並發表了馬克思主義的光輝文獻《講話》。《講話》從政治上思想上徹底批判了王明、劉少奇的『左』右傾機會主義文藝路線,系統地、深刻地總結了『五四』運動以來我國意識形態領域中路線鬥爭的歷史經驗,繼承捍衛發展了馬克思主義的世界觀和文藝理論,爲我們黨制定了一條完整的馬克思主義文藝路線,從根本上解決了文藝爲工農兵服務等一系列的重大問題。」這是一個很有意義的現象,今天寫作當代文學史,在談到「現代」向「當代」轉換時,幾乎都把當代文學史的起點推到 1942 年,而解釋的角度則截然不同。這樣一來,一些複雜的問題就產生了,其中的一些問題在今天仍然困擾著我們的研究。

「大批判」與「無作者文本」

　　既然存在什麼「文藝黑線專政論」,那麼「搞掉這條黑線」的辦法之一就是開展「革命大批判」。「文革」中大量的「大批判文本」是我們今天認識「文革」的主要「文本」之一。

　　僅就小說而言,1968 年 8 月由「湖南大學新湖大聯委圖書館小組」編印的《一百二十部有毒小說批判》,如書名所記,被批判的「毒草」小說就有一百二十部之多(其中有五部蘇聯小說)。這部書是在中國人民大學「三紅文學兵團」和人民文學出版社《文藝戰鼓》編輯部所印《六十部小說毒在哪里?》基礎上,參考其他資料,以及根據報刊所載其他批判文章摘錄縮寫彙編而成。

　　以類似的手法編輯而成的小冊子或發表的文章在「文革」當中不計其數。這不僅給研究當代出版史的學者而且也給文學史、學術史、思想文化史研究者帶來困難與困惑。一方面,作者的署名多是化名，另外一方面在摘錄編輯過程中又略去了文章作者姓名和出處，我把這個現象概括爲「無作者文本」；另外一種「無作者文本」是在「文革」期間大量的「編者按」（有少數是領導人撰寫、只是以「編者按」名義發表的指示）。「文革」中的「編者按」所起的作用幾乎與主流媒體的「社論」相同，而且更具體、直接。在「文革」中出現的這樣一種現象，如果從「侵權」的角度去評述顯然是毫無意義的；「無作者文本」的大量出現，不僅因爲個人無話語權，它在整體上是一個社會失去思想能力後的集體抄襲，是衆聲喧嘩中的個人失語，因此它是體制文本。在「文革」以後，學術界對「無作者文本」幾乎沒有清理，因爲以我們的習慣，這些文本是沒有人負文責的，因而也就在我們的視野之外。這樣的結果使許多參與制造這些文本的人失去了對自己的反省；我想不必用「懺悔」這個詞，也不能要求這些人負起什麼歷史責任，在現代中國，在大的運動中除了有冷漠的看客外，還有衆多熱情的湊熱鬧與瞎起哄的人。因此我贊成錢鍾書先生所說的應當有人「記愧」：「按道理說，這類人（旗手、鼓手、打手）最應當『記愧』。不過，他們很可能既不記憶在心，也無愧怍於心。他們的忘記也許由於他們感到慚愧，也許更由於他們不覺慚愧。慚愧常使人健忘，虧心和丟臉的事總是不願記起的事，因此也很容易在記憶的篩眼裏走漏得一乾二淨。」如果連慚愧也沒有，所謂反思歷史又從何說起。

被批判的小說分成這樣幾類：一、「反黨、反社會主義、爲劉少奇等反革命修正主義頭目樹碑立傳」，這類小說有《劉志丹》、《六十年的變遷》、《保衛延安》、《青春之歌》、《朝陽花》、《小城春秋》、《紅軍不怕遠征難》、《禾場上》等；二、「歌頌錯誤路線、攻擊毛主席的革命路線」，這類小說有《我的一家》、《紅旗譜》、《播

火記》、《風雨桐江》、《晉陽秋》、《鐵道遊擊隊》、《紅色交通線》
等；三、「歪曲階級鬥爭，宣揚階級調和論，人性論，和平主義」，
這類小說有《三家巷》、《苦鬥》、《火種》、《大波》、《太陽照在桑
乾河上》、《苦菜花》、《迎春花》、《三月雪》、《普通勞動者》、《我
們播種愛情》、《工作著是美麗的》、《李自成》、《黎明的河邊》、《團
圓》等；四、「歪曲和攻擊社會主義革命和社會主義建設」，這類
作品有《上海的早晨》、《在和平的日子裏》、《風雷》、《在田野上，
前進》、《過渡》、《南行記續篇》、《高高的白楊樹》、《靜靜的產院》、
《賣煙葉》等；五、「醜化工農兵形象，歌頌叛徒，美化階級敵人」，
這類作品有《紅日》、《暴風驟雨》、《新四軍的一個連隊》、《鐵門
裏》、《戰鬥到明天》、《死水微瀾》、《春回地暖》、《鐵木前傳》、《戰
鬥的青春》、《黃浦春潮》、《第一槍》等；六、「大寫所謂『中間人
物』，反對塑造工農兵英雄形象」，這類作品有《下鄉集》、《三裏
灣》、《靈泉洞》、《豐產記》、《李雙雙小傳》、《山鄉巨變》、《東方
紅》、《美麗的南方》、《橋》、《我的第一個上級》、《高幹大》、《風
雪之夜》、《農村紀事》等。這是當時的分類，而分類本身就是政
治鬥爭的方式方法。除此而外，成了禁書的作品遠遠超過被批判
的數量，當然，被禁也是一種被批判。九十年代初，我在南京圖
書館曾經發現一份該館《重新開放的文藝書目》，這是一份研究林
彪、「四人幫」推行文化專制主義的重要材料。今天的讀者無法想
象，書目中所列的這些書何以成為「毒草」。在失去了起碼的文明
常識後，或者在糟蹋了人類優秀的文明成果之後，任何非常的事
情看來都有可能發生。這些書中，有不少膾炙人口的中外文學名
著，是哺育和滋潤人們的精神食糧。書目前的編者按雲：「近些年
來，『四人幫』執行了資產階級文化專制主義，許多作家被『打棍
子』、『扣帽子』，一大批優秀作品橫遭扼殺與禁錮，造成十分嚴重

的惡果。打倒『四人幫』，文化得解放。在華主席『抓綱治國』的
戰略部署指引下，遵照『百花齊放、百家爭鳴』的方針，我們在
揭批『四人幫』種種惡行的同時，擬將一些被打入冷宮的好的和
比較好的以及作一些技術處理即可開放的文藝作品陸續開放。」
被禁的中國文藝書籍包括《革命自有後來人》、《洪湖赤衛隊》、《爲
了六十一個階級兄弟》、《八一風暴》、《霓虹燈下的哨兵》、《南海
長城》、《豹子灣戰鬥》、《劉胡蘭》、《董存瑞》、《李雙雙小傳》、《沂
蒙山的故事》、《野火春風斗古城》、《我跟父親當紅軍》、《抗日英
雄故事選》、《漳河水》、《天山牧歌》、《毛主席住過的地方》、《明
朗的天》、《青春之歌》、《跟隨周副主席十一年》、《南泥灣屯墾記》
等。這些被禁的作品有不少是當代「紅色經典」，多數是反映中國
革命鬥爭題材的作品，只是由於政治人物命運的沈浮或者由於作
者在「文革」中受到衝擊，即被打入冷宮。這就是大批作者在「文
革」中所處的語境。在這樣的語境下，失去了思想和文化資源的
知識份子怎麼能夠有自己的話語權？我們可以設想，在這樣的背
景下成長起來的當代作家要成爲大家翹首企盼的大師談何容易？
在這樣的背景下開始的新時期文學又是何等艱難？

　　這些作品遭到批判，主要是因爲「黨內最大一小撮走資本主
義道路當權派和盤踞在文藝界大大小小反革命修正主義分子『利
用小說進行反黨活動』，爲復辟資本主義製造輿論」[35]。因此，對
這些小說以及對整個十七年文藝的批判，也就不可避免地是用「文
革」主流意識形態話語作爲批判的武器，對作品的分析變成了當
代政治鬥爭的敍事；文本與意識形態之間的聯繫不是揭示出來
的，是揭露出來的，揭露往往是把現實政治鬥爭的意義強加到文

---

35 參見《一百二十部毒草小說批判後記》。

本之中。這是「大批判文本」的最本質的特徵。至於後來文學批評的深文周納、斷章取義、含沙射影、無限上綱等等則是「大批判」方式的具體內涵。在思維方式上,「文革」文學批評是「破字當頭」,研究方法則是庸俗社會學的泛濫。「文革」文學批評的語彙也是大同小異,「爲工農兵服務」、「塑造無產階級英雄典型形象」、「社會主義道路」、「資本主義道路」、「無產階級」、「資產階級」、「階級鬥爭」等等在各種文學批評文章中隨處可見,「文革」的文學批評詞典是一部政治學的詞典。

　　「文革」在對「十七年文藝」的「大批判」中有沒有顛覆文藝體制本身?我的答案是否定的。「文革」只是對文藝體制的重組,而不是「革命」,真正發生變化的是知識份子的思想命運。在這個體制內,起支配作用的不是文學創作自身的規律,而是靠意識形態的整合(政治權威的作用)和行政命令的操縱(文化權威的作用),隨著這種整合與操縱的不斷強化,包括文學在內的文化空間也不斷異化。作家在這種體制與空間中安全與否,取決於他的精神狀態、價值取向與體制的吻合程度。不斷的批判和改造都在強化這種吻合度。政治權威對作家的影響很大程度上是通過文化權威來實施的。在「文革」前十七年中,文藝界的一些鬥爭和一些作家的遭遇歸根到底是在意識形態鬥爭的名義下發生的,但有時表現爲作家批評家與文化權威之間的衝突。文化權威之所以成爲文化權威,除了文化權威本身的資歷與精神力量(我認爲不能完全否認這種精神力量的存在)之外是因爲政治權威將文化權和對意識形態的闡釋權賦予了文化權威。這就意味著文化權威在體制中的作用同樣是個變數,文化權威的命運也取決於意識形態鬥爭的格局,周揚和其他一些人在「文革」中的遭遇就說明了這一點。以此而言,「文革」文藝體制正是這種體制的延續和發展,只是角色有了變化，譬如，「文革」的文化權威就成了大大小小的「寫作組」。

　　「文革」結束以後，對「十七年文藝」的評價也發生了大的變化。因爲「四人幫」用「文藝黑線專政論」否定了「十七年文藝」，一些人在批判「文藝黑線專政論」的同時又基本肯定了「十七年文藝」，甚至認爲「十七年文藝」不存在極左思潮；而另外一種意見則認爲，由於「十七年」文藝思潮不斷左傾，「十七年文藝」幾乎沒有什麼可以肯定的。我們且不管究竟有幾種「十七年文藝」，這樣評價文藝的方法還是政治決定論。出於政治的原因否定，又出於政治原因肯定，使真正的學術研究始終未能展開。

　　這種習慣的學術思維方式在當下的文學史研究中仍然十分活躍在對一些具體作家作品的研究中，也常常由於對一些作家精神的肯定，而誇大其創作的價值。我覺得對鄧拓、廖沫沙等人的雜文成就的評價就有些偏高。我覺得我們今天對吳晗、鄧拓、廖沫沙的肯定，主要不是因爲他們的文本提供了重要價值（當然不否認其價值），而在於他們在政治鬥爭中所堅持的操守以及作爲政治鬥爭犧牲品所具有的悲劇意義。我對鄧拓、吳晗、廖沫沙三位的學識、人格和文品向來敬佩，但同時又覺得，他們在當代文學史上的特殊地位是以血的代價換來的。我當然不否認《三家村劄記》作爲雜文本身具有的價值，但是因爲這些雜文（不僅僅是雜文）而招致的災難在歷史上刻下的印痕遠遠深於雜文本身。在給七十年代出生的大學生講授「中國當代文學」時，我發現由於對歷史的隔膜，他們已經沒有了我和我的上一輩們讀《三家村劄記》的感受。一位同學這樣問我：這些文章寫得好嗎？我一時無言。歷史在一代人身上留下的悲劇性會被人們漸漸的淡忘嗎？如果批評與批判還有些差別的話，那麼，鄧拓的雜文應當是一種批評。

其實，當代雜文到了鄧拓這裏，已經不再是匕首和投槍，鄧拓的雜文是溫和的，在經歷了反「右」鬥爭以後，不僅是鄧拓，大多數雜文家都在改變著雜文這一文體。他們在表達著某種真實的思想時也和現實相妥協，因爲政治鬥爭的殘酷，那些已經妥協了的思想也成了「異數」而遭至批判和無情打擊。

1965 年開始的《海瑞罷官》批判成爲「文革」的「導火線」。1967 年《人民日報》、《紅旗》雜誌元旦社論《把無產階級文化大革命進行到底》稱：「從 1965 年 10 月起，毛主席親自發動的對反黨反社會主義的《海瑞罷官》的批判，對『三家村』反革命集團的批判，對舊北京市委反革命修正主義領導人的批判，爲大規模的無產階級文化大革命群眾運動，作了輿論準備，打開了道路。」「九大」政治報告在總結「無產階級文化大革命」過程時說：「毛主席又發動了對《海瑞罷官》等大毒草的批判，鋒芒所向，直指修正主義集團的巢穴 —— 劉少奇控制下的那個針插不進，水潑不進的『獨立王國』，即舊北京市委。」今天我們在另外的意義上理解由 1965 年開始的《海瑞罷官》批判作爲「導火線」或「開端」意義：對《海瑞罷官》的批判最充分地體現了「文革」政治的運作特點；學術問題的政治化在《海瑞罷官》中走到了極端；《海瑞罷官》的批判是由文藝界打開「缺口」，進而按照發動者的意圖進行政治鬥爭的最成功的例子；《海瑞罷官》的批判和吳晗的遭遇宣告了當代知識份子一種寫作方式的失敗，這就是：知識份子一旦以意識形態發言人的身份從事寫作他就面臨著種種危險的可能。當代文學史上姚文元式的文學批評在《海瑞罷官》批判中達到了「登峰造極」的地步，姚文元的道路和姚文元式的批評成爲「文革文學」的常見現象，這期間的以「初瀾」、「任犢」、「梁效」等爲代表的文學批評在本質上是《評〈海瑞罷官〉》的複製和「擴大再生產」。

在「三家村」中，廖沫沙「文革」時當「黑幫」的幾篇「交代材料」，顯示了他在敘述歷史時的知識份子品格，這些材料的價值遠遠超出他的雜文。「交代材料」最早見諸《廖沫沙文集》第二卷。當年讀到在文集之「甕中雜俎」名下的這些篇什，頗有感慨，以爲這樣的材料于文學史思想史等都極有價值。這樣的材料和類似於這樣的材料在「文革」時期是司空見慣的，現在大多在哪里向隅而泣，或者早已散失。現在出版的《郭小川文集》也收錄了他「文革」時期的檢討文章。廖沫沙去世後，他的夫人陳海雲又收集到若干「文革」中的「交代材料」，中國社會科學出版社 1994年 1 月出版的《甕中雜俎》收入的「交代材料」也由文集的十一篇擴充到四十一篇。在「運動」中受到批判的一些文字，如《論〈花邊文學〉》、《咸陽遊》、《「史」和「戲」── 賀吳晗的〈海瑞罷官〉演出》和《有鬼無害論》等，也作爲附錄收入，其價值自不必說。《甕中雜俎》封面有一幀照片，爲廖沫沙所制桔皮花，廖氏在幽禁中把食後的桔子皮捏作花朵以自娛，由此可見其情懷。陳思和先生在《我所喜歡的十部專業書》中列舉了《甕中雜俎》並說：「面對命運的殘酷與苦難，並且敢於消解和嘲弄這種命運，世界上大概只有兩個民族做得比較出色，一個是猶太民族，一個就是我們炎黃民族。這本書是用文革時代的語言寫成，雖然是被迫的寫作，卻成了那個時代絕無僅有的文學。」[36]說到「消解和嘲弄」，可舉作於 1967 年夏的《嘲吳晗並自嘲》詩爲證：「書生自喜投文網，高士如今愛『折腰』。扭臂栽頭噴氣舞，滿場爭看鬥風騷。」此詩在 1980 年第一期《當代》發表時，有一補記的「小序」，

---

36 陳思和：《寫在子夜》，上海人民出版社 1996 年 9 月版。

雲：「1967 年，我同吳晗同志在一次被揪往某礦區批鬥時，兩人在鬥爭大會前被囚於一室，曾以陶淵明不爲五鬥米折腰的故事，互相取樂，事後於回程的火車上，我在默想中作成此詩。」在 1975年 3 月 17 日《給專案組的信》中有一段文字讓我思之再三，從中體味到什麼叫知識份子的信念、人格，什麼叫威武不能屈。廖沫沙寫道：「如果論政治，論思想觀點，論階級性，『三家村』的三個人只能劃爲小資產階級知識份子。這不是無產階級。如果講教育改造，那我不是偏愛而是我現在的真心話，我覺得吳晗是有改造前途的。因爲他幼稚而純樸。」在這封信的「幾句結束語」中廖沫沙說：「如果我還得在這裏待下去，那就請求兩件事：一是給我筆和紙；二是准許我除開馬列之外，還能看點古籍。」這樣的聲音在「文革」中的意義是不言而明的，他的不易還在於廖沫沙的這種寫作與辯護是公開的，比起「地下寫作」來更爲困難。

知識份子與「文革」主流話語

在談到「文革」對「五四」及「現代文藝」的敘述與闡釋時，一個重要的問題又浮現出來：知識份子在「文革」主流話語形成中究竟起到了什麼樣的作用？我曾經從創作的角度探討過這個問題。近些年來，此類研究也多集中在文學創作問題上，譬如，批評界對浩然《金光大道》的批評，一些學者對丁玲等現代作家在「毛話語」形成過程中所起作用的研究等。相對於創作而言，從文藝批評角度做些探討有著很大的空間。主要不是這一領域研究薄弱，而是因爲文藝批評在「文革」中有著特殊的地位，因爲它直接闡釋了「文革」主流意識形態，而且又充分體現了「文革」所倡導的「大批判」功能，所以文藝批評在「文革」中的地位在很大程度是高於創作的。

　　對這一問題的探討，如果僅局限在對某一寫作組或者其中某些人士的批判，顯然不夠歷史分量，而且往往容易因爲糾纏於道德的反省而掩蓋了蘊藉其中的真正的問題。我曾經指出，現在關於「文革」的一些回憶錄過多地突出了自己的遭遇與反抗而忽略了對自身思想命運的真實敍述，將複雜的進程納入正史的敍述框架之中；而一些研究文章又常常離開「文革」的語境來探討問題，用西方話語來解釋「文革」，譬如突出「文革」的「現代性」意義，譬如以個別「樣板戲」重新上演獲得較高的票房來證明「樣板戲」的價值，這雖然只是對個別問題的解釋，但在學界卻相當普遍地存在著用西方話語解釋「中國問題」的傾向。由於不顧語境，「真問題」與「偽問題」混雜；一些未親歷「文革」者，在批判「文革」現象時，其強烈的姿態反而暴露出「文革」思維方式與話語系統的潛在影響。「文革」作爲一段被我們黨否定的歷史已經過去，但是在相當多的人那裏，「文革」仍然是一種「思想資源」，八九十年代的一些「文藝評論」文章，如果插入「文革」時的大批判文集中，我們並不能發現有多少差異。

　　1972 年以後，部分知識份子已經能夠公開寫作和發表，但這不意味著知識份子已經有了作爲個人寫作的話語權，即便是工人出身的作者也只有在作爲「工人階級」的一員時才有寫作的權利。我在前面提到的王瑤先生以個人名義所寫的文藝評論，其實也只是個人對主流意識形態話語的一種轉述。這種轉述所具有的意義通常被看成是知識份子對主流意識形態話語的認同；當同一個作者既有對主流話語的認同，又在另外的寫作中具有反主流話語的思想或思想傾向時，往往又被認爲是一種話語策略，我覺得這是過高估計了中國知識份子的權謀，不同的話語之間的矛盾其實是中國當代知識份子思想的矛盾表現。包括轉述在內的主流話語寫作，還顯示了知識份子接受「再教育」後的成績。更爲重要的是，由於主流話語的一些寫作者的知識份子身份（儘管這一身份在當時不具有光榮色彩），主流話語的寫作也就因此具有了學術性，這眞是「文革」時期思想文化的又一個矛盾之處。不借助于知識份子的寫作，也就不可能有什麼思想文化建設，但是，既然是「全面專政」，又不能不防止參與主流話語寫作的知識份子可能「復辟資本主義」或者讓資產階級思想回潮。所以，在當時的體制內，當局者要對知識份子保持高壓和警惕，知識者自己也小心拿捏和「不斷革命」。

　　我曾經用「非知識份子寫作」（這不是一個和「民間寫作」相呼應的概念）來概括知識份子參與主流話語寫作的行爲。非知識份子寫作是沒有知識份子立場、思想的寫作，個人作爲作者在寫作中是缺席的，只有缺席才具有「合法性」。所以，我把這種寫作稱爲「集體作業」。即使一些署名的寫作也並沒有因爲有了個人的名義就失去了「集體性」，譬如我曾經批評過的署名「余秋雨」的《胡適傳》，就是一個「集體性」的文本。

　　「集體作業」在「文革」中是大量的。我曾經提出「文革」中文藝理論條目的修訂是個值得研究的問題。1976 年 3 月上海人民出版社出版的《文藝評論叢刊》（第一輯），發表了《辭海》文藝理論部分的條目（徵求意見稿）。這些重新修訂的條目，比較具體、完整地反映了「文革」主流文藝思想體系。包括這部分文藝理論條目在內的《辭海（修訂稿）》文學分冊於 1979 年 5 月由上海辭書出版社出版，內部發行，供徵求意見用。1979 年正式出版的《辭海》就是在各分冊基礎上形成的。《辭海（1979 年版）》已經對「文革」時修訂的文藝條目「撥亂反正」，1989 年版則有更大幅度的修訂。1979 年版《辭海》之「前言」簡述了 1936 年刊行後《辭海》的修訂出版過程:1962 年《辭海·試行本》出版;1965 年出版《辭海·未定稿》;1972 年再次著手修訂,「但在修訂過程中,『四人幫』橫加干擾和破壞,妄圖使《辭海》爲他們篡黨奪權的陰謀服務」;1979 年重新修訂的《辭海》出版,「過去所強加於《辭海·未定稿》的一切污蔑不實之詞,統統被推倒了」。從 1976 年 3 月發表的《辭海》文藝理論條目來看,這些條目的撰寫者們,並未拒絕那些干擾和破壞,相反,而是認同了「文革」主流意識形態。這些撰寫者無疑都是專家,都是知識份子。我們可以說他們在寫作時已經沒有思想自由,但是那些條目是否都是不自由的產物?這些條目是否也反映了他們當時的認識水平呢?我覺得答案應當不是單一的。比照 1965 年版的一些文藝條目就會發現,1979 年修訂稿中的一些文藝條目並無大的變化。耐人尋味的是,這種現象不是個別的。吸收六十年代文藝思想的合理部分是無可厚非的,但在七十年代末、八十年代初,「撥亂反正」常常意味著回到「十七年」,清理極左文藝思潮的影響也就成了一個「長期而艱巨」的任務。我曾經提出文學由「文革」到「新時期」的過渡問題,長期被模糊了,其中的許多環節仍然需要探討和清理。我們現在已經形成了一個習慣的思路,也就是常常把諸多問題的產生歸結爲體制的原因,這似乎已經成了一種「思想公式」。以這一思想公式來推斷,當代知識份子問題常常被看成是體制強迫的結果,應當說,這確實是問題產生的一個原因,但我以爲不是全部。同樣以這一公式來推斷就會出現另外的問題:持反體制的立場是否就能修成思想正果?我非常贊成也嘗試著從檢討體制入手來探討衆多問題產生的原因,知識份子的體制化是中國當代知識份子問題的一個重要特徵,學界對此多有關注和闡釋。但是這種分析切切不可公式化。

在重新回溯「文革」這段歷史時，我們仍然會感受到「文革」主流意識形態的強大攻勢，因為主流意識形態是以「公意」的名義來對社會施加影響的。王元化先生在談到「公意」對「民間社會」的侵犯時說：「我們都能夠明白，公意是被宣佈為更充分更全面地代表全體成員的根本利益與要求的，它被解釋作比每個社會成員本身更準確無誤地體現了他們應有卻未被認識到的權利，公意需要化身，需要權威，需要造就出一個道德上完美無缺的奇裏斯瑪式的人物。不幸的事實是，這種比人民更懂得人民自己需求的公意，只是一個假像，一場虛幻。其實質只不過是悍然剝奪了個體性與特殊性的抽象普遍性。以公意這一堂皇名義出現的國家機器，可以肆意擴大自己的職權範圍，對每個社會成員進行無孔不入的干預。一旦泯滅了個性，抽象了有血有肉的社會，每個社會成員就得為它付出自己的全部自由作為代價。民間社會沒有了獨立的空間，一切生命活力也就被窒息了。」

這種「公意」對「民間社會」的侵犯，造成了「心理暴力」的產生。《俄羅斯思想》的作者尼·別爾嘉耶夫《在新世紀的門檻上》提出了「心理暴力」的概念：「暴力問題很複雜，因為既有明顯的暴力——這種暴力有物質的表現形式，又有不明顯的暴力。最能引起義憤的是明顯的暴力，即施於肉體的暴力：殺人、刑訊、關入牢房、剝奪行動自由、毆打。但是起更大作用的則是不明顯的暴力，即施于心理的暴力，作為專政工具的就有蠱惑宣傳、奴役群眾心理、社會催眠術、收買、掌握在政權手中的報刊。人不被當作自由的、有精神的生物——需要幫助他走向自治，而被當作必須馴服與加工的生物。具有國家形式的社會必須通過一系列心理暴力去馴服人格，將其定型成適於自己的目的。在當代，這種事由追求霸權的政黨在幹。從而導致否定人權，否定良知自由、思想自由，否定精神獨立。坐牢和判死刑的人可以依然是個內心自由和獨立的人，他遭受的是物質暴力，蒙難者是自由人。但是那種認同用心理暴力馴服並定型自己人格的人，必將淪爲奴才。正是對心理暴力的認同才把人變成奴才，而物質暴力則不要求認同，允許對方保留內心的自由。當暴政槍斃我的時候，我可以絲毫不放棄我精神的自由。宣揚力量崇拜的獨裁者首先就希望對他人實施心理暴力，肉體暴力僅是這種心理暴力的手段罷了。現代極權主義的實質就在於此，它要控制人的靈魂，馴服靈魂。」尼·別爾嘉耶夫所說的「物質暴力」不要求認同並允許對方保留內心的自由，也只是相對于「心理暴力」而言，其實「物質暴力」作爲「心理暴力」的手段或者「物質暴力」會產生「心理暴力」相同效果的這一點是不能忽視的。熟悉當代歷史的人都知道，「文革」時期「物質暴力」曾經使許多人靈魂馴服乃至精神崩潰。所以，我們不能不對張志新烈士表示崇高敬意，張志新可以這樣說：「當暴政槍斃我的時候，我可以絲毫不放棄我精神的自由。」

許多人經受了「物質暴力」與「心理暴力」雙重控制，而對更多的知識份子來說，始終是遭遇著「心理暴力」的鉗制。這樣一種鉗制對知識份子的影響是牢固的。經歷過衆多政治運動的當代知識份子常常會有許多自我約束，歷史的教訓有時會成爲一種心理暗示，什麼能做什麼不能做心知肚明。在「心理暴力」逐漸消失的時候，還會「心有餘悸」。

在這樣的思想狀態下，知識份子對一些問題的判斷會有失常的行爲。詩人張光年在抄選 1976 年 10 月 4 日至 10 日的日記時，加了一個注：「十月六日，在葉劍英、華國鋒主持下，一舉粉碎王、張、江、姚『四人幫』！這特大的喜訊，當時高興得不敢輕信，日記上也不敢直書，實在可笑！八日下午老友李孔嘉同志來報喜，連說『三個公的一個母的都抓住了』。我心知其意，心想哪有這樣『全捉』的好事，不敢插嘴。當晚史會同志來報喜，坐下只是笑，未明說，以爲我已知曉。九日獲知十五號文件大致內容，大喜過望。十日畢朔望同志來。他消息靈通，轉告從外事口獲知的具體情節。這才清楚了，然而日記上還是不敢明記！十年來長期充當『牛鬼蛇神』，把人嚇成這樣！這難道不是社會生活的異化、知識份子人格的異化？」[37]在粉碎「四人幫」後的各類文章中，都有描述獲知粉碎「四人幫」消息時激動心情的文字，但幾乎很少有人像張光年先生這樣寫出自己的真實心態並且一語道破問題的關鍵。我因此對張光年先生充滿敬意，他不愧是《黃河大合唱》的詞作者。

在「文革」主流意識形態替代了知識份子的思想之後，「文革思維」會以一種慣性的方式運動，而一部分知識份子甚至在相當長的時間裏很難從慣性中掙脫出來。對十七年文藝的批判，在「文革」後期不能不引起黨內部分領導同志和部分知識份子的反批判。一些人提出，「文革」以前的文藝「修正主義不占主要地位」，「要重新估價」，並認爲「革命樣板戲」是「一花獨放」，是作品「雷同化的根源」，「阻礙文藝的發展」。這樣一種健康的思潮被稱爲「右傾翻案風」。在所謂「反擊右傾翻案風」中，一些作家、詩人、學者仍然緊跟運動。其時「文革」已快接近尾聲了，而一些知識份子的思想狀態還像「文革」初期那樣，這也使我們明白，爲什麼在「文革」結束以後在一些人那裏「文革思維」保持著相當的慣性。我在這裏以馮至先生爲例，馮先生在 1976 年 3 月號的

---

37 張光年：《向陽日記》，上海遠東出版社 1997 年 12 月版。

《詩刊》上發表了《「今不如昔」—— 復辟倒退的濫調》。馮先生
在文章中說「這股風在文藝界裏一時也刮得很起勁。在他們慣於
使用的陳詞濫調中,『今不如昔』是甚囂塵上的一條。他們所謂的
『今』,就是文化大革命以後的今;『昔』,就是文化大革命以前的
昔。這是要翻文化大革命的案,算文化大革命的賬,簡言之,要
復辟,要倒退。」那麼如何看待「文革」前後的文藝界呢?文章
這樣寫道:「文化大革命前的文藝界,毛主席在《關於文學藝術的
兩個批示》裏早已明確地下了定論:『問題不少,人數很多,社會
主義改造在許多部門中,至今收效甚微。』在談到文藝各部門的
協會和刊物時,毛主席指出,『十五年來,基本上(不是一切人)
不執行黨的政策,做官當老爺,不去接近工農兵,不去反映社會
主義的革命和建設。』毛主席還嚴厲地批判『許多共產黨人熱心
提倡封建主義和資本主義的藝術,卻不熱心提倡社會主義的藝
術,豈非咄咄怪事。』回想那時在修正主義文藝路線的統治下,
戲劇舞臺上是帝王將相、才子佳人、牛鬼蛇神走馬燈一般出出進
進,小說詩歌中的毒草,一方面受到群眾的批判,一方面又在修
正主義文藝黑線鼓勵下不斷滋生。它們代表地主資產階級在意識
形態領域裏向無產階級倡狂進攻,在人民中間散佈剝削階級的思
想意識,對社會主義經濟基礎起著破壞作用。凡是在文化大革命
前搞過一些文藝工作,在文化大革命和批林批孔運動中經受過教
育和鍛煉的人,對於毛主席的那兩個批示,都應該銘記在心,永
志不忘,保持清醒的頭腦,對修正主義的危害有足夠的認識。」
像這樣的認識和表述,當然不止馮先生一人。但是詩人和學者的
馮至卻在這種社論式、大批判式的語言中消失了。在「文革」中
大量的學者、作家、詩人都是如此使用「文革語言」,這樣一種現
象不能僅僅看成是「被迫」的,也許在最初是被迫的、違心的,

但在不斷的使用中，也就逐漸由被迫到主動，由不自覺到自覺。
這正是「改造」和「再教育」所起的潛移默化的作用。在這篇文
章中，馮先生所用的「人稱」也耐人尋味。他用「他們」來指稱
刮「右傾翻案風」者，「反擊」者則是「我們」，而這篇短文便是
「我們」的反擊。馮先生寫道:「文化大革命後，文藝界發生了根
本的變化，廣大工農兵群眾登上上層建築舞臺，奪取了幾千年來
被剝削階級所控制的文藝陣地，對資產階級實行了全面專政。」
「這個根本的變化，給文藝的歷史劃出了一個新時代，開闢了一
個新紀元。我們在創造一個跟古代的、外國的封建文藝和資產階
級文藝完全不同的無產階級革命文藝，它將有助於社會制度的徹
底變革，有助於同傳統觀念徹底決裂，將對於人類歷史的發展做
出貢獻。我們對此感到自豪。」關於知識份子人格問題已是近幾
年來思想界和學界討論的熱點話題。我現在的想法是，在知識份
子不具備反抗「文革」的思想與能力的情形下，人格的異化也就
成為必然了。「文革」一開始，已經成為「資產階級知識份子」的
知識份子就陷入困境之中。一方面，你不能不擁護運動，另一方
面，你若是擁護運動就得承認自己犯了錯誤或者有罪 —— 因此參
加運動的結果，就是承認那些強加於自己的錯誤和罪行，除此之
外，任何一種選擇都是不革命的。因此，一個具有良知的知識份
子，在政治高壓下他未必能反抗什麼，但是如果他的思想精神還
存在著一些痛苦和鬥爭，那麼他也不失為一個有良知的人。

知識份子在「民間」

　　「文革」是一場群眾運動，參與知識份子改造和「再教育」
的是工農兵群眾。知識份子在「文革」中是處於被批判的中心，

在這樣的情形下，知識份子已經不是作爲一個獨立的相對於中心而言的「民間」。

面對這樣一個複雜的問題，我所關注的有兩點：「民間」是如何看待一些作家的；部分知識份子在「民間」又是如何對待自己的處境的。

討論第一個問題時，我想以「文革」時大寨大隊對「農民作家」趙樹理的批判爲個案。1970年趙樹理被迫害致死。曾經作爲「方向」的趙樹理創作在「文革」中被徹底否定，趙樹理變成爲「文藝黑線的總頭目周揚等人一手扶植起來的修正主義文學『標兵』，是一個大寫『中間人物』的『能手』」，「利用小說反黨的幹將」。趙樹理曾經被譽爲寫農村的「鐵筆」、「聖手」，有「農民作家」之稱，而在「文革」中，「農民」又如何看待這位「農民作家」呢？這是我們研究「民間」與「主流」的一個側面。1967年9月4日，大寨七十余人集會，批判趙樹理的《「鍛煉鍛煉」》。由山西昔陽縣大寨太行紅衛兵和山西省紅色造反隊整理的批判會發言記錄，是一份用「階級感情」和「現實政治」批判作家作品的典型材料。發言記錄的引言說，大寨人「懷著無比憤怒的心情，對趙樹理的反動小說 ── 大毒草《『鍛煉鍛煉』》，進行了嚴厲的批判！並以大寨人積極走社會主義道路，熱愛集體，自力更生，戰天鬥地的生動事實，有力地駁斥了趙樹理惡毒攻擊社會主義，污蔑貧下中農的滔天罪行。」大寨大隊團支書、太行紅衛兵負責人、鐵姑娘隊隊長郭鳳蓮在發言中說：「趙樹理的《『鍛煉鍛煉』》，把我們勞動人民和幹部污蔑得不值半根黃荣，看了真叫人氣憤極了！」「周揚這些壞蛋還把他吹成『農民作家』，狗屁！他是挂羊頭，賣狗肉。幾十年來，他寫的那些東西，從來不歌頌我們勞動人民，而是專門醜化、污蔑勞動人民，招搖撞騙，毒害了不知多少人。

在這次無產階級文化大革命中，我們必須把趙樹理這個黑作家揪出來，鬥倒、鬥臭！徹底砸爛他這塊所謂『農民作家』的黑招牌」。

顯然，大寨大隊的這些人未必認真讀過或者讀過趙樹理的小說，但是他們所作的批判正是長期以來「階級意識」被灌輸的結果。當曾經是「農民作家」的趙樹理被確認爲是「修正主義分子」時，原先的「農民作家」已經不存在，趙樹理與農民的關係已經變成了「兩個階級」的對立，因此，對他的批判也就不可避免。

一些鄉土作家在創作中非常重視俚語的意義。大寨大隊農民用「狗屁」、「挂羊頭、賣狗肉」等諸如此類的話來批判趙樹理還提出了另外一個值得研究的問題：俚語是如何賦予了意識形態意義的？

知識份子無論是上山下鄉還是到「五七幹校」，都被看成走與工農相結合道路，而走與工農相結合又被認爲是接受「再教育」的正確道路。這也可以視爲走向「民間」。

在我看來，從 1957 年「反右」擴大化開始到 1976 年「四五運動」爆發，知識份子在整體上始終未能保持獨立的人格和自由的思想與沒有一個可以作爲憑藉的民間社會有很大的關係，失去了這一憑藉的知識份子在農村等地的改造是真正的放逐與流浪，儘管生活在底層的民眾參加給予過知識份子中的某些人以道義上的同情和生活上的幫助，許多知識份子在苦難中得到慰藉，並且在重新獲得自由後懷著感激的心情回憶、記敘那些感人肺腑的事情或細節，但是在整體上，民眾與知識份子的關係設定在「教育」與「接受再教育」的框架中。當然，相對於受主流意識形態支配的「中心」而言，「民間社會」非「主流」非「中心」的種種因素重新調整了在其中接受改造的知識份子的立場與視角。對一些知識份子作家來說，這比滋養、扶助也許更爲重要。於是某些被主流意識形態遮蔽了的真實存在，也就由知識份子發現了，這些發現是新時期有些作家取得成就的不可或缺的準備。

張光年在《向陽日記》的引言中曾說：「最難忘向陽湖畔一批農民朋友及其少年子弟。他們看得起我們這些落難的讀書人，從不把我們看成異類；反而騰屋子給我們，邀我們到家裏烤火，教我們一些農業生產知識……」臧克家《憶向陽》中《有懷貧農社員同志》，抒寫的就是「貧農社員同志」對「五七戰士」的深情厚意。詩雲：「分別三年舊，相思逐日長。山高水重重，猶如在身旁。憶昔初進村，歡迎動街坊。喧賓竟奪主，讓我住上房。一見推心腹，語少情汪洋。勞動是我詩，親手教插秧。寒夜歸來晚，燙腳留熱湯。手捧一盆火，暖身暖心腸。主婦手中線，爲我綴衣裳。佳節送瓜果，身如在故鄉。燈下小兒女，擁來問短長。紅英十五六，田野是課堂。田華十二三，讀書勞動忙。憶昔未開口，淚珠先奪眶：『黨的恩情大，翻身見太陽。』時常表歉意：『招待不周詳。毛主席教導，才能到向陽。』樸素數言語，深情內中藏。別來常思念，永生不能忘！」如張光年所言，有不少佳句，讀來倍感親切。「毛主席教導」一句，符合當時情勢，但讀來拗口。無論當時還是後來，許多去過幹校的知識份子都曾經在文章中表達過與臧克家類似的感情。但我認爲，「貧農社員同志」與「五七戰士」的相互關係以及其中蘊涵的思想感情內容，並非「五七幹校」的主體部分；「看問題的角度」主要在於如何看待「五七幹校」對知識份子的改造與「再教育」。

改造和再教育對知識份子的作用是明顯的。這一點可以由一些知識份子在幹校時的精神狀態看出。這裏我們以俞平伯先生爲例。熟悉俞平伯的人認爲「俞平伯的自我改造意識還是明顯存在的」。「他願意接受毛澤東的批評。『文革』前有一次我到老君堂去看他，他把寫在花箋上的一首詩給我看了。是在『十竹齋』花箋上寫的。我記得其中三句：炙背夕陽面壁居，毛公指點分明甚，悔不當初細讀書」[38]。及至「文革」，「物質暴力」與「心理暴力」交互作用，那種到「五七」幹校改造的意願中包含了對暴力的恐懼和對政治的逃避。儘管俞平伯有「黃棉襖子暖烘烘」、「隔牆猶看馬櫻花」這樣的詩句，但由此認爲他對「文革」的遭遇能「坦然處之」顯然縮小了「文革」對俞平伯他們的影響。在文學研究所，何其芳名列「黑幫」榜首，俞平伯其次。從「文革」開始到1969 年末去信陽「五七」幹校，「是俞平伯在浩劫中最難熬的一段日子」，除了批鬥的摧殘，那種對人格和精神的不斷折騰，也到了不能承受之重的程度。

　　問題是，像俞平伯這樣的知識份子爲何以「樂」面對這些苦難。在由幹校返京後俞平伯曾有詩評說幹校生活：「『五七』光輝指示看，中州幹校一年還。茅簷土壁青燈憶，新歲新居住永安。」（《庚戌十二月移居永安裏》）對幹校似乎持歌頌態度。親近俞平伯的人追述過他在幹校的生存狀態：「他那時的心境，沒有愁怨，也不發牢騷。那順手寫出的詩句，清新淡雅，充滿生活的情趣。也許正是這種豁達，使他逃過了『浩劫』，安然度過了一年多的幹校生活。」「鄉間生活的清逸安靜，給久居喧囂城市的俞平伯以全新的感覺，小水塘、破茅屋、農村集市、泥濘的道路，都成爲他的寫作素材，一批具有濃郁田園風格的舊體詩，在茅簷下、青燈旁寫就。俞平伯進入了他晚年詩歌創作的高潮。」這些詩作如《楝花二首》：「天氣清和四月風，門前吹到楝花風。南來初識亭亭樹，淡紫英繁小葉濃。」「此樹婆娑近淺塘，花開花落似丁香。綠蔭庭

---

38 參見何西來《往事如煙》，《無罪流放》，光明日報出版社 1998 年 9 月第 1
　　版。

院休回首，應許它鄉勝故鄉。」再如《無題》：「茅簷極低小，一載住農家。側影西塘水，貪看日易斜。」《集市》：「明日當逢集，回塘撒網賒。北頭供蔬菜，南首賣魚蝦。」在那樣的環境之下不僅能坦然處之，而且與外孫在池塘邊「小坐玩月」共用天倫之樂。有詩爲證：「落入紅霞映水村，兩塘小坐似公園。晚涼更對柴門月，一歲情蹤共講論。」（《東嶽集偕奈小坐玩月》）「祖孫兩地學農田，北國中州路幾千。知汝遠來應有意，欲陳英力起衰年。」（《外孫韋奈來訪》）這樣看來，俞平伯似乎不在險惡之境而是身居世外桃源。

如此生存方式正是中國文人對待厄運對待專制的一種傳統，它從精神上避開險境，以守護自己的性情來表達生存的信念，這樣的方式可以堅守人格但不能產生反抗專制與暴政的思想，從這個意義上講，中國的現代知識份子多學問家而少思想家，而這樣一種狀況就形成了二十世紀中國的一大現象：專制與思想貧弱互爲因果。

關於"文革文學"的
釋義與研究

　　正在逐漸成爲我們背影的 20 世紀留下了一些永遠牽動著後來者的話題，"文革文學"便是眾多重要的話題之一。

　　"文革文學"，是與 20 世紀中國的重大事件"無產階級文化大革命"（簡稱"文化大革命"和"文革"）相關聯的。1966年 5 月中國爆發了持續十年的"文革"。對這場給當代中國帶來深重災難的"文化大革命"，中共十一屆六中全會通過的《關於建國以來黨的若干歷史問題的決議》作了徹底的否定,《決議》認爲："實踐證明，'文化大革命'不是也不可能是任何意義上的革命或社會進步。""歷史已經判明，'文化大革命'是一場由領導者錯誤發動，被反革命集團利用，給黨、國家和各族人民帶來嚴重災難的內亂。"《決議》對"文革"的評價是研究"文革文學"的政治原則，並且包含了某些方法論上的啓示。

　　爲了能夠更深入地把握"文革"與"文革文學"的關係，我們有必要瞭解"文革"時期的經典文獻對"文革"的釋義。1966年 5 月 16 日《中國共產黨中央委員會通知》中說："我們必須遵照毛澤東同志的指示，高舉無產階級文化大革命的大旗，徹底揭露那批反黨反社會主義的所謂'學術權威'的資產階級反動立場，徹底批判學術界、教育界、新聞界、文藝界、出版界的資產階級反動思想，奪取在這些文化領域中的領導權。而要做到這一點，必須同時批判混進黨裏、政府裏、軍隊裏和文化領域的各界裏的資產階級代表人物，清洗這些人，有些則要調動他們的工作。"1966 年 8 月 8 日通過中國共產黨中央委員會《關於無產階級文化大革命的決定》進一步說："當前開展的無產階級文化大革命，是一場觸及人們靈魂的大革命，是我國社會主義革命發展的一個更深入、更廣闊的新階段。""資產階級雖然已經被推翻，但是，他們企圖用剝削階級的舊思想，舊文化，舊風俗，舊習慣，來腐蝕群眾，征服人心，力求達到他們復辟的目的。無產階級恰恰相反，必須迎頭痛擊資產階級在意識形態領域裏的一切挑戰，用無產階級自己的新思想，新文化，新風俗，新習慣，來改變整個社會的精神面貌。在當前，我們的目的是鬥垮走資本主義道路的當權派，批判資產階級的反動學術'權威'，批判資產階級和一切剝削階級的意識形態，改革教育，改革文藝，改革一切不適應社會主義經濟基礎的上層建築，以利於鞏固和發展社會主義制度。"後來毛澤東又把這場革命看作是"無產階級反對資產階級和一切剝削階級的政治大革命，是中國共產黨及其領導下的廣大革命群眾和國民黨反動派長期鬥爭的繼續，是無產階級和資產階級鬥爭的繼續。"這些論點被概括成所謂"無產階級專政下繼續革命的理論"，它的核心意義是：在無產階級取得了政權並建立了社會主義制度的條件下，還要進行一個階級推翻一個階級的政治大革命，"文化大革命"就是這種"繼續革命"的最重要的方式。"在上層建築其中包括在文化領域中對資產階級實行全面的專政"則是"繼續革命"的重要組成部分。

　　我國五十年代末期提出"文化革命"的問題，當時所講的文化革命的內容，主要是社會主義的文化、教育事業，指提高人民的文化水準和健康水準，建設工人階級的知識份子隊伍，改變我國教育、科學、文化的落後狀態，這正是列寧在十月革命之後提出的文化革命的本來意義。而"文化大革命"不是馬克思主義經典作家所講的原來意義上的文化革命。"按照科學意義上的革命，'文化大革命'不能在任何意義上稱爲一個革命。它不是用一種什麼先進的生產關係去代替一種落後的生產關係，也不是用一種先進的政治力量來取代一種反動的政治力量。"[1]冠以"文化"二字的這場"革命"是由文化領域的"批判"開始的。《五一六通知》說："我國正面臨著一個偉大的無產階級文化大革命的高潮。這個高潮有力地衝擊著資產階級和封建殘餘還保存的一切腐朽的思想陣地和文化陣地。"在"文革"當局和爲主流意識形態支配的輿論中，都明確無誤地把"文藝革命"看作"文化大革命"的"開端"。1967年《人民日報》《紅旗》雜誌元旦社論《把無產階級文化大革命進行到底》中說："一九六三年，在毛主席親自領導下，我國進行的以戲劇改革爲主要標誌的文藝革命，實際上是無產階級文化大革命的開端。"中央文革小組組長陳伯達，在中央直屬文藝系統上說："文藝界的革命是我國無產階級文化大革命的開端。"由文藝而及政治，這正是當代中國政治在相當長一段時期內的運作特點。

　　"文革文學"就在這樣的歷史語境中產生和發展。文學與政治的關係成爲最基本的問題，並在根本上規定了"文革文學"的性質和它的品貌，即在整體上"文革文學"是"無產階級在上層建築其中包括文化領域對資產階級實行全面專政"的組成部分。

---

1 胡喬木：《談〈關於建國以來黨的若干歷吏問題的決議〉對"文化大革命"的幾個論斷》，《學習》1993年第1期。

關於“兩個階級、兩條道路、兩條路線鬥爭”的“基本路線”成爲“文革文學”的出發點；“塑造無產階級英雄典型形象”是社會主義文藝代替“根本任務”；“三突出”是“創作原則”；“革命的浪漫主義和革命的現實主義相結合”是創作方法；“革命樣板戲”的話語霸權則貫穿“文革文學”始終。這些構成了“文革文學”的基本方面。因此“文革文學”的主流是意識形態話語。在文學淪爲主流意識形態話語的過程中，文學的理想、精神、審美屬性、語言等發生了災難性的變化，幾乎所有的問題到了這時都被推到了極端。在民衆的審美情趣借助主流意識形態話語的力量不斷膨脹的情形下，“五四’新文化的傳統被否定，知識份子的寫作失去了合法性，而代之以政治寫作、階級寫作、革命寫作和專制寫作，文學中斷了現代性的追尋。這樣一種非常態的文學成爲中國文學史上的獨特構成，因此當我們在今天的語境中討論“文革文學”的文學史意義時不可能不存在分歧。

在檢討“文革文學”的創作時，我們選擇 1972 年作爲時間界限，這一年出版了《虹南作戰史》與《牛田洋》。前此以“革命樣板戲”爲主體，其他文學樣式的創作處於無序狀態，而且幾無文人形式；此後，主流文學以“樣板戲”的創作經驗爲指導，開始按照主流意識形態的設計，形成主流文學的話語系統，並有兩個側重：作爲“歷史”的“社會主義改造”和作爲“現實”的“無產階級文化大革命”，前者以《虹南作戰史》、《牛田洋》爲代表，後者以《初春的早晨》、《金鐘長鳴》等爲代表，中間的過渡是《金光大道》。《虹南作戰史》與《牛田洋》的創作形成了一種新的敍事模式，這一模式後來被廣泛地仿製：情節的結構原則是政治運作的程式，在小說的情節鏈中最重要的環節不是情節本身的內在邏輯而是“正面人物”對政治理論認識到的程度，因此小說的敍事和與此相關的情節設計只不過是爲了完成對某種意識形態的確認。文學創作由“歷史”到“現實”的變化，是進一步實踐“文革”理論的結果，如何評價“文革”已經成爲“文革”本身的組成部分。《朝霞》徵文啓事《努力反映文化大革命的鬥爭生活》在頌揚了“文革”之後寫道：“根據毛主席的指示，黨的十大文獻指出：‘這樣的革命，今後還要進行多次。’這就號召我們，應當以無產階級文化大革命的精神來做好我們當前的各項工作。文學事業作爲黨的事業的一部分，也表現貫徹這個精神。熱情歌頌無產階級文化大革命的光輝勝利，大力宣傳無產階級文化大革命湧現的新生事物，努力塑造具有無產階級文化大革命精神的英雄形象，通過文學這個形式來說明，‘這次無產階級文化大革命，對於鞏固無產階級專政，防止資本主義復辟，建設社會主義是完全必要的，是非常及時的。’這應當是我們工農兵業餘作者和革命文學工作者的光榮任務。”於是“塑造無產階級英雄形象”這一社會主義文藝“根本任務”的內涵，發展成爲“努力塑造與走資派鬥爭的無產階級英雄形象”，主流文學的一部分也就成了“陰謀文藝”，《初春的早晨》、《第一課》、《金鐘長鳴》、《典型發言》、《只要主義真》這類作品因此受到主流文學評論的重視。

　　在“文化大革命”中知識份子身份的轉換和知識份子話語權的剝奪，改寫了知識份子的當代歷史，知識份子“救亡與啓蒙”的衝突，轉換成了“‘再教育’與‘全面專政’”的統一。在當代，知識份子階級屬性的定性是決定知識份子命運的關鍵。知識份子無論是作爲“全面專政”還是作爲“再教育”是對象，其前提是對新中國知識份子屬性的錯誤估計。在“文革”中作爲知識份子的作家有著雙重的“原罪”，既有“階級”的原罪也有爲“文藝黑線’服務的原罪。1971 年以後，知識份子重新有了寫作的可能，但是知識份子話語並沒有獲得合法性，主流文學中的知識份子寫作在本質上是非知識份子的。"非知識份子寫作"在"文革"中成為一種潮流和傾向。由於"工農兵"被賦予了特定的"階級性"，民間大眾話語又以"工農兵話語"為主體。"文革"民間大眾話語與主流意識形態達到了空前的一致，只有獲得一致，民間大眾話語才具備合法性。意識形態對社會的控制和整合不僅對知識份子起到了改造的作用，而且也通過階級意識的激發改造了民間。在知識份子已經失去話語權的情形下，"工農兵創作"對"文革"作出了積極的呼應。知識份子的重新寫作並不是由他們的"知識份子性"決定的，而是他們在"同工農兵結合，為工農兵服務"中被賦予了"階級性"。浩然等少數一些人雖然還能以個人的名義寫作，但是這種寫作只能是認同主流意識形態話語的結構。

"文革"和"文革文學"包含了對現代性的選擇和反抗，現代性在"文革文學"中的演化不是現代性的重建，而是現代性的中斷。儘管"文革"也聲言"建設社會主義強國"，但它只是一個空洞的口號，它否定了以理性為基礎的啟蒙精神，拋棄了自由、民主、法治、科學這些現代性的目標。"文革"主流意識形態是"在無產階級專政條件下繼續革命"，除此之外，"文革文學"已經沒有任何可以依託的合法的思想資源。"文革文學"是在中外文明史、世界現代化進程之外的寫作，它以"革命"的名義對傳統與現代作出了雙重的否定。集中體現在魯迅身上的現代知識份子的品格在"文革文學"中消失了，獨立思想和自由精神的失去從根本上抽調知識份子話語的靈魂，個人的寫作和純形式的寫作也失去了合法性，等等這些都決定了"文革文學"不是現代性的寫作。

在有限的縫隙中出現了相對疏離主流意識形態的作品，"理念”與“生活”的衝突是這些作品的基本矛盾。我們必須強調這種疏離只是相對的。70 年代初期批判極左思潮和 70 年代中期文藝政策調整所帶來的空間是有限的，對極左思潮的批判不久便夭折，文藝政策的調整也不是否定“文革”，文學創作者不可能在更廣泛的範圍內和更本質的問題上清算極左思潮對創作的影響，因此，那些相對疏離政治中心的話語也顯示出被主流意識形態話語鉗制的無可奈何。這樣一種狀態被《創業》的編劇張天民描述爲“處於搖擺之中”，在“‘左’‘右’之中搖擺”。張天民在“文革”結束後對《創業》所作的剖析表現了一個嚴肅的作家對待歷史的真誠與勇敢，從而將歷史的真實狀態存活下來。張天民談《創業》的這段文字常常爲研究者疏忽；“《創業》當然也處於這種搖擺之中，但當時的社會環境，我更多地向左，向左……其中，寫人、寫個性、寫感情的因素還有，但已是十分克制，爲了保存作品中的一點‘人性’，我從劇本到拍攝過程中，經過多次鬥爭，有時與批評者大喊大叫，獲得不走群眾路線的罪名，至於其中的削足適履，硬加階級鬥爭的情況，是很明顯的。一方面是由於壓力，一方面也是自己認爲大概這是正確的，主動地這樣。在劇本修改過程中，每次討論提的意思都是‘階級鬥爭’條件線。話說回來，如果不是其中硬加了不少階級鬥爭，這部電影大概也就不會問世。生活中當然有階級鬥爭，但其表現形式、特點都不是作品中那樣的。因此，可以認爲，作品中生動的人與人的關係，是我的生活感受，而階級鬥爭、路線鬥爭則是從書本和理念出發，硬編造的。爲了這惱人的‘鬥爭’，我在生活了一段之後，在積累了大量工人生活素材之後，仍感到茫然，不得已派了幾位助手，跑到公安部門、保衛部門，看了許多案例，儘管有幾十件案件，仍然用不上，最後還得求助於大腦。在當時的情況下，高明一點的只是：我在這個理念的東西之中，注人了我對文藝規律的一些理解，一些生活感受，比之那些純理念的寫法，要好一點，這就是《創業》被人們所接受的原因。"[2]《創業》作者的"茫然"是"理念"與"生活"的衝突。這一衝突幾乎存在於包括相對疏離政治中心的創作中。衝突的結果決定了創作的疏離程度，也即"理念"與"生活"在作品中的"比重"決定了藝術品位的高低甚至是藝術品位的有無。民間話語也出現了分層的特徵。我們這裏所說的民間話語，包含了通常所說的"地下文學"，這兩個概念的使用有時因人而異。大眾與知識份子在各自都疏離主流意識形態時，兩者往往又是民間的不同側面。在相對自由的空間中，民間話語的分層特徵是明顯的。這樣也就有了一個複雜的"民間"。曾經有學者歸納過文化與文本的分層現象："文革地下文學呈現了中國文化的分層格局，有正宗的亞文化文本 —— 《曼娜回憶錄》、《少女的心》這樣的色情文學，《一雙繡花鞋》、《綠色屍體》這樣的恐怖文學（它們甚至拋開了書面形式，回到宋元前的口頭流通），也有利用俗文學形式的政治文學；《第二次握手》、天安門詩等。自然，也有與這些拉開很大距離的文人文學 —— 朦朧詩與實驗小說。"[3]這大致是準確的。但是即使是文人文學也有大的不同。豐子愷的散文寫作則是傳統文人型的；曾卓、穆旦等人的詩歌接續了五四新詩的傳統。"實驗小說"如《波動》接受的存在主義思潮的影響是明顯的。

以早期朦朧詩為代表的個人話語顯示了它的特殊意義，儘管這種意義的被承認經歷了較長的時間。這種話語的出現與知識份子逐漸恢復已經喪失了的思想能力有關，它是和青年一代知識份

2 參見《張天民回顧自己的創作》，《當代文學研究參考資料》1981 年第 1 期。
3 趙毅衡：《自由與文學》。《文藝爭鳴》1993 年第 2 期。

子的思想歷程同步的。思考能力和懷疑精神的獲得在更大程度是
"紅衛兵"轉換爲"知識青年"的必然。這樣的轉換，擴大了曾
經作爲"文革""急先鋒"的青年一代與"文革"政治的縫隙，
並漸漸有了鴻溝。這時的"紅衛兵"是充滿了矛盾和困惑的。詩
人郭路生 1967 年就在《命運》中寫出了他的悲傷："我的一生是
輾轉飄零的枯葉，／我的未來是投不出鋒芒的青稞：／如果命運
真是這樣的話／我願爲野生的荊棘高歌。……"地下沙龍的出現
是青年知識份子成爲思想者的民間形式。在這種相對自由的空間
中，青年詩人們有了感情交流的機會，也有了聆聽心靈傾訴的可
能。"黃皮書"和"灰皮書"這些異文化文本，不僅帶給他們全
新的語言感覺，而且更爲重要的是有了可以依傍的思想文化資
源。中國當代文學與世界的關係差不多由此悄悄開始。"文革文
學"不是一個孤立的存在。我們不僅可以在"文革文學"中發現
一些存在於"十七年文學"中的東西，而且也能夠在"新時期文
學"中捕捉到若隱若現的"文革文學"的陰影。最爲顯著的一個
例子是創作貫通"文革前"、"文革"、"新時期"，而又以"文
革"時期最爲活躍的浩然。浩然《金光大道》與《豔陽天》在文
學精神上的一致性，浩然在九十年代重新出版《金光大道》時爲
自己所作的辯解，都表明了"文革文學"是一根"鏈條"上的一
"環"。這當然只是一個個案，與這一個案相關聯的問題需要深
人思考。恩格斯在談到"十八世紀的唯物主義"（主要是機械唯
物主義）的局限性時說："它不能把世界理解爲一種過程，理解
爲一種處在不斷的歷史發展中的物質"。"這種非歷史的觀點也
表現在歷史領域中。在這裏，反對中世紀殘餘的鬥爭限制了人們
的視野。中世紀被看做是由千年來普遍野蠻狀態所引起的歷史的
簡單中斷；中世紀的巨大進步 —— 歐洲文化領域的擴大，在那裏

一個挨著一個形成的富有生命力的大民族，以及十四和十五世紀的巨大的技術進步，這一切都沒有被人看到。這樣一來，對偉大歷史聯繫的合理看法就不可能產生，而歷史至多不過是一部供哲學家使用的例證和插圖的彙集罷了。"[4]顯然，我們也不能把"文革"和"文革文學"看成是歷史的"簡單中斷"。突出恩格斯的這一思想並非肯定"文革"與"文革文學"有什麼"巨大進步"，而是強調歷史階段之間的相互聯繫以及歷史的整體性。

關於"文革文學"由 1966 至 1976 年的時間設定，依據的是已經為一般人所認可的"文革"的起（發動）迄（結束）時間，上限以《五·一六通知》為標誌，下限以"粉碎'四人幫'"為標誌；"文革文學"不僅是個時間概念，更為重要的，是個歷史概念。無論之於"文革文學"的實際，還是從文學研究的學術要求來看，我們都必須理清"文革文學"的來龍去脈與"文革文學"的內在理路。因此不是孤立的，而是將"文革文學"置於一個更為宏闊的時空中加以研究，發現"文革文學"的歷史因素，並同時揭示"文革文學"作為一種背景與新時期的文學的關係，這樣就為理解"文革文學"構築了一個由"歷史'與"現實"組合而成的"平臺"。關於"文革文學"的這樣一種整體觀將貫穿在本論文中。

在發現歷史因素時，我們可以追溯到 1942 年毛澤東《在延安文藝座談會上的講話》發表之後的解放區文學，也可追溯到二三十年代的左翼文藝甚至追溯到"五四"新文化運動;但是，"文革文學"最直接的背景是人們通常所說的"十七年文學"，因而"文革前"的概念不是大而無當的，它主要指稱"十七年文

---

4 恩格斯:《路德維希·費爾巴哈和德國古典哲學的終結》,《馬克思恩格斯選集》第四卷，人民出版社 1972 年 5 月第 1 版。

學"。研究愈深入就愈發現,"十七年文學"中某些因素的惡性發展最終產生了"文革文學",而不是像有的研究者所認爲的"文革文學"是偏離"十七年文學"的結果。文學的"文革"與"文革前"之關係是複雜的。我們都知道,"文革"的發動是以否定"十七年"爲前提的,作爲"文革文學"的官方綱領《林彪同志委託江青同志召開的部隊文藝工作座談會紀要》同樣是以全盤否定"十七年文學"爲前提的;也許由於這樣一個政治原因,新時期之初人們爲了否定"文革文學",又幾乎是全盤肯定了"十七年文學"。在肯定/否定的二元對立的思維中,事物之間的內在的邏輯被忽略。當我們在學術的視野中把"文革文學"與"十七年文學"作爲一個整體加以研究時,就不能不對"十七年文學"作部分的否定。有意義的是,無論是在當時還是在今天,無論是那時的"文革"當局還是現在的一些研究者,都注意到了文學的"文革"與"文革前"的關聯,只是解釋的角度不同而已,這樣不同的角度顯示了歷史的巨大差異。姚文元在《評反革命兩面派周揚》中說:"當我們回顧解放以來文藝鬥爭的歷史時,可以清楚地看到兩條路線的尖銳鬥爭:一條是毛澤東文藝路線,是紅線,是毛澤東同志親自領導了歷次重大的鬥爭,把文化革命一步步推向前进,作了長時間的準備,直到發動了轟轟烈烈的、向資產階級全面進攻的、億萬人民參加的無產階級文化大革命,一直挖進周揚一夥的老巢。"姚文元在文章中提到的作了長時間準備的重大鬥爭有:"第一次鬥爭,是一九五一年對電影《武訓傳》的批判。""第二次鬥爭,是一九五四年對俞平伯的《〈紅樓夢〉研究》和胡適反動思想的批判。""第三次鬥爭,是一九五四年到一九五五年緊接著批判胡適而展開的反對胡風反革命集團的鬥爭。""第四次鬥爭,是一九五七年粉碎資產階級右派倡狂

進攻的偉大鬥爭。""一九五八年社會主義建設總路線提出以來
的歷史,是我國社會主義革命更加深人發展的歷史。在這個期間,
以毛澤東同志爲首的黨中央馬克思列寧主義的領導,同黨內的反
革命修正主義集團、資產階級反動路線,進行了兩次大鬥爭,即
一九五九年一次,最近的一次。在鬥爭中我國社會主義事業取得
了空前偉大的勝利。"在"文革後",對姚文元所說的這些重大
鬥爭的性質、意義我們已經作了完全不同的價值判斷與闡釋,此
之謂"撥亂反正"。但無論從什麼角度來理解,有一點是明確的:
這些"歷次重大的鬥爭"一步步推動了"文化大革命"。姚文元
在這篇文章還提到了一條事實上不存在的因而在"文革"後被否
定了的"黑線":"一條反黨反社會主義的資產階級文藝路線,
是黑線。它的總頭目,就是周揚。周揚背後是最近被粉碎的那個
陰謀篡黨、篡軍、篡政的反革命集團。胡風,馮雪峰,丁玲,艾
青,秦兆陽,林默涵,田漢,夏衍,陽翰笙,齊燕銘,陳荒煤,
邵荃麟等等,都是這條黑線之內的入物。"姚文元點名批判的這
些對新文學事業作出過程度不等貢獻的人,都在"文革"中遭到
了殘酷迫害和無情打擊。作爲大悲劇的承受者,他們其中的一部
分人同時又是"文革前"文學體制的重要組成部分,對這樣一個
悲劇是否也承擔什麼責任?我以爲,巴金和周揚在"文革後"的
反思與懺悔所體現的不僅僅是思想與人格的力量,同時在他們的
自我否定中包含了一種反思"文革文學"和"文革"形成原因的
角度。

作爲一個目睹了新時期文學進程的學人,我對新時期文學的
成就一直懷有敬意。能夠在"文革文學"之後創造新時期文學的
輝煌是中華民族再生力在審美領域的一次明證。新時期文學之於
"文革文學"是否僅僅是否定? 1976 年的"四五"運動是"文

革”作爲一段歷史終結的前奏，而作爲這一場政治運動重要組成部分的“天安門詩歌”，在由“文革文學”到“新時期文學”的過渡中所起的最大作用，在我看來是知識份子對“文革”的一種反抗；只有當文學能夠對“文革”作出批判時一個新時期才能到來。由反抗到批判這期間經歷了政治上的徘徊期。眾所周知，中共十一屆三中全會結束了這一徘徊。由“傷痕文學”到“反思文學”，文學才由對“文革”的反抗與控訴轉到對“文革”的批判與反思上來。而這些創作仍然是在體制內進行的，其中的一些創作仍然是意識形態話語。而“文革文學”到新時期文學的另外一條線索是，“朦朧詩”不僅由地下而地上，而且以“朦朧詩”爲主體的新詩潮一時成爲文學的主潮之一。這樣一個轉換，重新開始了文學對“現代性”的追尋，也啓發我們重新認識“文革文學”的複雜性。從作家這一層面看，汪曾祺、浩然、蔣子龍、湛容、張抗抗、陳忠實、余秋雨等等這些在“文革”期間或者活躍或者發表過作品的作家也在發生轉換，他們在新時期的創作和“文革”期間的創作判若兩人。這中間在文學精神、審美理想上的變化留下了很大的研究空間。毫無疑問，僅僅是文學不能完成對“文革”的批判與反思，這又牽制著新時期文學，影響著作家的“知識份子性”的發育與生長。“文革文學”的陰影與消極面仍然存在於新時期文學之中，這不僅表現“文革文學”某種方式的慣性“運動”，還表現在長期的“心理暴力’對作家的禁錮；甚至在一段時間內仍然有學術政治化的現象，而一些人還習慣運用“大批判”的方式。1992 年鄧小平南巡講話發表後，隨著市場經濟體制的運行文化開始轉型，也只有在這樣的形勢下，知識份子與體制，知識份子與意識形態的關係才發生了重大的轉換。這是我把“文革後”的下限劃在 1992 年的主要原因。

　　對一個在“文革”時期充分發展，又與整個中國百年歷史相關聯的文學史階段“文革文學”，人們在文學批評、文學史寫作以及日常生活領域中作出了不同的解釋。見諸批評和文學史的較為流行的看法是：“文革文學一片空白”，有些文學史著作則乾脆不提這段歷史。事實上，無論我們如何敘述和理解，“文革文學’作為一種存在是歷史的。“文革”已經結束二十年，關於“文革文學”的研究非常薄弱甚至是“空白”。——因此，百年中國文學的研究是殘缺不全的。對“文革文學”的理解不僅與個人的精神背景和文學觀念有關，而且與政治文化有密切的聯繫。有幾方面的因素妨礙著“文革文學”的研究並影響了對“文革文學”的認識。這些因素有眾所周知的政治原因，但癥結並不全在這裏。

　　我在前面的敘述已經說明“文革文學是一片空白”的論斷是心理的而非歷史的。在進行深入的研究之前，有幾個問題需要辨析，因為對“文革文學”的誤解和關於“文革文學’研究的誤區是與這幾個問題聯繫在一起的。首先是關於文學的“常態狀”和“非常態狀”。在文學批評和文學史寫作中，我們習慣於研究“常態狀”的文學，對“常態狀”的文學往往有豐富的閱讀經驗和理論準備。“文革文學”是“非常態狀”的文學，對它的研究既需要一般理論，還需要與研究物件相契合的視野、理論和方法，因此關於“文革文學”的研究如果要提升到高水準的學術層次上，這樣的研究過程應當是一個創造性的過程。其次是“文革文學”的研究價值與“文革文學”本身的價值。從價值取向上否定以極左意識形態話語為主體的“文革文學”不能代替對“文革文學”的研究，以為研究就是肯定“文革文學”或者以為否定就是放棄研究的想法是一種誤解。“文革文學”的研究價值不僅在於它在歷史的範圍之內，而且在於它從極端處啓示我們認識人類和作爲人類認識、掌握世界的一種方式的文學。"文革文學"反人性、反文化等本質特徵所包含的啓示，是中國文學史的另外一種財富。第三，專門研究與文學史寫作。我不主張將二者截然分開。不能離開文學史這樣一個參照系，但是又不能把文學史寫作歸於審美判斷一途，對文學作出審美價值的判斷是常見的、習慣的文學史模式，然而不是唯一的模式。這些年來學術發展的成就之一是形成了多元的文學史觀念和文學史寫作方式，如果按照選經典、排坐次的方式來研究"文革文學"那就不能不錯位，相對於這樣一種方式，"文革文學"的研究和關於"文革文學史"的寫作更加要注重文學發展的過程。作專門研究的多種可能性同樣存在於文學史寫作中。在這裏還涉及到"文革文學"的研究是"描述"還是"判斷"的問題，我以爲表明傾向性的判斷存在於"描述"之中。最後，從政治上批判"文革文學"不能代替對"文革文學"的學術研究。對這些問題的辨析，將會防止種種偏見限制我們研究"文革文學"的視野。

　　對"文革文學"的研究，應當在學理的層面上體現"文革文學"研究的特色。我以爲，有這樣幾點是需要強調的：注重揭示意識形態與文學的互動關係，研究"文革"對文學的影響，闡釋"文學"中的"文革"；注重作家的思想命運與心路歷程的描述，把握"文革文學"內在的思想結構；注重對"文革文學"整體的、本質的把握，不作單獨的體裁研究；注重文學思潮、現象、文本形成過程的研究；注重剖析"文革文學"的審美變態現象；注重"文革文學"史料的梳理、積累並加以描述。

（《文藝理論研究》1999 年第 5 期）

"矛盾重重"的過渡狀態

— 新時期文學"源頭"考察

　　在學術視界的校正與拓展中，當代文學與文學史的研究常常會發現一些被遮蔽了的部分，最近二十年學界的許多興奮點都與此相關。這在學術史上自然是一種常態現象，但由於我們曾經有過"非常態"的歷史，而且自己也是"非常態"的一部分，這樣就習慣於把"撥亂反正"、"打破禁區"作爲一種作業方式，因而，未來的學術史可能會凸現我們這個時代的這一學術特徵。

　　新近出版的"當代文學史"著作中，呈現了"文革文學"作爲文學史一部分的意義。現在可以這樣說，如果撇開"文革文學"，"當代文學史"的構架是殘缺的，至於在怎樣的文學史邏輯中敍述則是另外一個問題。我是贊成寫"當代文學史"的（這是一個舊話題），但我同時覺得，"當代文學史"寫作在面對"遠距離"部分時，比面對"近距離"部分顯得清醒、清晰和從容些。比如，"十七年文學"研究的深化，其學術上的成就似乎比"新時期文學"研究突出。在對"十七年文學"的重新解讀中，文學由"現代"轉向"當代"的圖景被重新描述，更爲重要的是，我們曾經沿襲了多少年的文化邏輯被打破，對"十七年文學"的解讀越來越接近文學史的深層。這樣的成果，從另外的路徑切入了

"文革文學",並由此思考文學是如何由"十七年"進入"文革"的。這些研究比較充分地注意到了"十七年文學"與"文革文學"的關聯,並逐漸有了真正稱爲"整體性"的思考。

現在的問題是,"文革文學"又是如何過渡到"新時期文學"的。在"十七年文學"、"文革文學"、"新時期文學"這樣一個序列中,"文革文學"與"新時期文學"的關聯顯然是不能忽略的(這種關聯不僅是"文革"成爲"新時期文學"的"素材",也不僅是"文革"是"先鋒作家"的"創傷記憶")。我們都知道,"新時期"的概念是之于"文革"而言的,並且在政治上否定了"文革"。在"新時期文學"的初期,大家就有一個共識:思想解放運動、中共十一屆三中全會對新時期文學的影響是決定性的。今天,我們在檢討 90 年代文學與思想文化的一些問題時,也會發現一些問題的產生與某些方面退回到三中全會之前有關。政治命運對文學的影響在當代從來是重要的。

文學在跨時代的轉型中,它自身的演進有跡可尋。在由"新時期"回過頭來重讀一些作家在"文革"期間的創作時,我們不能不提出這樣的問題:許多人在"文革"與"新時期"的創作判若兩人,他們是怎樣發生變化的?換一個閱讀視點,我們又不能不注意到這樣的問題:爲什麼"文革"已經結束了二十餘年,一些作家的創作仍然擺脫不了"文革話語"的影響,這種影響不僅存在於親歷過"文革"的作家,而且在"新生代"那裏也是不可低估的。應當說,作家的變與不變給我們留下了很大的研究空間。

在"文革"期間公開發表作品的作家是眾多的,我在這裏列出部分作家的名字:張長弓、海笑、克非、劉懷章、周嘉俊、單學鵬、陳大斌、黎汝清、諶容、張抗抗、顧工、謝璞、李存葆、未央、草明、蔣子龍、韓少功、朱蘇進、鄒志安、鄭萬隆、陳忠實、周克芹、葉蔚林、俞天白、金河、古華、張笑天、賈平凹、李寬定、陳建功、陸星兒、理由、溫小鈺、汪浙成、白樺、阮章競、田間、李瑛、路遙、魏巍、余秋雨、茹志鵑、黃宗英、陳世旭……這些作家，特別是其中的一些青年作家，後來不少人是八、九十年代文學創作的主將，他們如何掙脫主流話語的牽扯，就不能不引起我們的思考。能夠公開發表作品，當然只是問題的"表像"，知識份子作家與主流話語的生產、作家的思想矛盾及其轉換、體制外寫作與私人話語空間、民間社會的分層等一些關鍵問題，構成了"文革文學"到"新時期文學"的"過渡狀態"，我把這個"過渡狀態"看成是"新時期文學"的"源頭"。對這一狀態的考察也即對"源頭"的勘探，當然不是一篇文章、一個角度可以完成的，因此，拙作只能是系列考察之一。

　　在 70 年代初期知識份子重新獲得了寫作的權力，但是個人話語、知識份子話語並沒有獲得合法性；也就是說，知識份子的重新寫作，並不是由他們的"知識份子性"所決定的，而是他們在"同工農兵結合，為工農兵服務"中被賦予了"階級性"。

　　在 1972 年之前，除了"革命樣板戲"外，創作基本處於無序狀態。1972 年新創作的《虹南作戰史》、《牛田洋》、《金光大道》等小說的出版，"文革文學"的話語建設進入了積極而有序的狀態。新創刊的和恢復出版的文學期刊為主流文學的發展創造了條件。以"革命樣板戲"的創作經驗為指導，按照主流意識形態的設計，"文革"開始形成自己的文學話語系統並且側重表現兩個方面：作為歷史的"社會主義改造"和作為現實的"無產階級文化大革命"，兩者都是寫兩個階級、兩條道路、兩條路線的鬥爭，後者逐漸發展為側重寫與"走資派"的鬥爭。這樣，主流意識形態話語的一部分就成為"陰謀文藝"。《初春的早晨》、《金鐘長

鳴》、《典型發言》、《只要主義真》等這方面的代表作，因此受到
主流文學評論的重視。《虹南作戰史》、《牛田洋》與《初春的早晨》、
《金鐘長鳴》等是“文革”主流意識形態話語的兩極，介於這兩
者中間的作品是“文革文學”的基本方面。

在主流文學話語的形成過程中創作者選擇了不同的創作姿
態。一些作家在“文革”前的創作中曾經有過深刻的探索，但在
主流意識形態話語空間中，放棄了那些重要的探索（這種“放棄”
在“文革”前就有跡象）。譬如作為一位政治抒情詩人，郭小川在
“文革”前曾經寫過《望星空》、《一個和八個》，儘管他帶著困惑
和矛盾，但他深刻表達了自己對歷史獨到的體驗，突破了“公共
話語”對“個人話語”的壓抑。“文革”初期和許多知識份子一
樣，郭小川是盲從的，他從“史無前例”的“文化大革命”運動
中獲得了熱情，抑制不住對領袖的崇拜。毛澤東“萬里長江橫渡”
的場景，是 70 年代初期郭小川詩作中的最爲重要的意象，也是他
詩創作的感情“原動力”。一個在主流話語空間中創作的文本，
當它在“深度”和“高度”上達不到主流話語的要求時，“修
改”是進入主流話語深層空間的姿態。這種修改在“文革”中是
司空見慣的，而且不僅在文學領域。話語的轉換有時是一種“背
叛”，因此“反戈一擊”常常也是進入主流話語系統中的“筆
法”。這種“筆法”無疑受到肯定。任犢就曾對走出“資產階級
包圍圈”的工人出身的作家胡萬春給予了熱情的肯定：“最近讀
到胡萬春同志給《朝霞》編輯部的一封信，其中談到：他重新
學習了列寧在一九一九年要高爾基走出彼得堡的教導，很有感
受。一個在党的培養下成長起來，而後又走過一段彎路的工人作
者，回過頭來對革命導師的教導產生了切身體會，那麼對於文化
大革命以來湧現的工農兵作者來說，記取他們的教訓，時時用革

命導師的教導來鞭策自己，自然有著不言而喻的重要意義了。"[1]
"離開了隊伍"而又重新歸隊的胡萬春創作了《戰地春秋》等小說。在主流話語中成為"陰謀文藝"的作品通常是由"政治人物"授意創作的。如《初春的早晨》、《第一課》、《金鐘長鳴》、《西沙之戰》、《小靳莊詩歌選》等。[2]

　　一個突出的問題擺在我們面前：在主流話語秩序的形成過程中，"知識份子"作家起到了什麼作用並居於怎樣的位置？[3]我們

1 任犢：《走出"彼得堡"！》，《朝霞》1975 年第 3 期。
2 《初春的早晨》載《朝霞》叢刊 1973 年第 1 輯 ，作者"清明"是上海市革委會寫作組的筆名。小說較早出現的直接描寫上海"一月革命"的作品，美化"造反派"，為"造反派"奪權和"文革"唱讚歌，在創作上體現了"三突出"原則，是"陰謀文藝"的先聲和典型作品。
　　《第一課》載《朝霞》叢刊 1973 年第 2 輯，作者"穀雨"是上海市革委會寫作組的筆名。小說的主題是宣傳"工人階級佔領上層建築"的意義，強調"工宣隊"進駐學校搞階級鬥爭的必要，否定建國後教育戰線的成就，是從"文革"主流意識形態出發創作小說的標本。
　　《金鐘長鳴》載《上海文藝叢刊》第 2 輯，作者"立夏"是"文革"時上海市革委會寫作組的筆名。小說的主題是寫"造反派"與"走資派"的鬥爭，鼓吹階級鬥爭的金鐘應該長鳴，為江青反革命集團篡黨奪權製造輿論，是"陰謀文藝"的先聲和典型作品。
張永枚詩報告《西沙之戰》發表於 1974 年 3 月 15 日《光明日報》，次日《人民日報》全文轉載，其他報刊也相繼轉載，並出版了單行本。此作由江青授意創作並經江青修改，在"詩報告"中江青被美化成戰鬥的"鼓舞者"和"力量源泉"。"詩報告"發表後，被看成"新詩學習革命樣板戲的成功範例"。粉碎"四人幫"以後，這首"詩報告"為江青樹碑立傳的錯誤傾向受到批判，其炮製過程也得到揭露。
1974 年 6 月天津人民出版社出版《小靳莊詩歌選》第一集，1976 年 4 月出版第二集，人民文學出版社也於 1976 年 4 月出版《十二級颱風刮不倒——小靳莊詩歌選》。"小靳莊詩歌"，由江青授意，假借大隊社員的名義捉筆代刀而成，淪為"陰謀文藝"的一部分。粉碎"四人幫"以後，這些詩歌受到批判，清算了"四人幫"利用小靳莊詩歌進行反革命活動的罪行。
3 在"文革"中通常不用作家這個稱呼，而叫作"工農兵業餘作者"和"革命文藝工作者"。

不難得出結論："知識份子"作家是主流話語的生產者。在思想處於死亡狀態時，知識份子對"文革"的合法性不可能提出根本性的質疑，有時甚至自覺不自覺地用"文革"的理論來思考他們面臨的問題。以這樣的思想素質重新開始寫作，只能使文學成爲轉述主流意識形態話語的一種方式。

當代作家思想之再生，儘管是那樣的艱難，但它開始孕育于作家與現實的衝突之中，孕育于作家的思想矛盾之中。思想之再生的不同方式決定了"文革"後期文學的不同走向，其中處於"潛流"狀態的一些創作（如"地下詩歌"）和思潮在浮出地表後，成了新時期文學的主潮之一。

也許正是由於這樣的原因，在粉碎"四人幫"以後，那些區別於"陰謀文藝"又有一定審美價值和可讀性的作品，受到重視並獲得相當高的評價。特別是在新時期出版的集體編寫的《中國當代文學史》之類的著作中，明顯存在這種傾向。現在看來，這些帶有強烈感情傾向的評論有不少是失當的。

譬如，有的著作認爲："1974年以後當代文學的主要收穫之一，是一批以與'四人幫'所'希望'的'文學'截然對立的姿態出現的長篇小說的陸續問世。這批長篇小說，作爲經歷了8年以至更長一些時間的'文化大革命'以後，中國文學在這'10年'中的主要'實績'，無論在創作過程、作品的思想與藝術面貌乃至出版後在廣大讀者中所產生的影響等方面，都表現出許多難能可貴之處。""在這裏，創作主體較爲共同的特徵，是大多以自身較爲深厚的生活積累、較爲深切的生活體驗、較爲明朗的生活態度，特別是對生活本身的獨立思考出發，努力堅持現實主義的創作精神，反映歷史和當代的生活實際，謳歌在中國共產黨領導下人民革命和激動人心的生活和鬥爭的業績。因此這些作品

儘管由於歷史、時代環境和寫作、出版的生活條件等方面的諸多
限制，不但不能從思想、藝術和數量、品質上與'前17年'創作
方面的豐碩的收穫相比，作品本身在各方面也程度不同地存在種
種缺陷，但他們畢竟以自己的面世本身參與了10年動亂中人民對
林彪、'四人幫'的英勇鬥爭，從而作爲一種特殊的創作成就，
對中國當代文學在'文化大革命'期間的生存與發展作出了自己
的寶貴的貢獻，多少填補了這10年間文學創作的'空白'。其
中，姚雪垠的《李自成》(第二部)、克非的《春潮急》、李雲德的
《沸騰的群山》(第二部)、黎汝清的《萬山紅遍》和《海島女民
兵》、孟偉哉的《昨天的戰爭》(第一部)、李心田的《閃閃的紅星》、
郭澄清的《大刀記》、鄭直的《激戰無名川》等是較爲突出的佼佼
者。"這段文字顯然是對"文革文學"的誤讀，其立論與闡述是
矛盾的，譬如說"與'四人幫'所'希望'的'文學'截然對立
的姿態出現的長篇小說的陸續問世"，截然對立的姿態顯然不可
能出現在公開的出版物中；再譬如，把這些作品看作是與"四人
幫""英勇鬥爭"的產物也言過其實。[4]

　　我當然不否認這些作品所作的種種努力，但是真正的以"截
然對立的姿態"出現的疏離是艱難的，如果放棄這一點我們也就
無視了"文革"特殊的歷史語境。即使那些明顯地受極左思潮影
響的作品，只要它的敘事有可能導致對"文革"的另外一種理
解，就要遭遇圍剿。1972年2月號瀋陽《工農兵文藝》上發表的
敬信小說《生命》，僅僅因爲寫了"四清"下臺幹部崔德利和大隊
貧協主席老鐵頭的矛盾，就被看成是捨本求末，取代了無產階級
革命派同黨內一小撮走資派鬥爭這一根本矛盾，於是遭到了批

---

4 參見汪名凡主編《中國當代小說史》，廣西人民出版社1991年1月第1版。

判。1973 年來自遼寧大學中文系工農兵學員的批判，逐漸在全國引起注意。《遼寧日報》在 1974 年 1、2 月陸續發表批判《生命》的文章多篇。《遼寧文藝》1974 年第 2 期在刊登工農兵業餘作者批判《生命》發言紀錄的＂編者按＂中說：＂《生命》的出現不是偶然的。它是當前那股妄圖否定無產階級文化大革命的反動思潮的反映，是反革命修正主義文藝黑線的回潮的表現。聯繫到‘無標題音樂’沒有階級性等謬論的出現，說明文藝戰線上的兩個階級、兩條道路、兩條路線的鬥爭是十分尖銳的。這是關係到保衛和發展無產階級文化大革命成果的鬥爭。對於這種回潮的表現不能等閒視之，表現針鋒相對地進行批判和鬥爭。＂[5]

　　在有限的縫隙中出現了相對疏離主流意識形態的作品，＂理念＂與＂生活＂的衝突是這些作品的基本矛盾。我們必須強調這種疏離只是相對的。70 年代初期批判極左思潮和 70 年代中期文藝政策調整所帶來的空間是有限的，對極左思潮的批判不久便夭折，文藝政策的調整也不是否定＂文革＂，文學創作者不可能在更廣泛的範圍內和更本質的問題上清算極左思潮對創作的影響，因此，那些相對疏離政治中心的話語也顯示出被主流意識形態話語鉗制的無可奈何。這樣一種狀態被《創業》的編劇張天民描述為＂處於搖擺之中＂，在＂‘左’‘右’之中搖擺＂。

5　主流文學最為重要的刊物之一《朝霞》在 1974 年第 2 期發表三篇批判《生命》的評論時也加了＂編者按＂：＂遼寧大學工農兵學員對短篇小說《生命》進行的這場批判，我們認為是十分有意義的。＂＂《人民日報》、《紅旗》雜誌、《解放軍報》1974 年《元旦獻詞》中強調指出：‘我們一定要鞏固和發展無產階級文化大革命的成果。肯定無產階級文化大革命還是否定無產階級文化大革命’，這是當前意識形態領域內的一場尖銳的階級鬥爭。由《生命》及其所引起的討論，使我們又一次看到這樣的鬥爭在文藝戰線上同樣是激烈進行著的。＂

　　結束這種搖擺，很大程度上取決於政治形勢的變化。因爲這種寫作仍然是體制內的寫作，在政治形勢變化之後，這種寫作就由一種體制轉向另外一種體制，並在新的體制內成爲一種主潮。"文革"期間作家對現實的熱切態度以及反映現實的方式，在新時期發生了轉換，新時期現實主義文學的傳統其實是包含了"文革文學"的因數的。

　　我們不難理解一些作家的創作爲什麼會出現矛盾現象。曾經有學者提出"兩個顧准"的問題，我以爲這個事實上存在的問題不能回避，因爲這一問題所包含的意義不是"兩個"中誰真誰假，而在於它在本質上反映了中國知識份子深刻的精神矛盾，這種"真""假"並存的狀態是中國當代知識份子思想命運的真實狀態。不僅在思想界，在文學界同樣存在著在創作上判若兩人的現象，譬如，就存在"兩個郭小川"，"兩個食指（郭路生）"等。在我看來，今天重讀這些作家的作品，動人心魄的不是這些作家在創作中達到的思想與藝術高度，而是這些突破重圍時的內心矛盾與爭鬥。

　　近幾年來，對詩人食指的評價愈來愈高，並且因此重新理解了"新詩潮"產生與發展的一些關鍵問題。確實，食指以《魚兒三部曲》、《相信未來》、《命運》、《這是四點零八分的北京》等詩作，堪稱爲"新詩潮詩歌第一人"。同是新潮詩人並作爲"北洋澱詩派"代表之一的多多曾經追述過 70 年代的食指留給他的記憶："初次讀到郭路生的詩時，我的感情是冷漠的。像任何一位中學生一樣我不喜愛詩歌。直到自己成爲創作者後，才開始對郭路生的詩有了認識，並伴隨著歲月的流逝和眾多青年詩人的出現兒增加新的意義。在我看來就郭路生早期抒情詩的純淨程度上來看，至今尚無他人能與之相比。我初次見到他已是 1974 年冬的事，那時他已經精神崩潰。就我記憶所及，郭路生是自朱湘自殺以來所有詩人中唯一瘋狂了的詩人,也是 70 年代以來爲新詩歌運動趴在地上的第一人。」但是，食指也寫過《南京長江大橋》、《我們這一代》、《紅旗渠組歌》等。林莽在《食指生平斷代（1964—1979）》中還提到食指在 1967 年創作了話劇《歷史的一頁》「這是郭路生爲一個自發組織起來的紅衛兵劇團撰寫的劇本，是一部反映毛主席接見紅衛兵及紅衛兵那一階段各種活動的話劇，1967 年夏天，在北京的學校、工廠、機關上演了十幾場。」[6]還是這一年冬天，食指開始寫作他的《魚兒三部曲》。食指說魚兒「即我們」，「我們」的處境是「在見不到陽光的冰層下」，詩中寫道：「冷漠的冰層裏魚兒順水漂去，/聽不到一聲魚兒的歎息，/既然得不到一點溫暖的陽光，/又何必迎送生命絢爛的朝夕？！」但純潔的魚兒在內心發問：「爲什麼懸垂的星斗眼淚一樣晶瑩？/難道黑夜之中也有真摯的友情？/但爲什麼還沒有等到魚兒 得到暗示，？黎明的手指就摘落了滿天慌亂的寒星？」在有了新綠之後，魚兒死去，食指在詩中營造了一座美麗的「墳」：「一張又一張新春的綠葉。/無風自落，紛紛揚揚，/和著淚滴一樣的細雨，/把魚兒的屍體悄悄埋葬。/是一堆鋒芒畢露的魚骨，還是堆豐富的精神礦藏，/我的靈魂那綠色的墳墓，/可會引人深思的遐想……」詩人「懷著苦思不解的沉重」，「奔向十字架神秘的陰影」，「驟然一陣疼痛」後的堅定與信念則是在 1968 年以後。

這樣一種複雜的創作現象在詩人郭小川身上表現的更爲典型也更具有歷史感。1976 年 12 月的《北京文藝》發表了郭小川的遺作《長江邊上「五·七」路》。這首詩寫於 1976 年 12 月 26

---

6 林莽:《食指生平斷代（1964—1979）》，廖亦武主編《沉淪的聖殿》，新疆青少年出版社 1999 年 4 月第 1 版。

日,這一天是毛澤東主席的生日,郭小川在詩的末尾特地署上這個時間,可以想像他作詩時的心情。《北京文藝》發表這首詩顯然是爲了紀念辭世不久的郭小川,它的發表,模糊了郭小川思想發展的歷程;儘管在當時人們還不可能討論郭小川的思想演變問題,但事實上郭小川從寫作《長江邊上"五·七"路》到寫作《團泊窪的秋天》,其心路歷程已經發生了重大變化。

在"五七幹校"接受"再教育"的郭小川,他試圖把自己的思想、理念和情感融入"文革"主流意識形態的框架之中。於是,作爲一個抒情詩人,郭小川在詩中已經沒有了自我,而只有一個"大我",所謂抒情,也就成爲闡釋主流意識形態的"政論"。他在詩中這樣歌唱在"五七幹校"接受"再教育"的收穫:"在我們這裏/無產階級革命路線/也取得了/可喜的成就,我們的思想果實,同我們的穀粒一樣/一天天長熟。"韋君宜曾經回憶說,她總是能看到郭小川毫不氣餒地走在隊伍中,像個農民赤裸上身,手中握著鐮刀,邊走邊使勁唱歌。但是,郭小川再也不可能成爲"時代的號角",《萬里長江橫渡》反而給他帶來新的罪名。"9.13 事件"爆發後,在批林整風中,《萬里長江橫渡》等詩又被人說成是"反對偉大領袖毛主席"的反動詩,甚至說《萬里長江橫渡》是《571 工程紀要》的翻版,郭小川又受到蠻橫無理的審查、批判。[7]此時的郭小川可能已經意識到,他接受"再教育"後的"思想果實"並未給他帶領豐收的季節。其實,郭小川在《長江邊上"五·七"路》就有"批林"的內容,詩中寫道:"我們正接過/鍛造了一個世紀的/馬克思主義的匕首,猛烈地刺/那些修正主義的/行屍走肉。叛徒們妄圖把/我們社會主義祖國/統統賣給/

---

7 參見楊健著《文化大革命中的地下文學》,朝華出版社 1993 年 1 月第 1 版。

國境以外的賊寇，結果恰巧是/他們自己/折戟沉沙，只留下一股屍臭。我們正沿著/"九大"團結勝利的/光輝路線，敵愾同仇，全部殲滅/一小撮篡黨篡權的/跳樑小丑，；野心家們伸出了/分裂我們黨的/最惡毒的黑手，結果恰恰是/他們自己/粉身碎骨，化為黑煙一溜。"

郭小川顯然陷入了深深的痛苦之中，如果沒有那種痛苦的折磨，如果沒有那種在心靈深處的絕望，他是寫不出《團泊窪的秋天》這樣的詩的。我並不贊成把郭小川看作一個徹悟者，因為這種看法不符合郭小川的實際。在創作了《團泊窪的秋天》之後不久，郭小川又創作了《秋歌》。我們應當不難發現這首詩與《團泊窪的秋天》的差異。郭小川在詩中吟道："我曾經有過迷亂的時刻，於今一想，頓趕陣陣心痛；我曾經有過灰心的日子，於今一想，頓感愧悔無窮。"此刻的郭小川似乎已經是一個清醒者而且對未來充滿信心，《團泊窪的秋天》就傳達了這樣的清醒與信心。在《秋歌》中也有這樣的詩句："是戰士，決不能放下武器，哪怕是一分鐘；要革命，決不能止步不前，哪怕面對刀叢。""戰士的一生，只能是戰鬥的一生；戰士的作風，只能是革命的作風。"但是，郭小川在詩中又慷慨激昂地放歌："面對大好形勢，一片光明，而不放聲歌頌。這樣的人，哪怕有一萬個，也少於零；""眼見'修正'謬種，鬼蜮橫行，而不奮力抗爭；這樣的人，即使有五千個，也盡飯桶。""磨快刀刃吧，要向修正主義的營壘勇敢衝鋒；跟上工農兵的隊伍吧，用金筆剝開暗藏敵人的花色皮層。""我是愚笨的，但現在似乎已百倍聰明；因為領我教我的，是英明偉大的領袖毛澤東！"正像郭小川在《團泊窪的秋天》中所意識到的那樣，這也是"矛盾重重的詩篇"。

後期"文革"再一次把作家置於尷尬和困頓的位置。現實似

乎有一線可以動彈的縫隙,但你又會覺得動談不得。蔣子龍在
1976 年就處於這樣的位置上。

　　現在的當代文學史教科書偶爾也提到蔣子龍的短篇小說《機
電局長的一天》,但又把它誤為"中篇小說",其實蔣子龍的中篇
小說叫做《機電局長》。[8]可見認真的閱讀與研究是何等的重要。
按照通常的說法,《機電局長的一天》是"文革文學"中少數"可
讀"的作品之一。起初我也認同這種看法,但是我逐漸感覺到"可
讀"與"不可讀"似乎並不是文學史取捨的主要標準;如果我們
忽略中篇小說《機電局長》,那麼,對《機電局長的一天》的解讀
和文學史意義的確認都是殘缺的和不可靠的;《機電局長的一天》
和《機電局長》構成了一個整體,兩篇小說的創作過程典型地反
映了主流意識形態對文學的鉗制。

　　《機電局長的一天》開篇前有"霍大道的手記":"工業學
大慶,領導幹部必須做鐵人。""這是和平年代的戰爭,是新的
長征。"這是作者為霍大道"定神"。小說是在抓產值還是抓國
家急需的矛盾中展開霍大道與徐進亭的衝突,並著力塑造霍大道
的形象。按照蔣子龍的構思,他在寫這篇小說時,"確實是滿腔
熱情地想把霍大道塑造成一個堅持繼續革命的老幹部的英雄形
象。因此突出他這樣一種性格:文化大革命給他加了鋼淬了火,
煥發了革命青春,繼續革命的鬥志旺盛,保持了戰爭年代的那麼
一股勁,那麼一股拼命精神。過去對帝國主義、國民黨反動派作
戰是'大刀',現在對資產階級思想的侵襲作戰、克服工業建設
的種種困難,仍然是'大刀'。"應當說小說比較好的體現了這
樣的立意。儘管小說不時突出"文化大革命"對霍大道的教育,

8　《機電局長的一天》,發表於《人民文學》1976 年第 1 期,《機電局長》發表
　　於《天津文藝》1976 年第 1-6 期。

強調霍大道"繼續革命"的精神，但還是比較成功地塑造了工業戰線上一個有幹勁、有魄力、有經驗的老幹部形象。"開拓者家族"的性格特徵就是從霍大道開始形成的。

從蔣子龍創作的意識層面看，他也處於一種矛盾衝突之中。一方面，他不可能不受主流意識形態的影響，並且試圖在霍大道身上反映出主流意識形態所確認的理念，這一點可以由霍大道對徐進亭所講的兩段話中體味到："你是不是認爲打過日本鬼子，打過國民黨反動派的人，就永遠是革命的了？其實是身在變中不知變啊！老徐同志。" "不能前三十年立功，後三十年撈本，過去是打不倒，現在不打就倒。應該識變、知變、防變，不斷地同政治上的衰老作鬥爭，才能保持永不變修。" 但是，另一方面也是更重要的方面，蔣子龍又認爲同鄧小平的整頓工作，有一種追求現代化事業的衝動，《機電局長的一天》的創作在很大程度就源於這種認同與衝動。因此，霍大道形象的意義在於反映了廣大幹群在特殊時期對現代化事業的帶有局限性的追求。在這個意義上，我認爲蔣子龍是一個人生態度與藝術精神都比較嚴肅的作家。

然而，即使是這樣一篇小說也不能爲主流文藝所容忍。爲了讓大家對這一點有比較完整的瞭解，我想稍詳細地摘錄一下《人民文學》1976 年第 4 期的"編者按"： "就這篇小說（指《機電局長的一天》）的發表來說，主要的責任還在編輯部。是我們沒有堅持黨的基本路線，是我們受了鄧小平的'三項指示爲綱'修正主義綱領的影響，以至未能看出《機電局長的一天》的嚴重錯誤傾向，給作者以幫助。這一切說明了'階級鬥爭熄滅論'、'唯生產力論'這些黑貨在我們頭腦中還有市場，必須不斷地在鬥爭中加以批判和清除。" 那麼《機電局長的一天》的"錯誤傾向"是什麼呢？ "編者按"繼續寫道： "正像許多工農兵讀者在來稿來信中所指出的：《機電局長的一天》沒有能遵循黨的基本路線，堅持以階級鬥爭為綱，去正確反映社會主義時期工業戰線上無產階級和資產階級進行尖銳鬥爭的這個主要矛盾。""離開了路線，片面強調大幹快上，片面強調企業管理是根本，這正是去年鄧小平在工業戰線上推行的那一套。""顯然，作者筆下的霍大道，並不是一個無產階級的英雄形象，充其量，不過是個沒有政治頭腦、對社會主義歷史時期階級鬥爭規律和特點不甚瞭解的、盲目的實幹家。這種人脫離了正確路線的指引，越有幹勁，越敢幹，對社會主義事業，對無產階級專政帶來的危害也就越大。把這樣的實幹家，當作繼續革命的老幹部的先進典型來歌頌，客觀上必然掩蓋了工業戰線上兩個階級、兩條路線的激烈鬥爭，宣揚了'唯生產力論'，這正適應了鄧小平以'三項指示為綱'的修正主義路線的需要。"[9]

即使在今天重新讀蔣子龍為《機電局長的一天》而寫的檢討文章《努力反映無產階級同走資派的鬥爭》（發表於《人民文學》1976 年第 4 期），我仍然可以想像到蔣子龍當時的壓力。但是不管怎樣，蔣子龍還是檢討了。蔣子龍寫道："不管我的主觀意願如何，小說的客觀實際，是在一定程度上掩蓋了工業戰線上無產階級同以鄧小平為代表的走資派的鬥爭。"在說了一些與上述"編者按"大致相同的話以後，蔣子龍作了這樣總結自己的教

---

9 這個"編者按"是典型的"文革"文本，以作者為靶子在批判之中突出"革命性"、既"教育"了作者而又保護了自己的做法在文革中是屢見不鮮的，而這樣的文本大多是以集體的名義發表的，所以在文革之後幾乎沒有看到有人對這樣的文章負責，於是應該有的反思與歷史敍述也就成了一筆糊塗帳。類似的文章在"文革"中不計其數，重新閱讀這些文章是我們反思"文革文學"的一項重要工作。

訓：“可見，即使是一個工人，而且在文化大革命中還和工人群
眾一起同走資派鬥爭過，如果不努力學習馬列主義、毛澤東思想，
不刻苦改造世界觀，就會跟不上新的鬥爭形勢的發展，是十分危
險的。主觀上想用作品為無產階級政治鬥爭服務，客觀效果上是
幫倒忙。心裏有根，筆下有准；心裏沒底，筆下無主。搞創作不
危險，創作緊跟形勢也沒有什麼危險，放鬆學習和改造才是真正
的危險。”

　　蔣子龍是如何吸取“教訓”的呢？中篇小說《機電局長》
“針對《機電局長的一天》裏存在的缺點和錯誤，加強了霍大道
以階級鬥爭為綱，堅持黨的基本路線，英勇無畏地反妖風，反對
資本主義復辟和修正主義路線的描寫，也對徐進亭做了進一步的
剖析，加強了這個走資派還在走的一面。”這樣，儘管《機電局
長》與《機電局長的一天》的基本內容和主要情節大致相同，但
是小說的立意和內在邏輯卻有了大的不同：霍大道成了與“走資
派”作鬥爭的典型，而徐進亭則成了典型的“還在走”的“走資
派”。

　　一旦“文革”主流意識形態對文學的鉗制被打破，作家被
“修正”作品被“塗改”的一面得以恢復，這使蔣子龍這樣的作
家能夠順速站到“改革文學”的前列。

　　現在，我們都充分注意到了“地下詩歌”的文學史意義。在
這裏，我想放棄對這些詩作的技術分析，我更願意在將它們置於
“文革”語境中，傾聽詩人們對一些“關鍵字”的解讀。這些詩
儘管是民間的、個人的話語，但它們對“文革”的“偷襲”是致
命的一擊，重新開闢了現代性寫作的向度，成為新時期啓蒙主義
文學思潮的先聲，而且也是思想文化界“反思”文革的最初聲音。

　　關於“革命”。依群在《巴黎公社》中寫道：“奴隸的歌聲

嵌進仇恨的子彈/一個世紀落在棺蓋上/像紛紛落下的泥土/呵　巴黎　我的聖巴黎/你像血滴　像花瓣/貼在地球藍色的額頭" "黎明死了/在血泊中留下早霞/你不是爲了明天的麵包/而是爲了常青的無花果樹/爲了永存的愛情/向戴金冠的騎士，舉起孤獨的劍"

關於"暴力"。多多《當人民從乾酪上站起來》中寫道："歌聲，省略了革命的血腥/八月像一張殘忍的弓/惡毒的兒子走出農舍/攜帶著煙草和乾燥的和喉嚨/牲口被蒙上了野蠻的眼罩/屁股上掛著發黑的屍體像腫大的鼓/直到籬笆後面的犧牲也漸漸模糊/遠遠地，又開來冒煙的隊伍……"黃翔在《我看見一場戰爭》的詩中這樣說："我看見刺刀和士兵在我的詩行裏巡邏/在每一個人的良心裏搜索/一種冥頑的　愚昧的　粗暴的力量/壓倒一切　控制一切/在無與倫比的空前絕後的暴力的/進攻面前/我看見人性的性愛在退化/活的有機體心理失調/精神分裂症氾濫　個性被消滅/啊啊　你無形的戰爭呀　你罪惡的戰爭呀/你是兩千五百多年封極權戰爭的/延長和繼續/你是兩千五百多年精神奴役戰爭的/集中和擴大"。

關於"階級"。多多的《無題》一開篇就寫道："一個階級的血流盡了/一個階級的箭手仍在發射/那空漠的沒有靈感的天空/那陰魂縈繞的古舊的中國的夢"

關於"時代"。多多只有五行的《年代》頗具象徵性："沉悶的年代蘇醒了/炮聲微微地撼動大地/戰爭，在倔強地開墾/牲畜被徵用，農民從田野上歸來/抬著血淋淋的犁"

關於"尊嚴"。這是一個喪失"尊嚴"的時代，"人"成了"獸"，"我是一隻被追捕的野獸/我是一隻剛捕獲的野獸/我是被野獸踐踏的野獸/我是踐踏野獸的野獸"這是黃翔詩作《野獸》，"我的年代撲倒我"，"直嗥到僅僅剩下我的骨頭"，但詩人說"即使我僅僅剩下一根骨頭/我也要哽住我的可憎年代的咽喉"。在《我看見一場戰爭中》,詩人面對"暴力"抵抗道:"你轟吧 炸吧 殺吧 砍吧/人性不死 良心不死 人民精神自由不死/人類心靈中和肌體上的一切自然天性/和欲望/永遠洗劫不盡搜索不走"讓人恢復人的尊嚴,讓每一個人都配稱人,是這些詩人普遍具有的人道主義情懷。

關於"愛情"。1968 年 4 月,食指在《難道愛神是 —— 》中問:"難道愛神是焦渴的唇/只顧痛飲殷紅的血、晶瑩的淚/而忘卻了在血泊中/還有兩顆跳動的心/難道愛神是纖細的手/只醉心於撥弄心弦的琴/而忘卻了在顫抖中/還有兩顆痛苦的心/難道愛神是蹤引的風/只顧追逐天堂上輕浮的雲/而忘卻了在地獄裏/還有兩顆沉重的心/難道愛神是心舟的槳/無意間搖碎了月兒在湖心的印/而忘卻了在波動中/還有兩顆破碎的心"

關於"理想"、"崇拜"。芒克感歎道:"太陽落了/黑夜爬了上來/放肆地掠奪/這田野將要毀滅/人/將不知道往哪兒去了。"(《太陽落了》)他又對著天空說:"天空,天空/把你的疾病/從共和國的土地上掃除乾淨"(《天空》)黃翔在《火炬之歌》借著"火炬"叩開了心靈的"暗室":"火光照亮了一個龐然大物/那是主宰的主宰 帝王的帝王 那是千年偶像 權力的象徵/一切災難的結果和原因 於是 在通天透亮的火光照耀中/人第一次發出了人的疑問 爲什麼一個人能駕馭千萬人的意志/爲什麼一個人能支配普遍的生亡 爲什麼我們要對偶像頂禮膜拜/被迷信囚禁我們活的意念 情愫和思想 難道說 偶像能比詩和生活更美/難道說 偶像能遮住真理和智慧的光輝 難道說 偶像能窒息愛的渴望 心的呼喚/難道說 偶像就是宇宙和全部的生活"

在一個反智的年代知識青年中的部分開始了思想啓蒙的征程。這樣，終於有了北島的詩《回答》，而且有越來越多的人都說著："我不相信！"[10]

青年一代知識份子思考能力和懷疑精神的獲得在更大程度是"紅衛兵"轉換爲"知識青年"的必然。這樣的轉換，擴大了曾經作爲""文革"急先鋒"的青年一代與"文革"政治的縫隙，並漸漸有了鴻溝。不少人是尤其是在建國成長起來的一些人，他們的武器是他們所接受的正統的馬克思主義教育，而"文革"在他們的視野中已經偏離了他們的這一思想背景，在這一發現了的偏離中，他們發現了自己的政治責任，他們在某些方面對"文革"的合法性提出質疑。"從當年大民主、大辯論、大字報這些畸形的政治環境中，催發出的知識份子尤其是大、中學生的政治思考，儘管這些思考難以徹底掙脫當時的思想牢籠，卻有一種最爲難得的思想氣質在其中艱難生長，即懷疑精神。這種懷疑一開始是指向本地政治權威，逐漸懷疑到中央'文革'，乃至最後猶猶豫豫，懷疑至最高當局"[11]

在"文革文學"史中，1968年同樣是一個引人注目的年份。這一年食指寫了《這是四點零八分的北京》、《相信未來》等，黃

---

10 北島《回答》公開發表時所署的寫作時間是"1976年4月"。近年來有人對《回答》的寫作時間提出質疑。據北島友人的收藏稿，《回答》的原型是寫於1973年3月15日的《告訴你吧，世界》："卑鄙是卑鄙者的護心鏡，高尚是高尚人的墓誌銘。在這瘋狂瘋狂的世界裏，── 這就是聖經。 冰川紀過去了，爲什麼到處都是冰凌：好望角已經發現，爲什麼死海裏千帆相競。哼，告訴你吧，世界，我─不─相─信！也許你腳下有一千個挑戰者，那就把我算作第一千零一名！ 我不相信天是藍的，我不相信雷的回聲。我不相信夢是假的，我不相信影子無形。 我憎惡卑鄙，也不稀罕高尚，瘋狂既然不容沉靜，我會說：我不想殺人，請記住：但我有刀柄。"

11 朱學勤：《豈有文章覺天下》，《開放時代》1998年3/4月號。

翔寫了《野獸》。這一現象也驗證了朱學勤對 "68 年人" 的命名。他在《道德理想國的覆滅》中提出 "68 年人" 的概念。"這一代人的精神覺醒，大致可以 1968 年爲界。那一年正是他們以各種紙張書寫們對社會政治問題的思考的年代，也是他們捲入思潮辯論的年代。這種辯論後來延續到農場，延續到集體戶。我清楚記得，當年上山下鄉的背囊中，不少人帶有馬迪厄《法國革命史》的漢譯本。從此他們無論走到哪里，都難擺脫這樣一個精神特徵：以非知識份子的身份，思考知識份子的問題。用梁漱溟總結本世紀初他那一代人的話來說，1968 年的這一代人是 '問題中人'，而不是 '學術中人'。儘管他們中間後來有人獲得知識份子身份，但是 1968 年產生的那些問題始終左右著他們的思考，甚至決定著他們終身的思想命運。" [12] 正像朱學勤所說的那樣，由 1968 年的思考決定了不少人的思想命運並成爲後來一些人在學理上繼續思考 1968 年產生的 "那些問題"。朱學勤的文章對當代思想史和文學史的研究是個重要的提示。

在這裏，我想指出的是，正是因爲有了部分知識份子的覺醒和私人話語的產生，民間社會與民間話語才出現了分層的現象。我覺得我們不能不顧及這種反層。對 "民間" 的重視，不應當導致我們對 "民間" 作出過高的估價，對 "文革" 時的 "民間" 尤其如此。

"文革" 時期知識份子話語是在主流意識形態話語與民間大眾話語的聯盟中遭到重創。如果顧及到主流意識形態對社會各

---

12 參見朱學勤《道德理想國的覆滅》序，上海三聯書店 1994 年 9 月第 1 版。朱學勤序中的這段文字，在《道德理想國的覆滅》出版時並未引起更多人的注意和呼應，朱在序中的想法後來擴展爲《思想史與思想史上的失蹤者》，此文在 1995 年的《讀書》上發表後引起反響。

階層的劃分、"文革文學"的歷史語境以及"地下文學"的潛流狀態，我們大致可以認為"文革"民間大眾話語是以"工農兵話語"為主體的，並且只能是主流意識形態話語的另外一種表現方式。知識份子話語與大眾話語的關係是中國知識份子與民眾精神對立的必然結果。這樣一種對立和矛盾在五四時期業已形成。其後此消彼長，到了"文革"，知識份子放棄自己的理想、精神和話語，去認同民眾的理想、精神和話語。這一變化，促進了"非知識份子寫作"潮流的興起與發展。在"文革"期間，大眾話語和主流意識形態話語達到了空前的一致，這樣一致的狀況是多年來"民間"意識形態化的結果。建國以後通過意識形態來控制和整合社會，不僅對知識份子起到了改造的作用，而且也通過階級意識的激發改造了民間。文學的"民間形式"和在"文革"中達到了空前的繁榮，民間大眾的審美理想也得到前所未有的發揚。在 1971 年之前幾乎很少有文人化的文學形式，充斥於報刊、大字報等正式和非正式媒體上的是快報書、打油詩、數來寶、活報劇、三句半等。

各種"地下沙龍"的出現是青年知識份子成為思想者的民間形式。在這種相對自由的空間中，青年詩人們有了感情交流的機會，也有了聆聽心靈傾訴的可能。由《中國知青詩抄》可知散落在民間的詩人似乎更多。"黃皮書"和"灰皮書"這些異文化文本，不僅帶給他們全新的語言感覺，而且更為重要的是有了可以依傍的思想文化資源。[13]

這樣，體制之外的寫作就出現了。其中，有一些方式由"文

---

13 詩人宋海泉在《白洋淀瑣憶》中就讀書活動對創作的影響歸納了四個方面：主體與價值的轉換；注重感性與個人體驗。懷疑主義與荒誕；形式的語言的探索。

革"到"新時期"發生了變化。民間的"文化群落"進入新時期之後，在新體制中得到了部分認可，在 80 年代初期大致消失。秘密的詩友"唱和"和"手抄本"形式在新時期初期變成了公開的"朗誦會"和油印刊物，但也很快沉寂下去。後來，一些新的民間"文化群落"的重新結集與油印刊物的出版，則是在新的背景下產生的。進入 90 年代以後，自由文化人（包括自由寫作者）逐漸多了起來，文學的格局也和新時期十年文學大不相同了。

這就是文學史中的滄桑吧。

"簡單中斷" 與 "歷史聯繫"

— 中國當代文學史寫作中的問題研究之一

　　如何敍述中國當代文學史的問題逐漸引起關注，顯示了學界對一個學科成熟的期待。就整體性的學術背景而言，我們已經越過了非常態的學術史狀態，曾經在相當長的時期內，學界的注意力集中在學術上的 "撥亂反正" 和 "打破禁區"、"填補空白" 方面，這是一個令人興奮而且充滿了 "戰鬥" 激情的時期，但是許多真正的問題也常常被疏忽。在今天，當我們有可能討論建立當代文學的學科話語，並且把這種討論建立在中國當代文學與思想文化發展的勃勃生機中時，我們不僅需要轉換知識體系，轉換文學史觀念，轉化思維方式，而且需要有清晰地發現問題的意識，因爲漠視被遮蔽了的真問題的危害遠遠大於僞問題干擾我們的學術研究。

　　顯然當代史的敍述與意識形態、學術體制、教育體制以及知識份子的思想狀況等密切相關。20 世紀 90 年代以來，以大學爲代表的知識生產體制也在發生蛻變，教育體制和學術體制的規定性，大致確立著文學史的研究格局，但學術的和非學術的、學院的和非學院的各種因素同樣在撞擊著一張張平靜的 "書桌"，這個結果是，敍述當代文學史的權力不再被壟斷。各種版本的當代文學史著作的出版，儘管良莠不齊，但都在嘗試從不同的角度，或者以不同的方式敍述和接近當代史。在這個過程中，70 年代末 80 年代初在文學史著作中建立起來的當代文學秩序和篩選出來的當代文學經典遭到質疑甚至被推倒。當面對這樣的學術動態時，我感覺到一個研究當代文學史的建設性"平臺"開始建立，也只有在這個時候，所謂文學史研究中的問題也才有了討論的可能和解決的前景。

我們注意到，曾經在很長的時期內，當代文學史的敍述是殘缺不全的，突出的問題是"文革文學"被擱置，當代文學史的敍述在進入到 60 年代中期後突然中斷了。這一現象可以稱爲文學史敍述的"斷裂"問題。當初對這一現象的解釋是"文革"無文學，或曰"一片空白"，無疑，這一解釋在學理上是不能成立的。現在，學界已經無須就是否有必要研究"文革文學"再作爭論。把"文革文學"納入到當代文學史的敍述，就當代文學史寫作而言其主要意義不在填補空白，而在於它不僅改變了我們寫作當代文學史的知識背景，改變了當代文學史著作的習慣內容，而且更爲重要的是它有可能在文學史哲學的層面上糾正"非歷史的觀點"，在中斷的縫隙中發現"歷史聯繫"，進而獲得重新敍述當代文學史的可能。

如果不能改變"簡單中斷"的觀點，當代文學史寫作中的"整體性"構架是無法實現的。在歷史觀的意義上，恩格斯曾對"歷史聯繫"有過非常精闢的論述。恩格斯在談到"十八世紀的唯物主義"（主要是機械唯物主義）的局限時說："它不能把世界理解爲一種過程，理解爲一種處在不斷的歷史發展中的物質。""這種非歷史的觀點也表現在歷史領域中。在這裏，反對中世紀殘餘的鬥爭限制了人們的視野。中世紀被看作是若干年來普遍野蠻狀態所引起的歷史的簡單中斷；中世紀的巨大進步 —— 歐洲文化領域的擴大，在那裏一個挨著一個形成的富有生命力的大民族，以及十四和十五世紀的巨大的技術進步，這一切都沒有被人看到。這樣一來對偉大歷史聯繫的合理看法就不可能產生，而歷史至多不過是一部供哲學家例證和插圖的彙集罷了。"[1]在我看來，恩格斯關於中世紀不是歐洲歷史簡單中斷的思想，為我們釐清當代文學史的內在聯繫提供了一個重要的理論支點。

在現有的學術體制中，或者在"二十世紀中國文學"的框架中，現當代文學是一個整體性的學科，但事實上，現代文學與當代文學之間的歷史整合並未完成，在通常的歷史敍述中，"五四"以後的新文學已經成為當代文學的傳統或者是歷史資源。如何確定"當代文學史"敍述的上限，顯然表明了當代史敍述者對這一傳統或歷史資源的認識。

大約在 20 世紀 80 年代學界就有不少人提出"當代文學史"的上限應該追溯到 1942 年延安文藝座談會講話，在當時，這一學術觀點獲得了積極的評價，認為拓寬了當代文學研究的視野，對深入把握當代文學發展的內在邏輯是有益的。近幾年出版的一些當代文學史著作，差不多都是從 1942 年開始敍述。其實，對"1942年"的重視是由來已久的。具體到當代文學史寫作，我們就發現 70 年代初期出版的一些文學史和文藝思潮史，已經建立了以 1942 年為起點的當代文學史敍述框架。如遼寧大學《文藝思想戰線三十年》（1973），第一章就寫延安時代，其中包括"解放後對四十年代機會主義文藝路線流毒的'再批判'"。為什麼要從 40 年代開始寫起？當然首先是因為毛澤東《在延安文藝座談會上的

---

1 恩格斯：《路德維希·費爾巴哈和德國古典哲學的終結》，《馬克思恩格斯選集》第 4 卷人民出版社 1972 年版。

講話》具有劃時代的意義。再者，作者認為"無產階級文化大革命是歷史上兩條路線鬥爭的繼續。在這場鬥爭中，無產階級革命派不僅徹底清算了周揚在社會主義革命時期的各種罪行，而且也徹底批判了周揚在歷史上，從 30 年代到延安時期一貫推行的文藝黑線。"這意味著從 40 年代寫起也就為十七年"文藝黑線"找到了根源。這些年來的當代文學史寫作在談到"現代"向"當代"轉換時，幾乎都把當代史敍述的起點推到 1942 年，而解釋的學術立場則截然不同。

這就涉及到對現代文學傳統的認識了。"文革"對現代文學傳統的解釋主要集中在"五四"新文學、魯迅與左翼文學、30 年代文藝等方面。對延安解放區文藝的評價在第一次全國文代會已有主調，但是周揚等人在"文革"中已經喪失了解釋解放區文藝的話語權。在 1967 年姚文元發表《評反革命兩面派周揚》後，主流話語突出了對周揚、丁玲等人的批判。"文革"主流話語重新敍述和闡釋了中國現代文藝。"文革"時的教科書和文論，把"五四"以來的現代文藝解釋為"兩種根本不同的文藝路線和文藝思想"鬥爭的歷史，兩條路線、兩種文藝思想的鬥爭被概括為現代文藝運動的本質特徵。對這種鬥爭的描述與分析代替了對現代文藝自身演進歷史的分析。在主流文藝思想中，"五四"傳統是"馬克思主義的共產主義的洪流"，"與此對立的還有另外一種潮流，這就是在當時的歷史條件下形成的作為五四運動的缺點，及這種缺點在新形勢下的繼續發展流延，這是資產階級道路的傳統，是形式主義向右的發展。二十年代以來的文藝鬥爭，三十年代來的‘四條漢子’的文藝黑線，以至建國後發生的批判胡適派在《紅樓夢》研究問題上的資產階級唯心主義的鬥爭，反胡風、反右派，以及反對劉少奇一類騙子的反革命修正主義路線、文藝思想，都與五四時期兩個對立的潮流的鬥爭有直接關係。"（《文藝思想戰線三十年》）在新時期，現當代文學研究的"撥亂反正"在很大程度上就是對這一解釋的清理，以及對二三十年代左翼文藝思想的重新評價。

"文革"對"四十年代"以來文學史的這種分析，凸現了當代學術史在一段時期內的特點，即：對各種文藝現象的解釋都是以發現和揭示其中的階級鬥爭、路線鬥爭的意義為目的，違背主流文藝思想的現象通常被視為階級鬥爭、路線鬥爭的新動向；另一方面敍述歷史是為當代文藝鬥爭的合法性尋找"歷史根據"，在歪曲歷史的同時又會"揭露"歷史歪曲後的身影，於是和主流文藝思想相左或者有所抵觸的現象都可能被認為是"復辟"、"回潮"，1971 年直至 1976 年的文藝思潮就是在反"復辟"、反"回潮"中進行著。

如果我們避開周揚等在"文革"前後的角色差異和遭遇，現在需要回答的問題是上述解釋現代文學傳統的思想和方法是突如其來，還是有跡可尋？我曾經提出：它在視角、線索、理論和方法上與"十七年"比較有哪些是一脈相傳的，又有哪些是變化了的？這就是：在斷裂中不斷的是什麼，無疑，這是一個綜合性的問題。它既有文學制度上的原因、意識形態的因素，也與當代文學的"現代性"有關。如果我們著眼文藝思想的演變業多少能發現斷裂中的歷史聯繫。[2]

---

2 "文革文學"與"十七年文學"的關聯，在"文革"發動時就十分明確。姚文元在《評反革命兩面派周揚》中說，"當我們回顧解放以來文藝鬥爭的歷史時，可以清楚地看到兩條路線的尖銳鬥爭：一條是毛主席文藝路線，是紅線，是毛主席親自領導了歷次重大的鬥爭，把無產階級文化大革命步步推向前進，作了長時間的準備，直到發動了轟轟烈烈的、向資產階級全面進攻的、億萬人民參加的無產階級文化大革命，一直挖進周揚一夥的老巢。"對姚文

　　1976 年 3 月上海人民出版社出版的《文藝論叢》(第一輯)，發表了《辭海》文藝理論部分的條目(徵求意見稿)。此時己經是"文革"後期，這些從 1972 年開始重新修訂的條目，比較具體、完整地反映了從 60 年代到 70 年代文藝思想的演變。包括這部分文藝理論條目在內的《辭海(修訂稿)》文學分冊於 1979 年 5 月由上海辭書出版社出版社內部發行，供徵求意見用。1979 年正式出版的《辭海》就是在各分冊基礎上形成的。多少年來對 1976 年發表的這部分文藝理論條目缺少辨析、解讀與比較。就當代文藝思潮的研究來說，這當中存在很大的學術研究空間。1979 年版《辭海》之"前言"稱《辭海》的出版，"過去所強加於《辭海·未定稿》的一切污蔑不實之詞，統統被推倒了。"是否"統統被推倒"當有疑問。《辭海·未定稿》文藝條目(以下稱"文藝條目(1965)")、"文革"期間修訂的文藝條目(以下稱"文藝條目(1976)")、1979 年《辭海(修訂稿)》文學分冊之文藝條目(以下簡稱"文藝條目(1979／修訂稿)")和 1979 年版《辭海》文藝條目(以下稱"文藝條目(1979)")，形成了一個相對完整的系統，從一個側面凸現了中國當代文藝思想演變的歷史。解讀"文藝條目(1976)"，兼顧"文藝條目(1965)"、"文藝條目(1979／修訂稿)"、"文藝條目(1979)"，不僅對我們理解"文革"文藝思潮，而且對具體把握當代文藝思潮的演變，都是有益的。

　　在這裏，我們以"創作方法"、"現代主義"兩個條目的釋文變化爲例。"文藝條目(1976)"對"創作方法"的釋文是："又稱'藝術方法'。指作家、藝術家在一定世界觀指導下認識、概括、表現生活，塑造形象所道循的基本原則。如現實主義、浪

元在文章中提到的對電影《武訓傳》的批判等重大鬥爭的性質、意義，在"文革"後已經作出完全不同的價值判斷和解釋。

漫主義、自然主義等等。創作方法具有鮮明的階級性，不同階級、
不同政治傾向的作家、藝術家採取不同的創作方法。由於作家、
藝術家採取的創作方法不同，在他們反映生活，塑造形象等方面，
就會具有不同的特點。在我國，進入社會主義革命和建設時期，
無產階級提倡革命現實主義和革命浪漫主義相結合的創作方
法。"此條目的釋文與"文藝條目（1965）"比，往後退了一大
步，顯示了文藝思潮在60年代開始不斷左傾的過程。"文藝條目
（1965）"關於"創作方法"的釋文是："又稱'藝術方法'。
指作家、藝術家創作時所遵循的反映現實和表現現實的基本原則
和方法。在藝術創作過程中，作家、藝術家根據他對現實生活的
觀點和認識，憑藉他所接受的藝術傳統和個人的藝術修養，採取
一定的創作方法，進行藝術形象的塑造。由於作家、藝術家採取
不同的創作方法，在他們反映現實、塑造形象等方面都有不同的
特點。作家、藝術家採取哪一種創作方法，一方面受作者的世界
觀所制約，另一方面又受到他的生活實踐和藝術修養的重大影
響。但先進的創作方法，在一定條件下也可能促進作者加強生活
實踐，從而提高對現實生活的理解能力和表現能力。"這一解釋
重視了"藝術傳統"和"個人的藝術修養"對作家、藝術家選擇
創作方法的影響，而"文藝條目（1976）"刪除了這一重要內容，
突出了創作方法的"階級性"以及"兩結合"創作方法的重要
性。這在主流文藝思想以及六七十年代文藝理論教科書中是一貫
的。主流文藝思想認為，歷史上的創作方法，最基本的有現實主
義和浪漫主義兩種，這兩種創作方法在歷史上都起過進步作用；
與之相對立的是自然主義和消極浪漫主義以及其他形形色色的反

動的創作方法。[3]這些"反動"的創作方法包括"新古典主義"
等。"文藝條目（1976）"對"新古典主義"、"感傷主義"、
"頹廢主義"、"象徵主義"、"唯美主義"、"印象主義"、
"書秘主義"、"立方主義"、"構成主義"（結構主義）、"表
現主義"、"未來主義"、"達達主義"、"超現實主義"等都
作了徹底否定。從 50 年代末開始，革命現實主義和革命浪漫主義
相結合的創作方法被大力提倡，"大躍進"民歌、"革命樣板戲"
都被看成是實踐這一方法所取得的成果。主流文藝思想認為，這
一方法，"是無產階級的最好的，是文藝史上的一次偉大革命，
它為無產階級革命文藝的蓬勃發展，開拓了無限廣闊的道路。"[4]
"文藝條目（1976）"將"兩結合"方法定性為"無產階級文藝
創作的根本方法"。"文藝條目（1979／修訂稿）釋文不用"根
本方法"說，改為"兩結合"的創作方法是"社會主義文學藝術
的藝術方法"，但同時指出，"提倡這種藝術方法，並不將它當
作唯一的藝術方法來要求所有的文學藝術家。"關於"革命現實
主義和革命浪漫主義相結合"的意義，作了這樣的解釋："這一
藝術方法的提倡，既有利於反映今天的時代，又有利於表現過去
的歷史；既有利於全面地吸取文藝遺產中的傳統，又有利於發揮
文藝家的獨創性；既有利於推動文藝家以社會主義和共產主義思
想教育人民，又有利於促進文藝作品題材、形式、風格的多樣化。"
這一修訂儘管是不徹底的，但已經在很大程度上消除了極"左"
文藝思潮的痕跡。"文藝條目（1979／修訂稿）"以及緊隨其後
的"文藝條目（1979）"對"創作方法"、"革命現實主義和革
命浪漫主義相結合"的釋文，都是原封不動地採用了"文藝條目

---

3 參見四川師範學院中文系編《文藝名詞解釋》，1973 年 3 月。
4 參見武漢大學中文系編《馬克思主義文藝理論》，1974 年 8 月。

（1965）"部分。

關於"現代主義"，"文藝條目（1976）"的釋文是："帝國主義時期資產階級文學藝術各種頹廢主義、形式主義的流派與傾向（立方主義、未來主義、達達主義、超現實主義、抽象主義等）的總稱。其哲學基礎是極端反動的唯我論，其特點是：歪曲現實，破壞文藝固有的形式，否定藝術創作的基本規律，宣揚世界主義和各種反動思想。"這個條目的內容與"文藝條目（1965）"大致相同，增加了"其哲學基礎是極端反動的唯我論"一句，關於特點的表述略有改動。這表明了"文革"主流文藝思想和"文革前十七年"在某些方面的連續性。該條目的釋文無疑罔顧現代主義的雙重性質、社會文化背景和主要流派的基本特徵，反映出政治上的偏見和對現代主義藝術的隔膜，對"革命現實主義"之外各種思潮的敵對情緒在"文革"時達到高潮。顧及新時期初圍繞"現代派"的爭論以及尙有學者習慣對介紹、贊成和接受"現代主義"者進行政治定性的現象，我們不難理解"文革"對待"現代主義"的局限。"文藝條目（1979／修訂稿）"用"十九世紀下半葉"代替"帝國主義時期"，對"現代主義"特點的表述，以"現實主義"作爲參照，改爲"其特點是違反傳統的現實主義方法，標新立異，宣揚革新，但總不免流於破壞文藝固有的形式，否定藝術創作的基本規律。"文藝條目（1979）"之"現代主義"的解釋依然沿襲著上述兩個版本的局限，未作大的改動，只是刪除了"哲學基礎"一語。這樣的修改在整體上反映了70年代末期中國學界對"現代主義"的認識水準。以現實主義作爲參照來論述現代主義顯示了"現實主義"在中國當代的主流或主潮地位。這樣一種文藝觀，還表現在中國現當代文學史的編寫中，即在很長一段時間內排斥或貶低現實主義文學之外的思潮、流派與作家作品。在 80 年代開始的對現代派文學的匆匆忙忙的補課，改變了八九十年代中國文學的格局。

由上述兩個文藝條目的釋文，我們可以發現極"左"文藝思潮的產生有一個由漸變到突變的過程。[5]在 70 年代末 80 年代初，學術上的一些"撥亂反正"有時常常是指回到"文革"前的"十七年"。所以，我們在考察"中斷"中的"歷史聯繫"時，自然需要考察"文革"與"十七年"的關係。從 40 年代到"文革"，這中間經歷了我們通常所說的"十七年文學"（嚴格說"十七年文學"不是一個歷史概念），對十七年文學的評價也成為當代文學史研究中一個需要認真對待的問題。現在的困境，主要不是對"十七年文學"評價的分歧之大，而是未能真正擺脫"政治決定論"。因為"四人幫"用"文藝黑線專政論"否定了"十七年文藝"，一些人在批判"文藝黑線專政論"的同時又基本肯定了"十七年文藝"，有些學者甚至認為"十七年"不存在極"左"文藝思潮；而另外一種意見則認為，由於"十七年"文藝思潮不斷左傾而最終導致"文革文學"，因此"十七年文學"幾乎沒有什麼可以肯定的。我個人認為，類似的評價都是出於政治的原因加以否定，或出於政治的原因加以肯定，而真正的學術研究尚待深入展開。

彼此各執一端的評價，實際上是把"非歷史的觀點"又擴大到"十七年文學"研究中。當我們在"歷史聯繫"之中研究"十七年文學"和整個當代文學史時，我們需要由文學來考察"社會主義文化"的建設問題，這是貫穿當代文學史始終的思想文化問題。建國以後關於社會主義的文化想像和實踐幾乎可以說在很大

---

5 以對"'黑八論'的批判為例，就能夠發現文藝思潮不斷左傾的過程，所謂"黑八論"的大部分在"文革"之前就遭到不同程度的批判。

程度上是首先落實在文學創作中，這也可以理解為什麼重大的政治運動通常是從文藝界開始的。如果我們對這個問題不能在宏大的視野中展開研究，當代文學史的寫作中的許多關鍵問題都難以解決，包括當代文學史的"現代性"問題。

（《江海學刊》2003 年第 2 期）

思想歷程的轉換與主流話語的生產*

── 關於“文革文學”的一個側面研究

　　在審視“文革文學”史時，我的一個基本觀點是：無論是文學主流話語還是非主流話語，貫穿其中的基本問題是作家的思想命運與寫作的關係，“文革文學”是知識份子思想命運的一次敘事。能否公開發表作品或發表什麼樣的作品，其實只是問題的表像，知識份子在主流話語形成過程中的作用、作家的思想矛盾及其轉換、體制外寫作與個人話語等一些關鍵問題，形成了“文革文學”的“深層結構”，也決定了“文革文學”的分層格局。

　　在“文革”體制內，當作家已經失去了獨立的思想能力時，重新寫作或者開始寫作的作家不能不成爲主流話語的生產者。1972 年以後，主流文學以“樣板戲”的創作經驗爲指導，開始按照主流意識形態的設計，形成主流文學的話語系統，並側重於兩個方面：《虹南作戰史》、《金光大道》等作品表現了作爲“歷史”的“社會主義改造”，《初春的早晨》、《金鐘長鳴》等反映作爲“現實”的“無產階級文化大革命”。和主流話語相對立或者在不同程度上反對主流話語的創作，在六十年代末期開始出現[1]。這些作

---

1 從現在掌握的資料看，一些詩人的代表作寫於這個時期，如食指 1968 年寫

品的寫作是未公開的、私人性的，其中的一部分以手抄本的形式
在友人圈和民間流傳，一些則藏匿著直到“文革”後才公開發
表。這些作品的形式不僅包括我們通常所說的詩歌、小說、散文，
還有書信、日記、讀書筆記、口頭文學等。相對主流意識形態話
語和部分知識份子作家從主流話語立場出發的創作而言，我們把
這類作品定位為“民間話語”；相對公開出版而言，這類作品又
被稱為“地下文學”[2]。

今天，治當代文學史的人都注意到了七十年代初期批判極左
思潮和七十年代中期調整文藝政策對創作的影響，其實批判和調
整帶來的空間是有限的。在我看來，那些相對疏離主流意識形態
話語的作品，不能不是妥協的結果。一些相對疏離主流意識形態
的作品，如小說《閃閃的紅星》、《春潮急》、《大刀記》、《李自成》、
《高高的山上》、《機電局長的一天》，電影文學《創業》等[3]，我
曾經指出，“理念”與“生活”的衝突是這些作品創作者的基本
矛盾，“理念”與“生活”比重的複雜性決定了這些作品藝術成
績的高低。由於文化背景和精神歷程的差異，“地下文學”的價
值取向和寫作風格有著很大的差異。如果只注意“地下文學”反

了《相信未來》、《這是四點零八分的北京》等，黃翔 1968 年寫了《野獸》
　等。

2 關於文革“地下文學”的著作有楊健著《文化大革命中的地下文學》。隨著
　研究的展開，另外一些概念也出現，如“潛流文學”（啞默），“潛在寫作”（陳
　思和）等。

3 《閃閃的紅星》，李心田著，人民文學出版社 1972 年 5 月出版；《春潮急》
　（上）（下），克非著，上海人民出版社 1974 年 4 月、9 月出版；《大刀記》（三
　卷），郭澄清著，人民文學出版社 1975 年 7 月出版；《李自成》（第二卷），中
　國青年出版社 1976 年出版；《高高的山上》，艾蕪著，發表於《四川文學》
　1973 年創刊號；《機電局長的一天》，蔣子龍著，《人民文學》1976 年第 1 期；
　《創業》，長春電影製片廠《創業》創作組集體創作，張天民執筆，載《人
　民電影》1976 年第 5、6 期。

“文革”主流話語的一致性，而忽略它們之間的差異，這類作品的文學史意義就不能準確定位。在“地下文學”中，郭小川、穆旦、曾卓、牛漢等人的詩歌，豐子愷的散文，食指、北島及一些知青的詩作，張揚、靳凡、艾珊等人的小說，都受到重視。這樣一種複雜的文學格局，是知識份子思想命運轉換的寫照。

　　本文擬對“文革”體制內的創作，也就是“文革文學”中的主流話語部分作一粗略的探討。

　　文化體制、知識份子身份與作家思想命運的互動，成爲“文革文學”演變的內在邏輯。

　　知識份子的體制化是中國當代知識份子的一個重要特徵，學界對此多有關注和闡釋。就文學界而言，知識份子的體制化不僅顯得突出，而且也似乎比其他界別要複雜得多。經過“文革”前十七年的教育改造，作家的思想與寫作基本體制化了。作爲一種特殊的意識形態，當代文學從一開始就是體制內的生產。在作家生存的體制內，如果起支配作用的不是文學創作的自身規律，而是意識形態的整合和行政命令的干預，包括文學在內的文化空間勢必不斷異化。因此作家在政治上安全與否，取決於他的思想、價值觀以及美學理想與體制的吻合程度，取決於政治鬥爭的形勢。從另外一個角度講，不斷的批判改造都在強化這種吻合度。在這樣的形勢下，從電影《武訓傳》批判、“胡風反革命集團案”到俞平伯《紅樓夢》研究批判所形成的，用政治鬥爭取代學術批評的方法，成爲“推進”文藝運動的主要手段，由文藝界打開缺口成爲當代政治鬥爭成功的運作方式。事實上，在“文革”前夕，作家與體制之間的關係已經相當牢固了，對體制話語的運用也愈加自覺和嫻熟了。我曾經指出，無論是投入還是被納入這種體制，在文學由“文革前”到“文革”的過程中，文化權威、作家、批評家自身程度不等地起到了推波助瀾的作用。譬如,對"黑八論"的批判,有一些始於"文革"前。這樣的事實表明,一些正確的理論或觀點在提出來以後所遭遇的批判,實際上為"文藝黑線專政論"的出籠多少做了鋪墊。即使在粉碎"四人幫"以後,文藝界對"文藝黑線專政論"的認識仍然有分歧,而且這種分歧是存在於"文革"前十七年文學界的重要人士那裏,一些人士甚至還認為"黑線和黑八論還是有的"[4]。

　　從"十七年"到"文革",決定作家命運的關鍵問題是知識份子的性質問題,關於當代知識份子是"資產階級"的定性,使作家在"文革"期間的遭遇不可避免。在 1956 年召開的知識份子問題會上,周恩來代表中共中央作了《關於知識份子問題的報告》,他明確指出:"我國的知識界的面貌在過去六年已經發生了根本的變化。"並代表黨中央宣佈我國知識份子的絕大部分"已經是工人階級的一部分"。1957 年反右鬥爭擴大化,一大批知識份子錯劃為"右派分子"。毛澤東對知識份子性質的看法也發生了變化,不僅對那些長期改造思想的"資產階級知識份子",而且對建國後由自己學校培養出來的知識份子也失望了。八大二次會議後提出的以思想政治標準劃分階級的論點廣為流行,依據這

---

4 伍宇在《中國作協"文革"親歷記》中記述了這樣的史實:"1978 年冬天,那時文聯、作協還沒有恢復,周揚和一班文友林默涵、張光年、韋君宜、李季等,聚會在廣東的肇慶。那是一處風景絕佳的處所,自古端硯的產地,湖光山色。大家自然議論'文革'十年極左路線造成的深重災難,文藝界更是被整得七零八落,創傷累累,創作生產力凋敝,許多著名文藝家被迫害致死……而'四人幫'的覆滅,意味著什麼呢?有的認為,黑線和黑八論還是有的,'我們以前也批過',有的則認為有黑線存在,也有紅線在起作用,並無黑線專政論;更有人覺得,黑線和黑線專政論是'四人幫'為了整倒文藝界而一手製造的,應當根本推翻,文藝方有復蘇之日並為更加廣闊的發展前景,創造條件。"《傳記文學》1994 年第 9 期。

個標準，那些出身工農但受過學校教育 —— 這一教育在"文革"中被稱爲資產階級的教育 —— 的學生也被當成"資產階級知識份子"。儘管黨內對知識份子的政策、對文藝的政策都曾經有過調整，譬如1962年周恩來和陳毅在廣州就知識份子問題所作的重要講話，譬如《文藝工作條例草案》的制定，譬如重申"雙百方針"（甚至在"文革"期間也講"雙百方針"）等等，但是在黨的指導思想越來越左傾的大背景下，這些調整也只能是"調整"，並不能在根本上抑制住左傾的偏差，最終而有了"在上層建築其中包括在文化領域對資產階級實行全面專政"。1968年提出了對知識份子"再教育"的問題，"再教育"是爲了"給出路"，但前提仍然是把知識份子歸到資產階級那裏去。

　　當時作家已經陷於雙重困境之中：一方面，當代中國的現代化歷史進程事實上已經中斷，前此斷斷續續展開的現代化運動遭遇到了急風暴雨式的摧殘；另一方面，由於知識份子對現代化歷史使命的承擔與選擇已經失去了合法性。在這種困境中，早已搖搖欲墜的知識份子啓蒙立場和批判精神失去了現代思想文化資源的支撐。

　　在這樣的歷史語境中，五四以來的現代思想文化資源被重新估價。無論是《紀要》還是主流文藝思想雖然也提到"批判繼承文化遺產"，但是它僅僅剩下字面的意思。在提出"從《國際歌》到樣板戲是一片空白"這樣的論調時，"文革"對"五四"新文化運動實際上是抽象肯定具體否定，因此也就否定了五四以後中國文學的現代化之路。在當時的教科書中，五四以來的新文學史被解釋爲"兩種根本不同的文藝路線和文藝思想"鬥爭的歷史。這是二十世紀中國思想史值得清理的一條線索。對五四新文學史或新文化史的不同解釋構成了二十世紀中國知識份子思想史的不同層面，這種不同的解釋有時並不取決於解釋者的文化背景、思想傾向和他的歷史理念，至少在當代史上，在諸多方面存在差異的解釋者們常常會在相同的現實處境中發出異口同聲的說法或者最終趨向一致，這也許就是當代知識份子在非常時期的悲哀之處：個人並不具備解釋歷史的權力，話語權是“階級”的。這些年來的重寫文學史，反撥了這種傾向。“文革”在對五四新文化運動的錯誤解釋中確立了“文革文學”的路向：既然五四以來的新文學史是兩個階級、兩條道路、兩條路線的鬥爭史，那麼“文革文學”只能也必須是這種鬥爭的延續和發展，而作家的創作也必須從階級鬥爭、路線鬥爭出發，除此，別無選擇。因此，在整體上，現代文學傳統已經不可能成爲“文革文學”的思想資源，“文革文學”在拋棄了這些資源之後也就脫離了中國文學現代化的歷史進程。

在這樣的語境中，主流文學的創作只能遵循並落實“文革”主流文藝思想。

主流文藝思想最爲重要的文獻是《林彪同志委託江青同志召開的部隊文藝工作座談會紀要》（以下簡稱《紀要》），《紀要》在極左意識形態的視野中重新解釋了中外文學史，並提出了對文學基本問題的一系列看法，是左右“文革文學”的綱領。以《紀要》的論點爲主體，以“樣板戲”的創作爲實踐依據，主流文藝思想的構成主要是四個方面：“無產階級文學的黨性原則”，“社會主義文藝的根本任務”，“無產階級的創作原則”和“無產階級的藝術方法”。關於“無產階級文學的黨性原則”在“文革”中被解釋爲“必須自覺地爲無產階級革命路線服務”[5]。“根本任

---

5 這條“革命路線”就是毛澤東在中共八屆十中全會上提出，後來經十大再次

務"的提法正式見於《紀要》："要努力塑造工農兵的英雄人物，這是社會主義文藝的根本任務。"後來通稱爲"根本任務"論。至於怎樣塑造英雄人物，主流文藝思想著重闡述了"樣板戲"的"經驗"，這就是被稱爲"無產階級創作原則"的"三突出"[6]。在閱讀"文革文學"時，我們可能會發現這樣的現象：無論是作者的創作談，還是批評者的文論，都有一個最基本的經驗系統，這就是"革命樣板戲"的創作經驗。是否能夠運用"樣板戲"的創作經驗，不僅反映了作家的藝術水準，而且反映了作家的思想覺悟的高低。無疑，"樣板戲"的經驗已經成爲一種"話語霸權"[7]。在對"十七年文藝"思潮的全面破除中，只有"兩結合"創作方法被再次重申是"無產階級的藝術方法"。《紀要》的第九條就是講創作方法問題的："在創作方法上，要採取革命的現實主義和革命的浪漫主義相結合的方法，不要搞資產階級的批判現實主義和資產階級的浪漫主義。"

　　主流文藝思想還決定了"文革"文學批評的邏輯結構及其

肯定並明確寫進《中國共產黨章程》的"基本路線"："社會主義社會是一個相當長的歷史階段。在社會主義這個歷史階段中，還存在著階級、階級矛盾和階級鬥爭，存在著社會主義同資本主義兩條道路的鬥爭，存在著資本主義復辟的危險性。要認識這種鬥爭的長期性和複雜性。要提高警惕。要進行社會主義教育。要正確理解和處理階級矛盾和階級鬥爭問題，正確區別和處理敵我矛盾和人民內部矛盾。不然的話，我們這樣的社會主義國家就會走向反面，就會變質，就會出現復辟。我們從現在起，必須年年講，月月講，天天講，使我們對這個問題有比較清醒的認識，有一條馬克思列寧主義的路線。"

6　"三突出"最早的提法是"三個突出"，見於於會泳 1968 年 5 月 23 日《文化報》文章《讓文藝舞臺永遠成爲宣傳毛澤東思想的陣地》。

7　對"革命樣板戲"的評價一直存在矛盾現象。一些批評者肯定"樣板戲"的藝術創新，但同時又認爲江青竊取了"樣板戲"的成果；一些批評者否定"樣板戲"但又肯定此前的"京劇革命"。其實，二者都忽視了從"京劇革命"到"革命樣板戲"的政治文化背景與相關的文藝思想。

運作方式。“無產階級專政下繼續革命”的理論決定了文學批評以主流意識形態爲思想資源，以“兩個階級、兩條道路、兩條路線的鬥爭”作爲內在的結構，以“革命大批判”的政治鬥爭方式取代學術批評的方式和以“根本任務”論和“三突出”原則、“兩結合”創作方法等作爲永恆而又無需論證的絕對標準。至於深文周納、斷章取義、含沙射影、無限上綱等等則是“大批判”方式的具體特徵。在思維方式上，“文革”文學批評是“破字當頭”，研究方法則是庸俗社會學的氾濫。“文革”文學批評的語彙也是大同小異，“爲工農兵服務”、“塑造無產階級英雄典型形象”、“社會主義道路”、“資本主義道路”、“無產階級”、“資產階級”、“階級鬥爭”等等在各種文學批評文章中隨處可見。在創作與批評兩者之間，文學批評顯然有著不可替代的政治地位與突出作用，它不僅爲創作預設主題，而且裁定創作是否具有合法性。在更大的範圍內，文學批評傳遞著政治資訊，並且常常成爲政治鬥爭的晴雨錶，在政治鬥爭中發揮特殊的作用。這不能不說是“文革”時期一種獨特的文化現象。

　　七十年代初期知識份子作家重新獲得了寫作的機會，但是，知識份子話語、個人話語並沒有獲得合法性。也就是說，知識份子的重新寫作，並不是由他們的“知識份子性”所決定的，而是他們在“同工農兵結合，爲工農兵服務”中被賦予了“階級性”。

　　從 1957 年“反右”擴大化開始到 1976 年“四五”運動爆發，知識份子在整體上始終未能保持獨立的人格和自由的思想與沒有一個可以作爲憑藉的民間社會有很大的關係，失去了這一憑藉的知識份子在農村的改造是真正的放逐與流浪。儘管生活在底層的民眾曾經給予過知識份子中的某些人以道義上的同情或生活上的幫助，使許多知識份子在苦難中得到慰藉，並在重新獲得自

由以後懷著感激的心情回憶、記敘那些感人肺腑的事情或細節，
但是在整體上民眾與知識份子的關係設定在"教育"與"接受再
教育"的框架中。當然，相對於受主流意識形態支配的"中心"
而言，"民間社會"非"主流"非"中心"的種種因素重新調整
了在其中接受改造的知識份子的立場與視角。對一些知識份子作
家來說，這比滋養、扶助更為重要。於是，某些被主流意識形態
遮蔽了的真實的存在，也就由知識份子發現了，這些發現是新時
期一些作家取得成就的不可或缺的準備。

　　在主流文學話語中，"作者"不再是"個人"的概念而是
"階級"的概念，各種寫作小組和"三結合"創作組的出現，是
"文革""重新組織文藝隊伍"的具體化，也表明了"文革文
學"的"作者"是"階級"的代言人，"作者"的人格也即成為
社會的人格和階級的人格[8]。即使"作者"如果是"工人"，也只
有作為"階級的一員"時才有話語權。任犢在《走出"彼得堡"！》
中這樣說："不錯，工人階級是國家的主人，當然也應該成為整
個上層建築的主人，在意識形態領域裏實行全面的無產階級專
政。但這是一種階級的專政，就一個具體的工人來說，只有當他
作為階級的一員出現，堅決執行黨的基本路線的時候，才會在意
識形態領域裏戰鬥得有聲有色。否則，他就有逐步變為階級異己

---

8 筆名的"階級性"也是顯然的，這裏我列出"文革"時北京大學《文化批判》
上的署名：頌青、學青、紅聯、激揚、闖河、一兵、青松、逐浪高、狂飆、
聞而思、雷達兵、紅匕首、迎九大、偵察兵、學門合、五尺槍、全無敵、壁
壘、滅資興無、橘子洲、無限風光、長江橫渡、報春、追窮寇、迎春到、千
鈞棒、紅五月、紅色清道夫、縛蒼龍、換新天、朝暉、一往無前、曾伏虎、
東方紅公社、反修戰鬥團、長纓、等等。這樣的署名，除了表達革命性、階
級性，也說明了個人在寫作中的消失。

分子的可能。"[9]在"文革"期間,大眾話語和主流意識形態話語達到了空前的一致。《紀要》對工農兵創作給予了高度的評價,認爲"近三年來,社會主義文化革命的另一個突出表現,就是工農兵在思想、文藝戰線上的廣泛的群眾運動。從工農兵群眾中,不斷地出現了許多優秀的、善於從實際出發表達毛澤東思想的哲學文章;同時還不斷地出現了許多優秀的、歌頌我國社會主義革命的偉大勝利,歌頌社會主義建設各個戰線上的大躍進,歌頌我們的新英雄人物,歌頌我們偉大的黨,偉大的英明領袖領導的文藝作品,特別是工農兵發表在壁報、黑板報上的大量詩歌,無論內容和形式都劃出了一個完全嶄新的時代"。像黃聲孝、殷光蘭等人的創作以及成爲"陰謀文藝"的"小靳莊詩歌",都受到了高度重視。

各種名目的"寫作組"、"三結合創作組"因其"階級性"和"政治性"具有毋庸置疑的話語權。在談到這個問題時,我們無疑要提到種種"寫作組"。"寫作組"作爲一種重要的文化現象,已經進入研究者的視野,但由於缺少辨析,"寫作組"名下需要區分的一些問題往往被忽略。

"寫作組"的產生是和"文革"重組作家(評論家)隊伍及開展"大批判"聯繫在一起的。《紀要》便提出打破少數文藝批評家的"壟斷":"要提倡革命的戰鬥的群眾性的文藝批評,打破少數所謂'文藝批評家'(即方向錯誤的和軟弱無力的那些批評家)對文藝批評的壟斷,把文藝批評的武器交給廣大工農兵群眾去掌握,使專門批評家和群眾批評家集合起來。""寫作組"的具體說法在開始也不一致,如"工農兵寫作組"、"三結合寫作

---

9 《朝霞》1975 年第 3 期。

組"、"大批判寫作組"。寫作組有從事創作的，也有進行"大批判"的。針對有人對文科大學搞大批判、辦成寫作組提出異議，《紅旗》雜誌發表《文科大學一定要搞革命大批判》。1970 年 1 月 8 日的《解放日報》"思想戰線"專欄發表《文科就是要辦成寫作組》呼應《紅旗》的文章。在這個階段側重講的是"工農兵寫作組"的問題。1973 年，在江青、姚文元授意下，成立了于會泳任組長的文化組創作領導小組辦公室，隨後出現的從事"文藝評論"的"初瀾"、"江天"就是這個辦公室寫作班子（又稱"寫作組"）的筆名。當時比較著名的"寫作組"還有"梁效"、"羅思鼎"等。"文革"後期的"寫作組"則以"知識份子"為主了，由於"寫作組"特殊的政治身份，他們主導著文藝思潮與文藝評論，"寫作組"的"寫作"在本質上是姚文元式的寫作。這類"寫作組"已經成為被直接控制的政治工具，它們在整個文化秩序中具有特殊的權力和作用，由此形成一個"寫作組"系統。在這個系統中又有各種小的、專門化的"寫作組"，所起的政治功能也不一樣，如"石一歌"、"辛文彤"等。

　　而在這些組之外的作者在進入主流文學話語系統的過程中，無論是主動還是被動，差不多只能選擇認同"文革"主流意識形態的創作姿態。

　　浩然的《金光大道》作為"文革文學"主流話語的代表性作品，是在"現實"之中處理農業合作化題材的範式。這裏我們無法對浩然"文革"期間的創作作整體的評價，但具體到《金光大道》對農業合作化題材的處理，仍然可以看出作者是如何參與主流文學話語的創作的。需要注意的是，浩然在不同時期對創作《金光大道》的"感受"是不一樣的。浩然自覺到"感受"的變化："《金光大道》這樣的作品題材，早在 1955 年我就想寫，也曾幾次構思過。但是由於沒有站在馬列主義、毛澤東思想的高度來概括生活、提煉主題、塑造典型，只是就事論事，越寫越覺得題材平淡，英雄人物不高，甚至感到有點像馬後炮的新聞報導，於是都成了廢品。"[10]但他講這話時已經有了他期待的"高度"。他重新理解著"五十年代"："七十年代的矛盾衝突是五十年代矛盾衝突的繼續發展和深入，五十年代英雄們的鬥爭實踐，從本質上講，仍然是我們今天面臨著的鬥爭課題。" "我應當在《金光大道》這樣的作品中體現這些基本思想"。浩然是從"文革"主流意識形態出發來表現五十年代農業合作化運動中"路線鬥爭"的。他站在七十年代的"時代高度"處理五十年代的題材，從而回答"今天面臨著的鬥爭課題"。《金光大道》以階級鬥爭爲焦點展開情節，設計了三條矛盾衝突線索：一條是以高大泉爲代表的貧下中農與地主分子歪嘴子、漏劃富農馮少懷、暗藏的反革命分子范克明的鬥爭，這是敵我矛盾；一條是貧下中農與富裕中農秦富爲代表的資本主義自發勢力的鬥爭，這是人民內部矛盾；第三條是共產黨員高大泉執行的正確路線與村長、黨小組長張金髮貫徹的錯誤路線的鬥爭，這是黨內兩條路線的鬥爭。三條線索以黨內鬥爭爲主，其他兩條爲副線。這樣，不僅在政治、經濟領域，芳草地的方方面面包括家庭生活都被"階級鬥爭" "路線鬥爭"本質化了。《金光大道》一方面承接、發展了《豔陽天》"不十分自覺"的"路線鬥爭"的描寫，另一方面就不得不否定《豔陽天》中某些反映了生活本質的東西。

即使那些曾經有過獨立思考、深刻探索的作家詩人，在思想處於盲從時，也努力把自己的思想、理念和情感融入主流意識形

10浩然：《發揚敢闖的革命精神》，《出版通訊》1975 年第 1 期。

態的框架中，用主流話語寫作，郭小川曾一度就是這樣。他的《萬里長江橫渡》、《長江邊上"五‧七"路》等詩作充分表明他是如何熱切地想進入主流話語的秩序之中的。他對主流話語的反抗則是在他思想覺醒之後，即使《團泊窪的秋天》、《秋歌》也是"矛盾重重"。因此，一個作家是否具有獨立的思想，決定了他與主流話語的關係。臧克家在"文革"後期的詩創作也頗具典型性。寫於 1976 年 5 月 3 日的詩《走在光輝的五‧七大道上 — 五‧七幹校讚歌》，以"文革"主流意識形態為詩歌的情思，確認和禮贊了"五‧七幹校"對知識份子的改造。臧克家"以五‧七戰士的身份發言"，這就確定了詩歌的抒情主人公的形象："路線分明，身心雙健，百煉千錘，千錘百煉，白髮變黑心變紅，老年變青年。"這意味著勞動改造和思想批判在臧克家身上已經奏效。在這樣的情形下，也就無法談什麼知識份子的人格問題了。我們今天意識到這是臧克家這一代知識份子的悲劇，而身在其中的臧克家他們在當時卻認為自己是"一步一步，走上了毛主席的革命路線"。全詩激情洋溢，可以觸摸到臧克家跳動的脈搏，也可以體味到臧克家為自己的創作能夠表現"時代精神"而昂奮的心情。

　　一個在主流話語空間中創作的文本，當它在"深度"和"高度"上達不到主流話語的要求時，"修改"是進入主流話語深層空間的途徑。這種修改在"文革"中是司空見慣的，而且不僅在文學領域。李心田的中篇小說《閃閃的紅星》寫作於 1961－1966 年，1971 年修改後於次年 5 月由人民文學出版社出版。小說的原主題是"閃閃的紅星"如何照耀潘冬子在群眾鬥爭中成長。而由文學劇本到電影則進行了所謂的"再創作"，突出了"路線鬥爭"，影片的主題成為"一曲毛主席革命路線的讚歌，一曲在階級鬥爭、路線鬥爭中茁壯成長的'兒童團'的讚歌"。變化的原因，是"認真學習了革命樣板戲的創作經驗，根據小說所反映的時代的階級鬥爭、路線鬥爭的歷史經驗，結合當前的現實鬥爭的需要，緊緊抓住革命成果的'得而復失，失而復得'，即兩條不同路線產生兩種不同結果的問題進行再創作"。為了突出"路線鬥爭"，小說反映的時間 1934－1949 年在劇本中改為 1931－1937 年。電影的編劇之一王願堅在談改編體會時突出了"如何運用三突出、兩結合方法創作的問題"，並把改編《閃閃的紅星》的過程，看成是"思想改造，世界觀、藝術觀的改造過程"；"回顧這一段，我們等於進了一次學校，學習樣板戲的藝術學校和思想學校。我們組過去程度不同地受文藝黑線影響，特別是我們兩個執筆者，在實踐中，也寫過有傾向性錯誤的東西，給黨帶來損失，經過這場無產階級文化大革命，有所認識，對舊的文藝思想有所洗刷，但我們的創作實踐還不夠，還會有些舊的東西反映到創作中來。因此，在實踐中，有個如何貫徹執行毛主席的革命路線，以及和文藝黑線回潮作鬥爭的問題" [11]（11）。

在"文革"時期開始創作的一批作家，如劉心武、張抗抗、韓少功、陳忠實、賈平凹、朱蘇進、陳建功、李存葆等都在新時期以新的狀態出現。他們最初的寫作也是從複製一種非常態的思想、思維、語言和文體開始的，也就是說這樣一種寫作不是從確立自我而是從扭曲、剝奪自我開始的。我始終認為這種複製對當代文學、當代思想文化和我們這些在今天被稱為知識份子的人們是致命的一擊。

在對劉心武《班主任》的分析中，人們都注意到了由於政治條件的限制，《班主任》留下了歷史轉換時期的局限，劉心武提出

11參見《〈閃閃的紅星〉彩色故事片的編劇、導演、攝影、美工談創作經驗》，《文教資料簡報》總第 28、29 期。

並且試圖回答的問題也有欠深刻、準確的地方。這些意見都不錯。
但是有一個非常重要的問題幾乎在所有的研究中都被忽視了：劉
心武的創作始於“文革”，而謝惠敏也脫胎于劉心武“文革”時
的小說《睜大你的眼睛》；在價值取向上劉心武否定了謝惠敏，而
在《睜大你的眼睛》中劉心武則肯定了謝惠敏式的青少年“孩子
頭”方旗。這個由肯定而否定的過程，也正是劉心武自己精神蛻
變轉化的過程，他在這樣的否定中完成了一次超越，同時也不可
避免地留下了極左思潮影響他自己的痕跡。《睜大你的眼睛》是
“一本對少年兒童進行黨的基本路線教育的文學讀物”，它反映
了北京市一個街道在批林批孔運動中開展社會主義大院活動的故
事：在大院裏，社會主義新生事物和資本主義腐朽勢力展開著激
烈的鬥爭。“孩子頭”方旗依靠黨的領導，帶領全院兒童，機智
地鬥倒了妄圖復辟的資產階級分子，挽救了被腐蝕拉攏的夥伴，
表現出路線鬥爭和階級鬥爭的覺悟。整個故事想告訴人們：必需
睜大警惕的眼睛，加強對資產階級的全面專政。方旗憑什麼當“孩
子頭”？小說告訴我們主要是靠他的路線鬥爭、階級鬥爭覺悟。小
說的敘事人說：方旗把小夥伴召集到後院，“他是組織我們一夥
孩子，用我們喜聞樂見的形式，搞批林批孔，學習儒法鬥爭的歷
史經驗”。所謂“喜聞樂見的形式”就是開幻燈晚會。就在準備
放映時，方旗他們發現放在盒子裏的幻燈片已經被水潑潮了，方
旗說：“究竟誰潑的水？為什麼要潑水？還得做很多調查研究工作
才能弄清楚。”方旗繃緊了階級鬥爭這根弦，大院裏的“階級鬥
爭”由此展開。經過激烈的鬥爭，方旗終於發現是資本家鄭傳善
所為，並且識破了鄭傳善拉攏腐蝕新一代的陰謀。在鬥爭會上，
方旗說：“我明白啦！對我們這一輩人來說，不光要防被老資產階
級分子變成受剝削的奴隸，也得防老資產階級分子變成新工賊、

新資產階級分子啊!"小說的結尾這樣寫道:"得,方旗又在胡同裏吹口哨,招呼我們'兒童團'去緊急集合哩!准是又有新的情況,需要我們加倍睜大警惕的眼睛;准是又有新的任務,等待我們去英勇地衝鋒陷陣!多美呀,咱們每天的生活:爲了實現對資產階級的全面專政,戰鬥連著戰鬥!"顯然,謝惠敏就是方旗和他的小夥伴中的一個。研究劉心武的《班主任》,必須關注他筆下的兩個孩子:謝惠敏與方旗。但是到目前的研究都疏忽了《睜大你的眼睛》與《班主任》之間的聯繫。

　　和劉心武一樣,一些作家"文革"與"新時期"的創作判若兩人。表現"無產階級與走資派的鬥爭",是"反擊右傾翻案風"後文藝創作的"重要課題"。當時的主流文藝評論對陳忠實的《無畏》給予了很高的評價,認爲短篇小說《無畏》與《嚴峻的日子》、《初春的早晨》、《金鐘長鳴》、《金光大道》、《春潮急》、《飛雪迎春》等作品,"比較深刻地反映和描寫了無產階級與黨內走資派的矛盾鬥爭,爲文藝作品如何反映這一重大題材,提供了許多值得重視的創作經驗"。就《無畏》而言,值得"重視的創作經驗"是:"作品通過公社黨委書記、新幹部杜樂和縣委書記劉民中之間的路線鬥爭,著重從政治路線上來揭露不肯改悔的走資派劉民中搞修正主義的本質,並在一定程度上反映了無產階級同鄧小平的鬥爭的實質和嚴重意義。""這篇小說的故事雖然發生在復辟的逆流狂獗一時的環境中,但是作者並沒有去渲染復辟勢力的聲勢,而是運用革命樣板戲的創作經驗,堅持以正壓邪,努力突出描寫和走資派作堅決鬥爭、和右傾翻案風對著幹的無產階級英雄形象。""這篇小說雖然篇幅不長,但卻注意寫出英雄人物的階級基礎,並在短篇小說容量許可的情況下,努力用其他正面人物來映襯、烘托主要英雄人物。"由此,主流文藝評論認爲,這又

一次說明用短篇小說來迅速反映當前的現實政治鬥爭，發揮它的
革命的有力武器的作用，是大有可爲的[12]。應當說，這些文字對
陳忠實小說《無畏》題旨和主題的解釋是"準確"的。

　　在 1974 年第二期的《湘江文藝》上，韓少功發表了小說《紅
爐上山》。之後，韓少功在《湘江文藝》上是活躍的。在 1975 年
第四期上發表短篇小說《稻草問題》，第五期上發表短論《從三次
排位看宋江投降主義的組織路線》；在 1976 年第二期上發表與劉
勇合作的《斥"雷同化的根源"》，第四期上發表短篇小說《對臺
戲》。韓少功這時的身份是"汨羅縣知識青年"。《對臺戲》的創
作與韓少功曾經"爲文藝宣傳隊編點什麼坐唱劇、對口詞、三句
半等等"的經歷有關。唱"對臺戲"的兩個人是：新黨員、務農
八年、無文藝特長的文化站輔導員石長柱和縣工作隊副隊長陳殿
義。陳爲了雙搶抓生產要求把宣傳隊的鑼鼓櫃子鎖起來；石長柱
們則要學小靳莊以宣傳促生產，並認爲陳這樣做是生產關係上的
演變倒退。陳因此成爲"走資派"，而石長柱們是在臺上高唱著
"無產階級文化大革命就是好！"在汨羅江邊的天井鄉，韓少功生
活了整整六個春秋，這六個春秋對韓少功後來創作的影響是深遠
的，沒有這段生活可能就沒有《爸爸爸》與《馬橋詞典》。

　　這樣就帶來另外一個問題："文革文學"是如何歷史性地轉
折到"新時期文學"的[13]？

（《當代作家評論》2001 年第 4 期）

12　參見南京師範學院《文教資料簡報》1976 年 5、6 期根據報刊文章寫的綜
　　述《介紹幾部反映同走資派鬥爭的小說》。
13參見拙作《"矛盾重重"的過渡狀態》，《當代作家評論》2000 年第 5 期。

五個 "關鍵字" 的修訂與
當代文藝思潮的演進

　　1976 年 3 月上海人民出版社出版的《文藝評論叢刊》（第一輯），發表了《辭海》文藝理論部分的條目（徵求意見稿）。這些重新修訂的條目，比較具體、完整地反映了 "文革" 主流文藝思想體系。包括這部分文藝理論條目在內的《辭海（修訂稿）》文學分冊於 1979 年 5 月由上海辭書出版社出版，內部發行，供徵求意見用。1979 年正式出版的《辭海》就是在各分冊基礎上形成的。或許《辭海（1979 年版）》已經對 "文革" 時修訂的文藝條目 "撥亂反正"，1989 年版則有更大幅度的修訂；或許研究方法的差異等，就我所見，多少年來對 1976 年發表的這部分文藝理論條目缺少辨析、解讀與比較。就當代文藝思潮的研究來說，這當中存在很大的學術研究空間。

　　1979 年版《辭海》之 "前言" 簡述了 1936 年刊行後《辭海》的修訂出版過程：1962 年《辭海·試行本》出版；1965 年出版《辭海·未定稿》；1972 年再次著手修訂，"但在修訂過程中，'四人幫' 橫加干擾和破壞，妄圖使《辭海》爲他們篡黨奪權的陰謀服務"；1979 年重新修訂的《辭海》出版，"過去所強加於《辭海·

未定稿》的一切污蔑不實之詞，統統被推倒了。"[1] 撇開 1989 年、
1999 年版，我們可以看到，《辭海·未定稿》文藝條目〔以下稱 "文
藝條目（1965）"〕、"文革" 期間修訂的文藝條目〔以下稱 "文
藝條目（1976）"〕、1979 年《辭海（修訂稿）》文學分冊之文藝
條目〔以下簡稱 "文藝條目（1979/修訂稿）"〕和 1979 年版《辭
海》文藝條目〔以下稱 "文藝條目（1979）"〕，形成了一個相對
完整的系統，從一個側面凸現了中國當代文藝思想演變的歷史。
解讀 "文藝條目（1976）"，兼顧 "文藝條目（1965）"、"文
藝條目（1979/修訂稿）" "文藝條目（1979）"，不僅對我們理
解 "文革" 文藝思潮，而且對具體把握當代文藝思潮的演變，都
是有益的。

　　"文革" 主流文藝思想最重要的文獻，是《林彪同志委託江
青同志召開的部隊文藝工作座談會紀要》（以下簡稱《紀要》）。可
以這樣說，《紀要》是 "在上層建築其中包括文化領域中對資產階
級實行全面專政" 思想在文藝政策和文藝思想中的集中反映。《紀
要》在極左意識形態的支配下，重新解釋了 "五四" 以來現代文
藝的歷史，並對文學的一些基本問題提出了看法。

　　以《紀要》的思想為主題，以 "樣板戲" 的創作為實踐依據，
"文革" 主流文藝思想的構成主要有五個方面："黑線專政
論"，"無產階級文學的黨性原則"，"社會主義文藝的根本任
務"，"無產階級的創作原則" 和 "無產階級的藝術方法"。關

---

1 新近出版的李春平先生的《辭海紀事》記述《辭海》歷史，可惜我蟄居小城
　未能見到，在臺北東吳大學講學時，從網上讀到曾彥修、馮英子先生的文章，
　知道是一部不錯的書。我比較關心的是李著是怎樣記載 "文革" 時期《辭海》
　的修訂工作的，特別是文藝條目修訂的過程。這些內容有助於我們理解文藝
　條目修訂的文化語境。

於“黑線專政”，《紀要》提出，文藝界在建國以來“被一條與毛主席思想相對立的反黨反社會主義的黑線專了我們的政，這條黑線就是資產階級的文藝思想、現代修正主義的文藝思想和所謂三十年代文藝的結合。”關於“無產階級文學的黨性原則”，在“文革”中被解釋爲“必須自覺地爲無產階級革命路線服務。”這條“革命路線”是毛澤東在中共八屆十中全會提出，後來經十大再次肯定並明確寫進《中國共產黨章程》的“基本路線”：“社會主義社會是一個相當長的歷史階段。在社會主義這個歷史階段中，還存在著階級、階級矛盾和階級鬥爭，存在著社會主義同資本主義兩條道路的鬥爭，存在著資本主義復辟的危險性。要認識這種鬥爭的長期性和複雜性。要提高警惕。要進行社會主義教育。要正確理解和處理階級矛盾和階級鬥爭問題，要正確區別和處理敵我矛盾和人民內部矛盾。不然的話，我們這樣的社會主義國家，就會走向反面，就會變質，就會出現復辟。我們從現在起，必須年年講，月月講，使我們對這個問題，有比較清醒的認識，有一條馬克思列寧主義的路線。”“根本任務”的提法正式見於《紀要》：“要努力塑造工農兵的英雄人物，這是社會主義文藝的根本任務。”後來通稱爲“根本任務論”。至於怎樣塑造英雄人物，主流文藝思想著重闡述了“樣板戲”的經驗，這就是被稱爲“無產階級創作原則”的“三突出”。“三突出”最早的提法是“三個突出”，見於于會泳 1968 年 5 月 23 日《文匯報》文章《讓文藝舞臺永遠成爲宣傳毛澤東思想的陣地》，“樣板戲”的話語霸權充分體現在“三突出”原則在文藝領域的全面推行中。在對“十七年文藝”思潮的全面破除中，“兩結合”的創作方法不僅沒有被廢棄，而且再次重申是“無產階級的藝術方法”。《紀要》的第九條就是講創作方法問題的，“在創作方法上，要採取革命的現實主義和革命的浪漫主義相結合的方法，不要搞資產階級的批判現實主義和資產階級的浪漫主義。"

　　上述主流文藝思想是"文藝條目（1976）"修訂時的理論依據，並落實在具體的條目釋文中。本文擬選擇"工農兵方向"、"雙百方針"、"文藝遺產"、"創作方法"、"現代主義"和"人道主義"幾個條目作些解讀，從一個側面探討"文革"文藝思潮的特徵並由此透視中國當代文藝思潮演進的某些軌跡。

一、關於"工農兵方向"。

　　"文藝條目（1976）"的釋文是："無產階級文藝的根本方向。1942 年，毛澤東同志在延安文藝座談會上根據革命的需要和文藝的階級實質，運用辯證唯物主義、歷史唯物主義觀點，總結了國內外文藝運動的經驗，特別是無產階級文藝運動的經驗而提出的。它要求文藝爲工農兵服務，爲無產階級政治路線服務；要求革命的文藝工作者在學習馬克思主義和深入工農兵群眾，深入實際鬥爭的過程中，樹立無產階級世界觀，努力塑造工農兵英雄形象，創作爲工農兵所喜聞樂見的文藝作品，向工農兵普及，從工農兵提高，成爲歌頌新的人物，新的世界，批判修正主義和資產階級的有力武器，從而解決了文藝爲工農兵和如何爲工農兵的根本問題。但在無產階級文化大革命以前，文藝界反革命的修正主義路線所控制，基本上不執行黨的方針政策，背離了工農兵方向；通過文化大革命，徹底批判了劉少奇、林彪反革命的修正主義路線，文藝的工農兵方向才在鬥爭中得到認真貫徹。這一根本方向從階級本質上劃清了無產階級文藝與剝削階級文藝，馬克思主義文藝路線與修正主義文藝路線的界限，豐富和發展了馬克思主義的世界觀和文藝理論，爲我國無產階級文藝的繁榮和發展開闢了廣闊天地。"

　　解讀這一條目有兩個問題需要討論： "文革" 前文藝界 "背離了工農兵方向" 的問題；二、 "文革" 中 "工農兵方向" 是如何 "認真貫徹" 的？

　　在 1949 年 7 月召開的第一次全國文代會上，周揚的《新的人民的文藝》指出，毛澤東《在延安文藝座談會上的講話》提出的文藝爲人民服務並首先爲工農兵服務的方向，也就是 "新中國的文藝方向"， "解放區文藝工作者自覺地堅決地實踐了這個方向，並以自己的全部經驗證明了這個方向的全面正確"， "深信除此之外，再沒有第二個方向了"。郭沫若在講話中也指出， "我們從各方面，尤其從解放區，證明了與人民群衆結合的群衆路線是唯一正確的文藝方針"。大會《決議》確定把毛澤東提出的文藝爲人民服務並首先爲工農兵服務的發現，作爲新中國人民文藝的基本方針。

　　事實上，新中國的文藝工作者是努力實踐這一方向的；但是，既然存在什麼 "黑線專政"，實踐這一方向的努力與成就必然遭到否定。 "文革" 期間，文藝工作者的檢討其核心問題之一就是是否爲工農兵服務。郭沫若在 1966 年 4 月 14 日人大常委會的發言便稱， "毛主席《在延安文藝座談會上的講話》發表以來，已經二十幾年了，我讀過多少遍，有的時候也能拿到口頭上來講，要爲工農兵服務啦，要向工農兵學習啦，但是，只是停留在口頭上。" "今天不是我們在爲工農兵服務，而是工農兵在爲我們服務了。"郭沫若因此感到 "慚愧得很"。這樣的心態在當時的文藝工作者中具有相當的普遍性。

　　"工農兵方向" 釋文中所謂 "文藝界反革命的修正主義路

線"，主要是指周揚等把"全民文藝"論"強加給全黨"。姚文元在《評反革命兩面派周揚》中批判周揚"大力推銷現代修正主義的黑貨，提出了'全民文藝'的修正主義口號"。這一批判是針對周揚"定調"的 1962 年《人民日報》的一篇社論《爲最廣大的人民群眾服務》，這篇社論是《在延安文藝座談會上的講話》發表二十周年。社論提出，"人民民主統一戰線內的以工農兵爲主體的全體人民都應當是我們的文藝服務的物件和工作的物件。"這一論點後來被稱爲"全民文藝"論。姚文元認爲，這篇社論"中心就是要赫魯雪夫的'全民文藝'來代替無產階級文藝，用爲'全體人民'服務來篡改爲工農兵服務的毛澤東文藝方向。""'全民文藝'是周揚一貫的修正主義思想。他多次提出過'全民的文學''全民的文化'這類修正主義口號。到了蘇共'二十二大'之後，他覺得有了洋主子作靠山，又有反革命修正主義集團頭子的批准，，就乾脆把這個口號變成一篇反黨反社會主義的綱領，用《人民日報》社論的形式，強加給全黨。"[2]"文藝條目（1976）"之"'全民文藝'論"就是根據姚文元的批判文章寫成的。

作爲"無產階級文化大革命"重要組成部分的、以"革命樣板戲"爲主要標誌的京劇革命運動，因爲"塑造工農兵光輝的英雄形象"，被認爲堅持了文藝爲工農兵服務的方向，"開闢了無產階級文藝革命的新紀元"。初瀾在回顧京劇革命十年時著文指出："十年前，劉少奇和周揚一夥推行的修正主義文藝路線專了我們的政"，"這是多麼反常的現象：政治上被打倒了的地主資產階級在文藝上卻依然耀武揚威，而做了國家主人的工農兵在文

---

2 姚文元：《評反革命兩面派周揚》，《紅旗》雜誌 1967 年第 1 期。

藝上卻照舊沒有地位"。"十年後的今天，已從根本上改變了上述狀況"。京劇革命"使工農兵成為舞臺的主人，把千百年來被地主資產階級顛倒了的歷史再顛倒過來，恢復歷史的本來面目"。初瀾還提出，"只有塑造好無產階級英雄典型，才能實現無產階級在文藝領域裏對資產階級的專政。堅持這一根本任務，就是堅持文藝為工農兵服務的根本方向。這是任何時候都不可動搖的原則問題。"[3]初瀾這篇文章承接了 1964 年江青在京劇現代戲觀摩演出人員座談會上的講話《談京劇革命》，是對 "革命樣板戲" 的意識形態意義的 "經典" 闡述。

主流文藝思想對所謂 "修正主義文藝路線" 的批判、對 "革命樣板戲" 的宣導，恰恰委曲了 "工農兵方向" 的要義。早在第一次全國文代會上，周恩來就曾對全面、正確理解工農兵文藝方向作過精闢的論述："我們主張文藝為工農兵服務，當然不是說文藝作品只能寫工農兵。比方寫工人在未解放以前的情況，就要寫到官僚資本家的壓迫；……所以我不是說我們不要熟悉社會上別的階級，不要寫別的階級的人物，但是主要的力量應該放在哪里，必須弄清楚，不然就不可能反映出這個偉大的時代，不可能反映出創造這個偉大時代的偉大的勞動人民。"[4]

"文藝條目（1979/修訂稿）" 關於 "工農兵方向" 的釋文，作了大幅度的刪改、修正。（1）取消了 "無產階級文藝的根本方向" 一說，改為 "革命文藝工作的方向"，"發展和繁榮社會主義文藝的方向"。（2）"工農兵方向" 提出的歷史依據表述為："根據新民主主義革命時期群眾的需要和實際鬥爭的需要，從文藝工作的實際狀況出發而提出"。（3）在強調 "服務"、"表現"

---

[3] 初瀾：《京劇革命十年》，《紅旗》雜誌 1974 年第 4 期。
[4] 周恩來：《在中華全國文學藝術工作者代表大會上的政治報告》。

的同時，提出"要求革命的文藝家吸收由群眾中來的養料，並幫助和指導群眾業餘文藝創作，將文藝的普及工作和提高工作辨證地統一起來。"這樣的修改，比較完整地闡釋了"工農兵方向"的內涵。（4）刪去了對"十七年文藝"的批判性文字。"文藝條目（1979）"採用了修訂稿的釋文。

比照"文藝條目（1965）"關於"工農兵方向"的釋文，就會發現："文藝條目（1979/修訂稿）"和"文藝條目（1979）"基本採用了"文藝條目（1965）"的文字，只是"根本方向"的措辭有所修訂，其他無大的變化。耐人尋味的是，這重現象不是個別的。吸收 60 年代文藝思想的合理部分是無可厚非的，但在 70 年代末、80 年代初，"撥亂反正"常常意味著回到"十七年"，清理極左文藝思潮的影響也就成了一個"長期而艱巨"的任務。我曾經提出文學由"文革"到"新時期"的過渡問題，這個問題長期被模糊了，其中的許多環節仍然需要探討和清理。

二、關於"百花齊放、百家爭鳴"。

"文藝條目（1976）"的釋文是："簡稱'雙百方針'。發展、繁榮我國社會主義文化、藝術、科學事業的根本方針。1956年，毛澤東同志科學地總結了我國和國際共產主義運動的歷史經驗，根據馬克思主義的對立統一規律，根據意識形態領域鬥爭的特點，根據我國生產資料所有制方面的社會主義改造基本完成後，仍然存在著階級、階級矛盾和階級鬥爭的具體情況，和迅速發展經濟與文化的迫切要求而提出的。'百花齊放是一種發展藝術的方法，百家爭鳴是一種發展科學的方法'。這一方針主張在堅持共產黨的領導，堅持社會主義道路的前提下，藝術上不同的

形式和風格可以自由發展，科學上不同的學派可以自由爭論；藝
術和科學中的是非問題，應當通過自由討論和實踐去解決，而不
應當採取簡單的方法去解決。這一方針具有鮮明的無產階級性，
它有利於馬克思主義思想在同各種非馬克思主義思想和反馬克思
主義思想的鬥爭中得到發展；有利於加強和鞏固馬克思主義在科
學、文化、藝術領域中的領導地位；有利於提高人民群眾識別 '香
花' 和 '毒草' 的能力；有利於推動科學、文化、文藝工作者樹
立馬克思主義世界觀，充分發揮他們為社會主義服務的積極性和
創造性，使社會主義文化、藝術、科學事業得到發展和繁榮，從
而實現無產階級在上層建築其中包括各個文化領域這對資產階級
的全面專政。"

　　這一釋文與 "文藝條目（1965）" 大同小異。其中的變化有：
1965 年的釋文指這一方針 "是無產階級極端堅定的階級政
策"，1976 年的釋文改為 "這一方針具有鮮明的無產階級性"；
1976 年的釋文刪去了 1965 年釋文中的 "有利於無產階級在政治
上和思想上戰勝資產階級"；1976 年的釋文刪去了 1965 年釋文
中 "識別 '香花' 和 '毒草' 的能力" 後面的一句： "從而達到
放社會主義的百花，鋤反社會主義的毒草"。儘管有些差異，但
"百花" 與 "百家" 實際上只剩下兩朵與兩家，即 "無產階級"
與 "資產階級"；而在 "文革" 中則是 "一枝獨秀" 了。在黨的
指導思想不斷左傾的情勢下，60 年代初、70 年代中期雖然仍然提
及甚至被強調，但並沒有認真落實，一段時間內文化專制主義摧
殘著當代中國的科學、文化和藝術事業。1976 年的釋文，雖然還
提自由發展、自由爭論，反對採取簡單自由的方法去解決學術問
題，但落實 "雙百方針" 的出發點與目的變成了 "實現無產階級
在上層建築其中包括各個文化領域這對資產階級的全面專政"，

在"文革"主流意識形態的框架中談"雙百方針"何來齊放與爭鳴？因此，無論是"文藝條目（1979/修訂稿）"還是"文藝條目（1979）"中關於"雙百方針"的釋文，都自然刪除了"從而實現無產階級在上層建築其中包括各個文化領域這對資產階級的全面專政"一句。這意味著一段歷史的結束。

三、關於"文學遺產"。

"文藝條目（1976）"的釋文是："本國和外國歷史上遺留下來的豐富的文學作品和文學評論著作的總稱。中國文學有悠久的歷史，豐富的遺產和優良的傳統。清理古代文學的發展過程，剔除其糟粕，吸收其精華，是發展民族新文學和提高民族自信心的必要條件。無產階級對待文學遺產必須以馬克思主義的立場、觀點和方法給以科學的總結，'首先必須檢查它們對待人民的態度如何，在歷史上有無進步意義，而分別採取不同態度。'（毛澤東《在延安文藝座談會上的講話》）批判地繼承，做到'古為今用，洋為中用'和'推陳出新'。反對'全盤繼承'和'全盤否定'的兩種錯誤傾向。"

在解讀這一條目時，可以參閱"文學傳統"的釋文："各個民族的文學在長期歷史發展過程中逐漸形成的，具有本民族特色的藝術觀點、藝術方法、藝術形式、藝術風格的總和。無產階級對待過去的優秀文學傳統採取批判繼承的方針，對無產階級的革命的文學傳統則要發揚光大。"突出"無產階級"在"文革"的語境中，不僅是一種政治立場，而且也是一種修辭。

就字面看"文學遺產"這個條目的釋文大致不錯。關於"文學遺產"本身的解釋與"文藝條目（1965）"稍有變化，刪去了

"是人類文化的寶藏之一"一語。刪去此句,顯然是爲了突出"文學遺產"的"階級性",因爲"人類文化"的表述"抹殺"了"階級性"。這樣一種自外于"人類文化"的態度,在本質上是文化專制主義的另外一種表現形式。　"文藝條目(1979)"恢復了被刪的這一句,對待"文學遺產"的態度,不再用"毛主席語錄"來釋文,而是表述爲:"運用歷史唯物主義觀點、階級分析的方法,批判地繼承、借鑒本國和外國的優秀文學遺產,取其精華,去其糟粕,是豐富人民文化生活,發展社會主義文學的必要條件。"既然是"取其精華,去其糟粕",也就反對了"全盤繼承"和"全盤否定"的傾向。

與前此一些工具書上的解釋相比,"文藝條目(1976)"之"文學遺產"的"左"的色彩已明顯減褪,一些不實之詞也有刪除。1972年的《文藝名詞解釋》之"文藝遺產"條目云:"在對待文藝遺產的問題上,始終存在著兩條路線的激烈鬥爭。毛主席的革命路線,是主張'古爲今用,洋爲中用'、'百花齊放,推陳出新',有批判地繼承和借鑒中外文藝遺產,用以發展社會主義的民族新文化,提高民族自信心。劉少奇一類騙子,卻打著'搶救遺產'、'挖掘傳統'、'交流文化'的幌子,頌揚封、資、修文藝,推行厚古薄今、崇洋非中、兼收並蓄的右傾機會主義的方針。有時,又採取虛無主義態度,對文藝遺產不加分析地'全盤否定'。手法儘管不同,目的都在於反對毛主席的革命文藝路線,爲復辟資本主義大造反革命輿論。"

一方面主流文藝思想否定"全盤繼承"、"全盤否定"的傾向,甚至批判劉少奇等一類政治騙子"利用遺產問題進行倡狂的復辟活動,妄圖推翻無產階級專政,奪回資產階級失去的'天堂'";另一方面,"四人幫",以"革命"、"徹底決裂"的態度和方式對待文化遺產。不爭的事實是，"文革"的災難之一就是文化虛無主義的氾濫。因此，前者只是一個幌子，用"文革"話語表達就是"打著紅旗反紅旗"。既然認爲"從國際歌到樣板戲是一片空白"，又如何做到批判地繼承文學遺產？

《紀要》發表前，毛澤東修改了 11 處，其中：在"要破除對所謂三十年代文藝的迷信"後面，加了"三十年代也有好的，那就是以魯迅爲首的戰鬥的左翼文藝運動"一句；在"要破除對中外古典文學的迷信"後面，加了"古人、外國人的東西也要研究，拒絕研究是錯誤的，但用用批判的眼光研究，做到古爲今用，外爲中用。"這個修改，對我們認識主流文藝思想的本質特徵頗有啓發。

四、關於"創作方法"

"文藝條目（1976）"的釋文是："又稱'藝術方法'。指作家、藝術家在一定世界觀指導下認識、概括、表現生活，塑造形象所遵循的基本原則。如現實主義、浪漫主義、自然主義等等。創作方法具有鮮明的階級性，不同階級、不同政治傾向的作家、藝術家採取不同的創作方法。由於作家、藝術家採取的創作方法不同，在他們反映生活，塑造形象等方面，就會具有不同的特點。在我國，進入社會主義革命和建設時期，無產階級提倡革命現實主義和革命浪漫主義相結合的創作方法。"

此條目的釋文與"文藝條目（1965）"往後比退了一大步，顯示了文藝思潮在六十年代開始不斷左傾的過程。"文藝條目（1965）"關於"創作方法"的釋文是："又稱'藝術方法'。指作家、藝術家創作時所遵循的反映現實和表現現實的基本原則和方法。在藝術創作過程中，作家、藝術家根據他對現實生活的觀點和認識，憑藉他所接受的藝術傳統和個人的藝術修養，採取一定的創作方法，進行藝術形象的塑造。由於作家、藝術家採取不同的創作方法，在他們反映現實、塑造形象等方面，都有不同的特點。作家、藝術家採取哪一種創作方法，一方面受作者的世界觀所制約，另一方面又受到他的生活實踐和藝術修養的重大影響。但先進的創作方法，在一定條件下也可能促進作者加強生活實踐，從而提高對現實生活的理解能力和表現能力。" 這一解釋重視了 "藝術傳統" 和 "個人的藝術修養" 對作家、藝術家選擇創作方法的影響，而 "文藝條目（1976）" 刪除了這一重要內容，突出了創作方法的 "階級性" 以及 "兩結合" 創作方法的重要性。這在主流文藝思想以及六、七十年代文藝理論教科書中是一貫的。主流文藝思想認為，歷史上的創作方法，最基本的有現實主義和浪漫主義兩種，這兩種創作方法在歷史上都起過進步作用；與之相對立的是自然主義和消極浪漫主義以及其他形形色色的反動的創作方法。[5] 這些 "反動" 的創作方法包括 "新古典主義" 等。"文藝條目（1976）" 對 "新古典主義"、"感傷主義"、"頹廢主義"、"象徵主義"、"唯美主義"、"印象主義"、"神秘主義"、"立方主義"、"構成主義"（結構主義）、"表現主義"、"未來主義"、"達達主義"、"超現實主義" 等都作了徹底否定。

從 50 年代末開始，革命現實主義和革命浪漫主義相結合的創作方法被大力提倡，"大躍進" 民歌、"革命樣板戲" 都被看成是實踐這一方法所取得的成果。主流文藝思想認為，這一方法，

---

5 參見四川師範學院中文系編《文藝名詞解釋》，1973 年 3 月。

"是無產階級的最好的,是文藝史上的一次偉大革命,它爲無產階級革命文藝的蓬勃發展,開拓了無限廣闊的道路。"[6] "文藝條目(1976)"將"兩結合"方法定性爲"無產階級文藝創作的根本方法"。"文藝條目(1979/修訂稿)"釋文不用"根本方法"說,改爲"兩結合"的創作方法是"社會主義文學藝術的藝術方法",但同時指出,"提倡這種藝術方法,並不將它當作唯一的藝術方法來要求所有的文學藝術家。"關於"革命現實主義和革命浪漫主義相結合"的意義,作了這樣的解釋:"這一藝術方法的提倡,既有利於反映今天的時代,又有利於表現過去的歷史;既有利於全面地吸取文藝遺產中的傳統,又有利於發揮文藝家的獨創性;4 有利於推動文藝家以社會主義和共產主義思想教育人民,又有利於促進文藝作品題材、形式、風格的多樣化。"這一修訂儘管是不徹底的,但已經在很大程度上消除了極左文藝思潮的痕跡。

"文藝條目(1979/修訂稿)"以及緊隨其後的"文藝條目(1979)"對"創作方法"、"革命現實主義和革命浪漫主義相結合"的釋文,都是原封不動地採用了"文藝條目(1965)"部分。

五、關於"現代主義"

"文藝條目(1976)"的釋文是:"帝國主義時期資產階級文學藝術各種頹廢主義、形式主義的流派與傾向(立方主義、未來主義、達達主義、超現實主義、抽象主義等)的總稱。其哲學

---

6 參見武漢大學中文系編《馬克思主義文藝理論》,1974 年 8 月。

基礎是極端反動的唯我論，其特點是：歪曲現實，破壞文藝固有的形式，否定藝術創作的基本規律，宣揚世界主義和各種反動思想。"

　　這個條目的內容與 "文藝條目（1965）" 大致相同，增加了 "其哲學基礎是極端反動的唯我論" 一句，關於特點的表述略有改動。這表明了 "文革" 主流文藝思想和 "文革前十七年" 在某些方面的連續性。該條目的釋文無疑罔顧現代主義的雙重性質、社會文化背景和主要流派的基本特徵，反映出政治上的偏見和和對現代主義藝術的隔膜，對 "革命現實主義" 之外各種思潮的敵對情緒在 "文革" 時達到高潮。顧及新時期初圍繞 "現代派" 的爭論以及尚有學者習慣于對介紹、贊成和接受 "現代主義" 者進行政治定性的現象，我們不難理解 "文革" 對待 "現代主義" 的局限。"文藝條目（1979/修訂稿）" 用 "十九世紀下半葉" 代替 "帝國主義時期"，對 "現代主義" 特點的表述，以 "現實主義" 作爲參照，改爲 "其特點是違反傳統的現實主義方法，標新立異，宣揚革新，但總不免流於破壞文藝固有的形式，否定藝術創作的基本規律。" "文藝條目（1979）" 之 "現代主義" 的解釋依然沿襲著上述兩個版本的局限，未作大的改動，只是刪除了 "哲學基礎" 一語。這樣的修改在整體上反映了 70 年代末期中國學界對 "現代主義" 的認識水準。以現實主義作爲參照來論述現代主義，顯示了 "現實主義" 在中國當代的主流或主潮地位。這樣一種文藝觀，還表現在中國現當代文學史的編寫中，即在很長一段時間內排斥或貶低現實主義文學之外的思潮、流派與作家作品。在八十年代開始的對現代派文學的匆匆忙忙的補課，改變了八九十年代中國文學的格局。

　　其實，在西方對 "現代主義" 的認識也充滿歧見與困惑。《現代主義》的主編馬·佈雷德伯裹、詹·麥克法蘭在該書的序中就曾坦率而透闢地指出：“倘若以爲人們能夠把什麼現代主義的遺跡開掘出來，隨後泰然自若地 它進行考察，猶如考察一座全部開掘出來的、現已整齊地覆蓋著草皮、築起小路、並確有把握地貼上路標的古代遺跡，那就誤解了現代主義這一現象的本質。誠然，過去二三十年裹，好象偉大的二十世紀現代主義文學運動業已告終，成爲歷史，我們似乎進入了一種不同的美學氛圍，一個新的歷史環境。但是，不管怎麼說，我們都發現自己經常地想到，就許多特點而言，現代主義仍然是我們的文學，仍然具有驚人的、攪擾人心的新奇性，仍然是有爭議的，是很難迴避、又很難談論的。”[7]八十年代在中國圍繞現代派問題引起的爭論也就不足爲奇了。

我們當然生活在另外一種“美學氛圍”裹，解讀現代主義文學的語境差異是明顯的，但對現代主義認識的大相徑庭很大程度上與認識的出發點相關。在談到“黑線專政”時，《紀要》寫道：“在這股資產階級、現代修正主義文藝思想的逆流的影響或控制下，十幾年來，真正歌頌工農兵的英雄人物爲工農兵服務的好的或基本好的作品也有，但是不多；不少是中間的作品；還有一批是反黨反社會主義的毒草。我們一定要根據黨中央的指示，堅決進行一場文化戰線上的社會主義大革命，徹底搞掉這條黑線。”《紀要》把“資產階級、現代修正主義文藝思想”作爲“毒草”作品產生的“因”和“黑線”的組成部分。《紀要》還告誡文藝工作者“不要搞資產階級的批判現實主義和資產階級的浪漫主義。”江青在她的一次講話中，則說：“資本主義已經有幾百年

---

7 參見胡家巒等譯《現代主義》，上海外語教育出版社 1992 年 6 月第 1 版。

了，他們的所謂 '經典' 作品也不過那麼一點。他們一些是模仿所謂的 '經典' 著作，死板了，不能吸引人了，因此完全衰落了；另一些則是大量氾濫，毒害麻痹人民的阿飛舞，爵士樂，脫衣舞，印象派，象徵派，抽象派，野獸派，現代派，等等，名堂多了。一句話，腐朽下流，毒害和麻痹人民。" [8]即使在這樣的語境中，具有現代派藝術特點的新潮詩歌仍然在 "地下" 滋生和成長。

現在，我們可以明白八十年代中期以後人們對中國現代派文學的憂喜與驚嘆。

（《常熟理工学院学报》2000 年第 3 期）

---

8 江青：《在文藝界大會上的講話》，《江青講話選編》，人民出版社 1968 年 8 月版。

天才何以"未完成"

近來先後讀到《儲安平文集》、《路翎晚年作品集》和林洙著《困惑的大匠‧梁思成》等書,心裏多了幾分沉重。林著有一節的標題是"被抽掉靈魂的人",在閱讀中我甚至覺得"被抽掉靈魂的人"是梁思成們這一代知識份子的寫照。梁思成是"困惑的大匠",路翎呢,則是"未完成的天才" —— 有一本研究路翎的書叫做《路翎:未完成的天才》。這些具體的感受,明晰了我在知識份子研究中的一個想法:20 世紀對中國來說也許是個未完成的世紀。在這個世紀即將結束時,我愈來愈體味到一種"未完成"的痛苦。

路翎在他 18 歲時就開始寫作長篇小說《財主底兒子們》(《財主底兒女們》的原名),1948 年《財主底兒女們》上下部出齊時也才 24 歲,按照這些年評論作家的標準,稱路翎為"天才"是不過分的。1955 年路翎因"胡風反革命集團案"牽連被逮捕時 33 歲。路翎此後的遭遇現在已為人熟知。我從未留意過路翎的什麼照片,讀李輝《路翎晚年作品集》所寫的序,路翎的一種神態給我留下了深刻的印象。1984 年 12 月 24 日的《北京晚報》發表有路翎的散文《天亮前的掃地》,並配有"讀出了路翎文章背後所隱含的悲哀"的丁聰作路翎肖像。由李輝對肖像的描述,我感到這就是路翎:"他眉頭緊鎖,嘴巴緊抿,滿臉悲憤與疑惑。"這樣的路翎，帶著傷痕的路翎渴望著飛翔。他的女兒對他的印象是：
"從團結湖到虎坊路，父親總愛長久地站在陽臺上思索眺望，直
至病故的前一天，94年農曆大年初二清晨，他還曾推窗佇立，一
任思緒飛舞，溶入漫天一片潔白。"在經歷了身心雙重創傷，在
精神分裂的陰影仍然不時籠罩著他時，這飛翔的嚮往是一種怎樣
的蒼涼、悲壯的美麗。我沒有認真研究過路翎晚年的詩作，李輝
在序中說他在路翎的詩中"彷彿觸摸到了路翎飛翔的靈魂"，《路
翎晚年作品集》的"編集說明"說：詩作"標誌著路翎晚年創作
的最高成就，路翎一生中雖每每被人形容為'詩人'，但惟在其
生命的此一階段，他才變成了一位名至實歸的詩人，今後各種辭
典和文學史論著在述及路翎時，恐怕都得在小說家、劇作家頭銜
之外，再為他添一個詩人頭銜吧"。

　　我當然欽佩路翎晚年詩歌創作的成就，但我覺得對文學史或
思想文化史來說路翎的意義可能不在詩歌的成就，而在於他這樣
一個"天才"是怎樣被"改造"掉的，"改造"的結果是真正意
義上的"飛翔"被折斷了翅膀。據介紹，路翎晚年未刊小說有《江
南春雨》、《野鴨窪》、《袁秀英姊妹》、《橫笛街糧店》、《米老鼠手
帕》、《吳俊英》、《陳勤英夫人》、《表》、《鄉歸》、《早年的歡樂》、
《英雄時代和英雄時代的誕生》等11部，字數達500萬字。這是
個驚人的數字。由這些小說的介紹文字看，大致上可以歸入現實
主義文學主潮之中。現在無緣讀到這些作品當然也就無法作評
價。但兩位研究者的敘述不能不引起我們的注意。李輝《路翎晚
年作品集》序寫道："他寫得最多最快的是小說。短短時間裏，
一篇篇小說，包括中篇和長篇，相繼創作出來。可是，我偶爾翻
閱它們，產生不出興奮和欣喜。我不能不承認這一殘酷現實：那
個當年才華橫溢創作《財主底兒女們》的路翎已經不復存在。很

明顯，他的思維、心理狀況，已不允許他構架小說特別是長篇小說這一形式。同時，他的語言方式，也難以擺脫年復一年經歷過的檢討、交代的陰影，大而無當或者人云亦云的辭彙，蠶食著他的思維，蠶食著他的想像力。”當思維、語言、想像力被改造到這樣一個程度時，路翎已經不再是路翎。另一個讀過路翎晚年小說的研究者也有相同的感受。朱珩青《路翎：未完成的天才》中寫道：“在經歷過了兩度監禁、兩度精神病之後，他的思想力已經退化，加之近二十年與現實生活的隔絕，他所能依據的就只有監獄的教育：這是一個偉大的時代，偉大的人民進行著偉大的創造。他的‘改造好’了的創作活動，基本上納入了這樣一個標準化、模式化的現成軌道之中了。”“那個絕不趨同，一定要自己去體驗、自己去認識、去與生活搏鬥、重鑄生活的路翎，已經向現成思想、平庸模式屈服了，或者說，‘抄襲’現成模式了。”

天才的路翎終於“未完成”。在當代史上，未完成的天才不只是路翎，也不只是路翎的導師胡風；儲安平、老舍、何其芳、曹禺、穆旦等都是未完成的天才，天才的郭沫若也是未完成的。許多天才式的文化人是以矛盾的、殘缺的甚至分裂的、支離破碎的方式存在著。譬如梁思成，他的心路歷程在“未完成”的知識份子中是有代表性的。文革中，梁思成是清華大學選定的資產階級學術權威的典型。清華大學《堅決貫徹執行對知識份子“再教育”“給出路”的政策》稱：“在清華大學被群眾稱爲資產階級學術權威的，大大小小有一百餘人，其中比較突出的共有 14 人。”“這些人不是特務、叛徒和其他反革命分子，但他們站在反動的立場上，在學術領域內大搞封、資、修和‘三脫離’的一套貨色，是資產階級知識份子統治我們學校的重要支柱。”梁思成被當作影響較大的“反動權威”。這個報告說：“宣傳隊遵照偉大領袖

毛主席 '徹底揭露那批反黨反社會主義的所謂 '學術權威' 的資產階級反動立場，徹底批判學術界、教育界、新聞界、文藝界、出版界的資產階級反動思想，奪取在這些文化領域中的領導權'，選定梁思成、劉仙洲、錢偉長三個典型，發動師生員工以毛澤東思想爲武器，抓住他們的要害問題，緊緊圍繞著兩條路線鬥爭這個綱，集中批判了他們的學術是在什麼路線指導下，爲誰服務和怎樣服務的問題。這樣就打中了要害，充分揭露了他們的他們的資產階級反動立場，肅清他們的流毒，使他們沒有放毒的市場。" 如何 "給出路" 呢？這個報告繼續說："一是在批判中，要注意把他們同一小撮叛徒、特務、反革命區別開來。可以背靠背地批，在面對面批的時候可以讓他們坐在凳子上聽，要重在觸及良靈魂。劉仙洲說："雖然讓我坐著，卻如坐針氈。' 二是批了之後，不再讓他們在校、系等各級領導崗位上當權了，但教授的頭銜可以保留；身體好、能做點事情的（如錢偉長）要用，他那一套體系必須砸爛，但在分體上、個別部分上還有用，應有所取。年紀太大，用處不大的（如梁思成、劉仙洲），也要養起來，留著作反面教員。對他們的生活不要太苛刻。對準備用的人，要多給他們創造鍛煉改造的條件"。 "宣傳隊對資產階級學術權威 '批' 字當頭、給予出路的處理，不僅使梁思成、劉仙洲、錢偉長受到了很大教育，表示要在晚年多爲社會主義出把力，也使其他老教授看到了自己的出路。他們感到有了奔頭，也活躍起來了，主動清理自己的問題，表示要爭取 '一批、而用'。" 據林洙在《困惑的大匠·梁思成》中說，留做反面教材的梁思成在聽了這個檔的傳達後則陷入了深深的矛盾與痛苦之中。清華大學是 1 月 26 日中共中央轉發的《堅決貫徹執行對知識份子 "再教育" "給出路" 的政策》，從這一天到 2 月 27 日，梁思成的筆記本沒有寫一個字。在人格遭受侮辱後，他以沉默的方式作了回答。這種沉默還是另外一種意義上的"失語"，陷入矛盾與痛苦之中的梁思成此時已經無法思考和弄清他所處的現實和現實中的自我，他處於那種無法掙脱的迷惘之中。1971 年留做"反面教材"的梁思成恢復了中國共產黨黨籍，又成爲"無產階級先鋒隊"中的一員，"這回他徹底糊塗了"。林洙久久思量著：爲什麼過去活躍、詼諧的梁思成，如今談起話來竟變得空洞而乏味？無論如何，運動已經把梁思成置於一個巨大的黑洞之中：一方面儘管他受盡屈辱和折磨，但他始終相信："這次無產階級文化大革命，對鞏固無產階級專政，防止資本主義復辟，建設社會主義，是完全必要的，是非常及時的。"另一方面，梁思成之所以爲梁思成的"建築觀"和"教育思想"卻又被砸得粉碎。"對梁思成來說'建築'是他全部的'生命'。如今他的全部學術思想和研究工作被徹底否定，這使他成了一個被抽掉了靈魂的人！儘管他仍然在和疾病鬥爭著，在他的學術思想中掙扎著，但是過去那個生氣勃勃的梁思成已經不復存在了。"梁思成再也沒有能走出自我批判的死胡同。在梁思成最後的日子裏他最需要的是什麼呢？林洙說："我只能說他最需要的是：什麼是'無產階級教育路線'，什麼是'無產階級建築觀'的答案。然而他沒有找到，他黯然了。失去林徽因的悲哀沒有壓倒他，'大屋頂'的批判沒有壓倒他，而今他真正地悲哀了，他永遠永遠失去了歡樂與笑容。""在他最後也是痛苦的日子裏，他多麼盼望能和他的朋友們、先生們一起討論'教育革命'，一起討論'怎樣在建築領域防止資本主義復辟'。"

　　近年來關於 20 世紀知識份子的研究正在逐漸成爲"顯學"，其中有一些具體的問題常常爲人提及，譬如：我們爲什麼缺少大師、缺少大作家、缺少大思想家？這些問題在本質上是一

個 "天才" "未完成" 的問題。對這個問題的思考不能不注意到知識份子的生存狀態。葉君健在《一個優生學家的哲學》中說 "從反右到 '文化大革命' 偃旗息鼓的整個演進過程中，他（指潘光旦）作爲一個高級知識份子，在內心裏免不了要孕育出一種特異的生存哲學。這種哲學只有在他臨終的前夕才具體地被總結出來，告訴給在他的病床前看他的一位朋友 —— 我就是從他的這位朋友的口中聽到的。它是由四個英文動詞概括出來的。即Submit，Sustain，Survive，Succumb，其中文意思是：順從、承受、倖存、屈服。這四個字都是以 S 這個字母開頭，也可以說是 'S 哲學' 吧。它代表一個特殊歷史時期，也就是極左時期，中國一個高級知識份子對他的處境所作的總結。"

　　爲什麼會產生 "四 S 哲學" 或者說靈魂何以被抽掉？《俄羅斯思想》的作者尼·別爾嘉耶夫《在新世紀的門檻上》提出了 "心理暴力" 的概念："暴力問題很複雜,因爲既有明顯的暴力 —— 這種暴力有物質的表現形式，又有不明顯的暴力。最能引起義憤的是明顯的暴力，即施於肉體的暴力：殺人、刑訊、關入牢房、剝奪行動自由、毆打。但是起更大作用的則是不明顯的暴力，即施于心理的暴力，作爲專政工具的就有蠱惑宣傳、奴役群衆心理、社會催眠術、收買、掌握在政權手中的報刊。人不被當作自由的、有精神的生物--需要幫助他走向自治，而被當作必須馴服與加工的生物。具有國家形式的社會必須通過一系列心理暴力去馴服人格，將其定型成適於自己的目的。在當代，這種事由追求霸權的政黨在幹。從而導致否定人權，否定良知自由、思想自由，否定精神獨立。坐牢和判死刑的人可以依然是個內心自由和獨立的人，他遭受的物質暴力。蒙難者是自由人。但是那種認同用心理暴力馴服並定型自己人格的人，必將淪爲奴才。正是對心理暴力的認同才把人變成奴才，而物質暴力則不要求認同，允許對方保留內心的自由。當暴政槍斃我的時候，我可以絲毫不放棄我精神的自由。宣揚力量崇拜的獨裁者首先就希望對他人實施心理暴力，肉體暴力僅是這種心理暴力的手段罷了。現代極權主義的實質就在於此，它要控制人的靈魂，馴服靈魂。"尼·別爾嘉耶夫所說的"物質暴力"不要求認同並允許對方保留內心的自由，也只是相對於"心理暴力"而言，其實"物質暴力"作爲"心理暴力"的手段或者"物質暴力"會產生"心理暴力"相同效果的這一點是不能忽視的。熟悉當代歷史的人都道，文革時期"物質暴力"曾經使許多人靈魂馴服乃至精神崩潰。所以，我們不能不對張志新烈士表示崇高敬意，張志新可以這樣說："當暴政槍斃我的時候，我可以絲毫不放棄我精神的自由。"

　許多人經受了"物質暴力"與"心理暴力"雙重控制，而對更多的知識份子來說，始終是遭遇著"心理暴力"的鉗制。──所幸，這已經成爲過去。

（《方法》1999 年第 2 期）

"文革文學" 紀事

　　關於 "文革" 及 "文革文學" 的一些集體記憶正在遮蔽我們我們的視野，抵達歷史深處與真實之境的途徑變得越來越狹窄，這種狀況如果愈演愈烈，我們可能會毫不在意地遺棄種種歷史的常識。當歷史正在以各種方式離我們遠去時，我們試圖回到歷史現場並試圖解釋歷史的理念、方法與手段都在經受著考驗，甚至在考驗著我們這一代人能否保持寫作的尊嚴。

　　因此，為了防止觀念的誤置，我想用 "紀事" 的方式敍述一下 "文革文學" 的一些基本史實。其實，對 "文革文學" 的解釋有著巨大的空間，"紀事" 是解釋的手段之一。對 "事件" 的選擇以及敍述角度的形成，與紀事者對 "文革文學" 的整體理解有關。我曾經想把這一部分內容作為本書的附錄，但我最終否定了自己的 "八股" 式的想法。茲舉若干史實如下：

　　1966 年 2 月，林彪委託江青召開部隊文藝工作座談會，炮製了《林彪同志委託江青同志召開的部隊文藝工作座談會紀要》[1]，提出 "文藝黑線專政" 論和一系列極左文藝思想，是 "文革文學" 的 "綱領"。《紀要》定稿前經毛澤東主席修改。4 月 18 日，

---

1 《紀要》經毛澤東三次修改而定稿。1971 年 "9。13" 事件之後，刪除有關林彪的字句，《紀要》變為《江青同志召開的部隊文藝工作座談會紀要》，繼續在文藝界貫徹執行。

《解放軍報》發表《高舉毛澤東思想偉大紅旗，積極參加社會主義文化大革命》的社論，全面公佈《紀要》的觀點和內容，次年5月29日《紀要》公開發表。1979年5月中央正式通知撤銷《紀要》。

1966年4月14日，郭沫若在全國人大常委會上發言："拿今天的標準來講，我以前所寫的東西，嚴格地說，應該全部把它燒掉，沒有一點價值。"以放逐自我批判自我尋求安全感，成為"文革"初期許多知識份子的日常行為。

1966年5月10日姚文元在《文匯報》發表《評"三家村"》一文，吳晗、鄧拓、廖沫沙被打成"反革命集團"並殃及全國。由批《海瑞罷官》到評"三家村"，學術問題的政治化走到了極端，"文革"終於由文藝界打開缺口。5月16日中共中央發出《五·一六通知》，此前，4月16日，中央政治局常委會批評了《二月提綱》。

1966年，"文革"初起時，由老舍、茅盾等討論、老舍執筆給毛澤東寫信，表示積極參加運動，並請求降薪三分之一到一半。8月23日，老舍遭紅衛兵侮辱和毒打。8月24日午夜時分，老舍攜親筆抄寫的毛澤東詩詞一卷，在北京太平湖投湖自盡。

1966年10月31日，首都各界召開紀念魯迅逝世三十周年大會，姚文元講話、陳伯達致閉幕詞。魯迅的精神被剝離而成為按照政治需要附著"文化大革命"理論的空洞。當時的報導稱，文化革命大軍決心"發揚魯迅的大無畏革命造反精神"，"把無產階級文化大革命進行到底"。[2]

1967年姚文元《評反革命兩面派周揚》在《紅旗》雜誌第一

---

2 在這次大會上講話的還有郭沫若、許廣平等人。

期發表。此文稱："當我們回顧解放以來文藝鬥爭的歷史時，可以清楚地看到兩條路線的尖銳鬥爭：一條是毛澤東文藝路線，是紅線，是毛澤東同志親自領導了歷次重大的鬥爭，把文化革命一步步推向前進，作了長時間的準備，直到發動了轟轟烈烈的、向資產階級全面進攻的、億萬人民參加的無產階級文化大革命，一直挖進周揚一夥的老巢。"文章中提到的重大鬥爭有："第一次鬥爭，是一九五一年對電影《武訓傳》的批判。""第二次鬥爭，是一九五四年對俞平伯的《<紅樓夢>研究》和胡適反動思想的批判。""第三次鬥爭，是一九五四年到一九五五年緊接著批判胡適而展開的反對胡風反革命集團的鬥爭。""第四次鬥爭，是一九五七年粉碎資產階級右派倡狂進攻的偉大鬥爭。""一九五八年社會主義建設總路線提出以來的歷史，是我國社會主義革命更加深入發展的歷史。在這個期間，以毛澤東同志為首的黨中央馬克思列寧主義的領導，同黨內的反革命修正主義集團、資產階級反動路線，進行了兩次大鬥爭，即一九五九年的一次，最近的一次在鬥爭中我國社會主義事業取得了空前偉大的勝利。""文革"後，對姚文元所說的這些重大鬥爭的性質、意義我們已經作了完全不同的價值判斷與闡釋，此之謂"撥亂反正"。但無論從什麼角度來理解，有一點是明確的：這些"歷次重大的鬥爭"一步步推動了"文化大革命"。　姚文元在這篇文章還提到了一條事實上不存在的因而在"文革"後被否定了的"黑線"："一條反黨反社會主義的資產階級文藝路線，是黑線。它的總頭目，就是周揚。周揚背後是最近被粉碎的那個陰謀篡黨、篡軍、篡政的反革命集團。胡風，馮雪峰，丁玲，艾青，秦兆陽，林默涵，田漢，夏衍，陽翰笙，齊燕銘，陳荒煤，邵荃麟等等，都是這條黑線之內的人物。"姚文元點名批判的這些對新文學事業作出過程度不等貢獻的人，都在“文革”這遭到了殘酷迫害和無情打擊。
作爲大悲劇的承受者，他們其中的一部分人同時又是“文革前”
文學體制的重要組成部分。

1967 年《紅旗》雜誌第 6 期爲江青《談京劇革命》公開發表
而作的社論《歡呼京劇革命的偉大勝利》說：“京劇革命的勝利，
宣判了反革命修正主義文藝路線的破產，給無產階級新文藝的發
展開拓了一個嶄新的紀元。”這篇社論確立了“文革”十年闡釋
“樣板戲”的基調。紀念《在延安文藝座談會上的講話》發表二
十五周年期間，《智取威虎山》等八個“樣板戲”在首都同時上
演，演出 218 場。5 月 31 日，《人民日報》發表社論《革命文藝
的優秀樣板》，稱八個“樣板戲”“宣告了反革命修正主義文藝黑
線的破產”。由此，“樣板戲”在“文革”中的話語霸權得以形
成。[3]

1967 年一些重要文件和社論的發表，使“文革”文藝思想的
主要構架逐漸形成。5 月 25 日起，《人民日報》連續發表毛澤東
關於文學藝術問題的“五個文件”：《看了〈逼上梁山〉以後寫給
延安平劇院的信》、《應當重視電影〈武訓傳〉的討論》、《關於紅
樓夢研究問題的信》、《關於文學藝術的兩個批示》。《看了〈逼上
梁山〉以後寫給延安平劇院的信》是重新發表，刪去了楊紹萱、
齊燕銘的名字和“郭沫若在歷史話劇方面做了很好的工作，你們
則在舊劇方面做了此種工作”一句話。5 月 29 日，《林彪同志委
託江青同志召開的部隊文藝工作座談會紀要》公開發表。11 月 6
日，兩報一刊編輯部文章《沿著十月革命開闢的道路前進》，第一
次提出“全面專政論”：“無產階級必須在上層建築其中包括各

---

3 八個“樣板戲”是：《紅燈記》、《智取威虎山》、《奇襲白虎團》、《沙家浜》、
《海港》、《紅色娘子軍》、《白毛女》、《龍江頌》等。

個文化領域中對資產階級實行全面的專政。"

　　1967 年 6 月，由"新北大公社文藝批判戰鬥團"編輯的《文藝批判》出版。創刊號除了登載"毛主席文藝語錄"外，載有《發刊詞》、聶元梓《高舉毛澤東文藝思想偉大紅旗奮勇前進》、阮銘《毛主席的無產階級文藝路線勝利萬歲》、新北大中文系文藝批判小組《徹底清算舊北京市委破壞京劇革命的滔天罪行》。參加編輯這本刊物的不少人，後來在新時期仍然從事文學工作。《發刊詞》寫道："在無產階級文化大革命響徹雲霄的凱歌聲中，在向中國赫魯雪夫劉少奇發動總攻擊的進軍號中，在毛主席的《在延安文藝座談會上的講話》發表二十五周年的光輝節日裏，《文藝批判》迎著階級鬥爭的暴風雨誕生了！" "《文藝批判》誕生的崇高的歷史使命就是宣傳、捍衛毛澤東思想。光焰無際的毛澤東思想永遠是她戰鬥的指路明燈。" "《文藝批判》是高舉革命的批判大旗衝鋒陷陣的紅色戰士。它將以戰鬥的姿態，呼嘯著，奔騰著，大喊大叫地投入到洶湧澎湃的無產階級文化大革命的洪流中去。" "反革命修正主義統治我們文藝的現象再也不能繼續下去了！我們再也不能容忍了！今天，是我們殺過去了！我們要刮起十二級革命的大風，把他們攪過 '周天寒徹'，殺它個人仰馬翻！什麼帝王將相，才子佳人，什麼 '名流學者' '專家權威'，都要一齊打倒，統統都在掃蕩之列！在文藝界來個大批判，大掃蕩，剷除這些毒草，蕩滌這些污垢，徹底批判劉鄧文藝黑線，這是《文藝批判》的戰鬥任務。" 1968 年 3 月，《文藝批判》改刊爲《文化批判》，"作爲北京大學文化革命委員會的革命大批判刊物繼續出刊"，編輯者也改爲"北京大學文化革命委員會《文化批判》編輯部"。批判的領域則由"文藝"擴大到"文化"，"《文化批判》要堅決高舉毛澤東思想偉大紅旗、以徹底的辯證唯物主義

的革命批判精神對文藝、歷史、哲學及意識形態其他部門中的資
產階級反動思想展開徹底批判。目前仍以文藝批判為主,逐漸擴
及別樣。"《文化批判》常用的"署名"有:頌青、學青、紅聯、
激揚、閻河、一兵、青松、逐浪高、狂飆、聞而思、雷達兵、紅
匕首、迎九大、偵察兵、學門合、五尺槍、全無敵、壁壘、滅資
興無、橘子洲、無限風光、長江橫渡、報春、追窮寇、迎春到、
千鈞棒、紅五月、紅色清道夫、縛蒼龍、換新天、朝暉、一往無
前、曾伏虎、東方紅公社、反修戰鬥團、長纓,等等。

1967 年 9 月 4 日,山西省昔陽縣大寨大隊幹部、貧下中農七
十余人集會,"懷著無比憤怒的心情,對趙樹理的反動小說 — 大
毒草《"鍛煉鍛煉"》,進行了嚴厲的批判!並以大寨日積極走社
會主義道路,熱愛集體,自力更生,戰天鬥地的生動事實,有力
地駁斥了趙樹理惡毒攻擊社會主義,污蔑貧下中農的滔天罪行。"
大寨大隊團支書、太行紅衛兵負責人、鐵姑娘隊隊長郭鳳蓮在發
言這中說:"趙樹理寫的《鍛煉鍛煉》,把我們勞動人民和幹部污
蔑得不值半根黃荬,看了真叫人氣憤極了!""周揚這些壞蛋還
把他吹成 '農民作家',狗屁!他是掛羊頭,賣狗肉。十幾來,
他寫的那些東西,從來不歌頌我們勞動人民,而是專門醜化、污
蔑勞動人民,招搖撞騙,毒害了不知多少人。在這次無產階級文
化大革命中,我們必須把趙樹理這個黑作家揪出來,鬥倒、鬥臭!
徹底砸爛他這塊所謂 '農民作家' 的黑招牌。"[4]。

1968 年 5 月 23 日於會泳在上海《文匯報》發表《讓文藝舞
臺永遠成為宣傳毛澤東思想的陣地》,第一次公開提出"三突出"
原則:"我們根據江青同志的指示精神,歸納為 '三突出',作

---

4 參見《英雄大寨人狠批大毒草〈鍛煉鍛煉〉》,《文化批判》第 6、7 期。

爲塑造人物的重要原則。即：在所有人物中突出正面人物來；在正面人物中突出主要英雄人物來；在主要人物中突出最主要的中心人物來。"以"三突出"原則爲主體的"樣板戲"創作經驗，是"文革文學"。

　　"紅衛兵詩歌"是"文革"初期充分反映了"時代精神"的"最強音"，《寫在火紅的戰旗上 —— 紅衛兵詩選》這本編輯出版於"紅衛兵運動"落潮時的詩集，是"文革"時期"紅衛兵詩歌"的"經典"文本。這本詩選由首都大專院校紅代會《紅衛兵文藝》編輯部編輯，1968 年 12 月出版，印行 30000 冊。詩選分爲"紅太陽頌"、"紅衛兵歌謠"、"在那戰火分飛的日子"、"奪權風暴"、"長城歌"、"獻給工人同志的詩"、"井岡山的道路"、"五洲風雷歌"八輯，共收從 1966 至 1968 年詩作 98 首。詩集中的一些作品，如《放開我，媽媽》、《請松一鬆手》等，曾見於 1967 年 8 月武漢"鋼二司宣傳部"編印的《武漢戰歌》，這也是一本在當時有影響的詩集，該詩集還收入了白樺的詩作《一個解放軍戰士的公開答話》、《孩子，去吧》等。[5]

　　儘管我們不能把郭路生（食指）定位爲"紅衛兵詩人"，但食指寫作於 1967 年末、1968 年初的《魚兒三部曲》（又名《魚群三部曲》），無疑反映了一代"紅衛兵"由狂熱到失落、彷徨再尋找的心路歷程。這是他最早的代表作。郭路生後來回憶說："那是 1967 年末 1968 年初的冰封雪凍之際，有一回我去農大附中途

---

5 有一些詩收入《紅衛兵詩選》時作了刪改，如《請松一鬆手 —— 獻給抗暴鬥爭中英勇犧牲的戰友》，原詩第 4 節是："你親愛的媽媽，一滴眼淚也沒有，她咬著不屈的嘴唇，和我們一起遊行示威，—— 抬著她兒子的屍首，迎著朝霞，走在最前頭……"收入時刪去了"抬著她兒子的屍首"這一句。我在閱讀時，發現這個細微的變化很重要。

經一片農田，旁邊有一條溝不叫溝、河不像河的水流，兩岸已凍了冰，只有中間一條瘦瘦的流水，一下子觸動了我的心靈。因當時紅衛兵運動受挫，大家心情都十分不好，這一景象使我聯想起見不到陽光的冰層之下，魚兒（即我們）是怎樣地生活。於是有了《魚兒三部曲》的第一部。"凍溝中間的水流景象不僅觸動了郭路生的詩心，也喻示了"地下詩歌"和"地下詩群" 在"文革文學"中的狀態，這"流水"是"新詩潮"的源頭。1968 年郭路生的創作幾乎達到了顛峰狀態，寫作了《相信未來》、《煙》、《海洋三部曲》、《這是四點零八分的北京》等近 20 首詩，他的詩在社會上廣為傳抄。成為"新詩潮"源頭的詩人還有北島、黃翔、多多、芒克、依群、根子、舒婷等。

1969 年，黑龍江"柳河五七幹校"的經驗在全國推廣，大批黨政幹部、知識份子下放到各類"五七幹校"。11 月，中國科學院哲學社會科學部包括俞平伯、錢鍾書、何其芳、楊絳等在內的學者來到河南信陽"五七幹校"。文化部所屬的一些作家、詩人也分赴天津團泊窪、湖北向陽湖"五七幹校"，冰心、張天翼、張光年、陳白塵、李季等被派遣到向陽湖"五七幹校"，郭小川、吳祖光、鳳子等被派遣到團泊窪"五七幹校"。 1970 年 3 月，巴金等下放到上海奉賢"文化幹校"

1970 年初，張揚逃亡中在汨羅縣、長沙寫完後來名為《第二次握手》的第四稿《歸來》。這是"文革"時期最有影響的手抄本。傳抄的小說還有《九級浪》、《逃亡》、《波動》等[6]。

---

6 《九級浪》的作者為畢汝協。《逃亡》作者不詳。《波動》作者"艾珊"即趙振開（北島）。小說初稿寫於 1974 年，曾以手抄本形式在讀者中流傳，公開發表前作者作了一些修改。小說最初于 1979 年連載於《今天》4、5、6 期，1980 年 8 月作為《今天》叢書之四出版，《長江》1981 年第 1 期公開發表。

1970 年初，茅盾給一位寄來書稿的陌生讀者回信，這是"文革"以來茅盾寫的第一封信，也是唯一一封"自咎自責"的信。信以當時的流行格式開頭："首先讓我們共同敬祝我們偉大的領袖毛主席萬壽無疆，萬壽無疆！"信中寫道："我雖然年逾七十，過去也寫過些小說，但是我的思想沒有改造好，舊作錯誤極多極嚴重，言之汗顏。我沒有資格給你看稿，或提意見。一個人年紀老了，吸收接受新事物的能力便衰退，最近十年來，我主觀上是努力學習毛澤東思想，但實際上進步極少。我誠懇地接受任何批評，也請你給我批評，幫助我！"[7]

趙樹理被迫害致死。在《講話》後曾經作為"方向"的趙樹理創作在"文革"中被徹底否定。趙樹理一生為農民寫作，有"農民作家"之稱，被譽為寫農村的"鐵筆"、"聖手"。但在"文化大革命的滾滾洪流"把趙樹理"從陰暗的角落裏沖刷出來"，趙樹理成了"利用小說反黨的幹將"，大寫"中間人物"的"能手"，"山藥蛋派"成了"反革命別動隊"。

"1970 年初冬是北京青年精神上的一個早春。"詩人多多在《被埋葬的中國詩人（1972—1978）》中說，"兩本最時髦的書《麥田裏的守望者》、《帶星星的火車票》向北京青年吹來一股新風。"在一個與世隔絕的年代，那些被稱為"黃皮書"、"灰皮書"的"內部讀物"，成了"文革"一代人與世界溝通的思想資源。據研究者稱，包括愛倫堡的《人，歲月，生活》、薩特的《厭惡及其他》、加繆的《局外人》在內的 40 本左右"內部讀物"對"文革"

作品反映了六十年代末、七十年代初一部分中國青年在社會波動下的悲劇性命運，在創作手法上有新的探索。小說公開發表後，曾有批判者著文，認為這篇小說受了存在主義思潮的影響。

7 韋韜、陳小曼：《父親茅盾的晚年》，上海書店出版社 1998 年 7 月第 1 版。

一代人的思想歷程發生了極大的影響。這裏要特別提到上海新聞出版系統"五七幹校"翻譯連。在 40 本左右影響青年知識份子的內部"內部讀物"中,上海新聞出版系統"五七幹校"翻譯連翻譯的書有:伊凡·沙米亞金著《多雪的冬天》(上海人民出版社,1972,12),弗·阿·柯切托夫著《你到底要幹什麼》(上海人民出版社,1972,10),謝苗·巴巴耶夫斯基著《人世間》(上海人民出版社,1972,5),另外還有《落角》、等。[8]負責白皮書統稿的草嬰說:"我們當的是翻譯機器,他們要的是我們的翻譯,而不是我們的思想。這可以說是一種恥辱,完全沒有人們想像的那種我們在做自己的翻譯專業的愉快心情。現在,我們那些人的確都不願意說起那些事,我家裏連那些書都沒有留,我不想再看它們,想起來,心很痛。"[9]"白皮書"不是純粹的翻譯文本,它是在特定的主流意識形態語境下產生的。而與"白皮書"相關的這些故

8 參見《書的軌跡:一部精神閱讀史》,廖亦武主編《沉淪的聖殿》,新疆青少年出版社 1999 年 4 月第 1 版。60 年代和 70 年代初中期出版ներ兩次大規模出版被稱爲"黃皮書""白皮書"的"內部讀物"。據統計,1949—1979 年 30 年間,全國出版"內部讀物"18,301 種,其中社會科學的有 9,766 種,"文革"前出版的大約有 4,000 種。其中屬於西方人文社會科學和文學的著作,"文革"前大約 1,040 種,"文革"中則出版了近 1,000 種。這些書在文化專制時期對思想文化界和青年知識份子的影響,受到研究者的重視。

9 參見陳丹燕:《"你到底要什麼" —— 白皮書時代的往事》,《書城》1988 年第 4 期。陳發現:當年被寫作組起用的上海奉賢幹校翻譯連的翻譯家,都不願意回憶當年的翻譯情景甚至拒絕別人的採訪或者否定當時的翻譯。陳在文章中寫道:"那麼多人在文化大革命後回憶自己被迫害的往事,那麼理直氣壯,那麼多人回憶自己在那時對人的幫助與體恤,那麼深情。傷痕文學成爲一個文學時段,爲什麼他們不願回憶?""……更不願意接受當年一個讀者對他們的那些作品的謝意。而且,他們以爲當時那也不能算他們的作品,因爲當時的許多白皮書,都是集體翻譯的,一個人翻一章,然後有一個通稿,那不是創作,而是流水線。他們覺得自己有過一段生活,是恥辱的。"

事以及翻譯家當時的心態，卻不爲 70 年代的讀者所知。"內部讀物"翻譯者的心路歷程並不完全一樣，但這些書無疑給 70 年代的青年知識份子開闢了一個新的精神世界，也給 80 年代的思想文化界進行了最早的啓蒙。

1971 年 10 月，爲紀念抗美援朝 20 周年，重新放映《英雄兒女》等 5 部影片。這是"文革"後第一次重新放映"文革"前拍攝的影片。

1972 年 2 月似乎成了一個特別的月份，這一個月出版了《虹南作戰史》、《牛田洋》，這兩部長篇小說成爲主流文學的"經典"文本。這一年新出版的或者修改再版的比較著名的中長篇小說還有：李雲德《沸騰的群山》（一），黎汝清《海島女民兵》，李心田《閃閃的紅星》，鄭直《激戰無名川》，集體創作的《桐柏英雄》等。1972 年之後，文學期刊逐漸恢復出版，少數獲得政治權威信任的知識份子開始參與寫作（其後，個人署名創作的與主流意識形態取向一致的作品也能夠公開發表），由知識份子參加的各種"寫作組"（包括創作與評論），開始以"樣板戲"的創作經驗爲指導，按照主流意識形態的設計，形成"文革文學"的話語系統。《虹南作戰史》和《牛田洋》是繼"革命樣板戲"之後主流文學的代表作。這兩部小說爲主流意識形態服務並充分實踐了主流文藝思想。其中的《虹南作戰史》作爲"三結合"創作的標本，幾乎是"名重一時"[10]。這兩部後記小說形成了新的敍事模式，這一模式後來被廣泛地仿製：情節的結構原則是政治運作的程式，在小說的情節鏈中最重要的環節不是情節本身的內在邏輯而是

---

10 "三結合"的創作方法是指："領導出思想，群衆出生活，作家出技巧"。這一創作方法是 1957 年文藝"大躍進"時提出來的，"文革"時期出現了"三結合寫作組"。

"正面"人物對政治理論認識到的程度，因此小說的敍事和與此相關的情節設計只不過是爲了完成對某種意識形態的確認。曾經參與"三結合"創作組寫作《虹南作戰史》的一位作者，在總結"三結合"創作"經驗"的文章中說："無產階級文化大革命，從根本上改變了文藝黑線統治下把文學當成是個人的事業和追求名利的工具那樣一種局面。列寧在《黨的組織和党的文學中》教導我們：'對於社會主義無產階級，文學事業不能是個人或集團的賺錢工具，而且根本不能是與無產階級自己的事業無關的個人事業。'毛主席也教導我們：'革命文藝是整個革命事業的一部分，是齒輪和螺絲釘。'這就是文學的黨性原則。在這個原則的指導下，有關各方都想到一個點子上去了：領導部門有感於文藝這個輿論陣地的重要，決心加強黨對文藝事業的領導貫徹黨的路線、方針、政策，爲無產階級的政治服務，廣大工農兵群眾對革命文藝提出了更迫切的要求，要求反映他們的鬥爭生活，鼓舞他們繼續前進，並且要求直接進入文藝創作領域，用無產階級思想佔領和改造這個陣地，既做物質生產的主人，也做精神生產的主人；絕大部分專業文藝工作者，也迫切地感到不能再在舊軌道上生活下去，願意走與工農兵相結合的道路，把自己的知識、技能用於爲工農兵服務的偉大事業。"[11]

1972 年 2 月號瀋陽《工農兵文藝》上發表敬信小說《生命》。《生命》在當年的文壇並未引起反響。僅僅因爲小說寫了"四清"下臺幹部崔德利和大隊貧協主席老鐵頭的矛盾，就被看成是捨本求末，取代了無產階級革命派同黨內一小撮走資派鬥爭這一根本矛盾，於是遭到了批判。1973 年來自遼寧大學中文系工農兵學員

---

[11] 周天《文藝戰線上的一個新生事物 —— 三結合創作》，《朝霞》1975 年第 12 期。

的批判，逐漸在全國引起注意。《遼寧日報》在 1974 年 1、2 月陸
續發表批判《生命》的文章多篇。《遼寧文藝》1974 年第 2 期刊
登工農兵業餘作者批判《生命》的發言紀錄。"文革文學"最為
重要的刊物之一《朝霞》在 1974 年第 2 期發表三篇批判《生命》
的評論時也加了"編者按"："遼寧大學工農兵學員對短篇小說
《生命》進行的這場批判，我們認為是十分有意義的。" "《人
民日報》、《紅旗》雜誌、《解放軍報》1974 年《元旦獻詞》中強
調指出：'我們一定要鞏固和發展無產階級文化大革命的成果。
肯定無產階級文化大革命還是否定無產階級文化大革命'，這是
當前意識形態領域內的一場尖銳的階級鬥爭。由《生命》及其所
引起的討論，使我們又一次看到這樣的鬥爭在文藝戰線上同樣是
激烈進行著的。"《生命》的遭遇是令人深思的。其實，這篇小
說明顯地受到極左思潮的影響。這意味著：任何作品只要它的敍
事有可能導致對"文革"的另外一種理解，就要遭遇圍剿。

　　1972 年 5 月人民文學出版社出版浩然《金光大道》第一部。
1970 年秋收後，浩然從農村歸來，12 月動筆，次年 11 月完成《金
光大道》。1974 年人民文學出版社出版《金光大道》第二部。第
三、四部因"文革"結束未能出版。1994 年 8 月京華出版社出齊
四部《金光大道》，並由浩然《有關〈金光大道〉的幾句話》引發
了一場如何評價《金光大道》的論爭。《金光大道》（一）（二）出
版後，主流文藝評論給予了很高的評價："《金光大道》第一部，
是近年來長篇創作的新收穫，也是浩然同志在無產階級文化大革
命以後邁出的可喜的第一步。"[12] "《金光大道》緊緊圍繞中國
農村兩條道路的鬥爭這一根本問題，在廣闊的社會背景上，表現

12馬聯玉：《社會主義道路金光閃閃》，《北京文藝》1973 年第 2 期。

我國農村的兩個階級、兩條道路的鬥爭，反映了農村社會主義革命的歷史進程。」「《金光大道》用大量生動、形象的藝術描繪，包含激情地著力謳歌了這股不可抗拒的歷史潮流，特別是全力塑造了高大泉這一主要英雄人物的形象。」[13]辛文彤在這篇文章中，對《金光大道》學習運用"樣板戲"的經驗、始終反映"路線鬥爭"、從世界觀的高度去開掘人物形象的思想深度等"嘗試"做了充分的肯定。1994年浩然在《有關〈金光大道〉的幾句話》寫道："《金光大道》和另一部長篇《豔陽天》，在七十年代中期曾經始料不及地使我'騰飛'到如茅盾先生所譴責的那樣，在當時的中國文壇上只有'八個樣板戲、一個作家'的境地。那種處境的一度'輝煌'，在一個年輕的我來說，確實有所　意、有所滿足，同時也伴隨著旁人難以知道和體味的惶恐、憂患和寂寞。」「我以自己的所見所聞所感，如實地記錄了那個時期農村的面貌、農民的心態和我自己當時對生活現實的認識，這就決定了這部小說的真實性和它的存在價值。用筆反映真實歷史的人不應該受到責怪；真實地反映生活的藝術作品就應該有活下去的權利。」熟知浩然"文革"時期的創作言行又讀過《金光大道》的人，不能不對浩然的這些"說明"表示反駁。浩然在"文革"期間的重要作品還有《西沙兒女》（正氣篇、奇志篇）等

　　1972年部分知識份子有了寫作與發表的可能。北京大學教授王瑤在5月21日《光明日報》發表署名"聞軍"的文章《一石激起千層浪 ── 贊革命現代京劇〈海港〉的藝術構思》，其後，署名"聞軍"的文章還有《一場復辟與反復辟的生死鬥爭 ── 評長篇小說《豔陽天》》（《光明日報》1974年6月28日）、《文藝必須成

13辛文彤：《社會主義歷史潮流不可阻擋》，《光明日報》1974年12月12日。

爲黨的事業的一部分》(《人民日報》1975 年 6 月 9 日)、《共性與個性的辨證統一 —— 學習革命樣板戲塑造無產階級英雄典型的經驗》(《北京大學學報》1975 年第 3 期)等。

1973 年上海人民出版社出版出版"上海文藝叢刊",本年度出版《朝霞》、《金鐘長鳴》、《鋼鐵洪流》、《珍泉》四輯。1974 起改爲"朝霞叢刊",先後出版了《青春》、《戰地春秋》等。1974 年 1 月,還同時出版了綜合性文藝月刊《朝霞》,是受"四人幫"控制的幫刊,1976 年 9 月停刊,共出 33 期。《朝霞》叢刊和《朝霞》月刊,是"文革"後期最重要的文藝叢刊、月刊之一。"上海文藝叢刊"改名、《朝霞》月刊創刊時,上海人民出版社《朝霞》編輯室的"徵稿啓示"說:"《朝霞》創刊和月刊堅決貫徹執行毛主席的革命文藝路線,堅持爲工農兵、爲社會主義、爲無產階級政治服務的方向,爲推動社會主義文藝創作的繁榮和無產階級文藝隊伍的發展而努力。希望廣大工農兵業餘作者和專業作者大力支持、踴躍來稿,努力運用革命現實主義和革命浪漫主義相結合的創作方法,塑造無產階級英雄形象,積極反映當前偉大時代的風貌,熱情歌頌毛主席革命路線的勝利。"

1973 年,在江青、姚文元授意下,成立了于會泳任組長的文化組創作領導小組辦公室,隨後出現的從事"文藝評論"的"初瀾"、"江天"就是這個辦公室寫作班子(又稱"寫作組")的筆名。"寫作組"是"文革"期間的重要現象。當時比較著名的"寫作組"還有"梁校"、"羅思鼎"、"南哨"等。由於"寫作組"特殊的政治身份,他們主導著文藝思潮與文藝評論。"寫作組"的"寫作"在本質上是姚文元式的寫作。

1973 年,艾蕪在《四川文藝》創刊號發表小說《高高的山上》,顧工在《山東文藝》第 1 期發表小說《躍馬揚鞭過長江》。

1974 年《學習與批判》第 1 期發表署名"余秋雨"的文章《胡適傳》。第一章內容包括"挑燈看榜"、"來到'黃金世界'"、"首次'榮任'賣國賊"、"從'實用主義'到'文學改良'"、"在回國的海輪上",第二章內容包括"教授生涯"、"風暴前夕"、"來不及了",第三章內容包括"'問題與主義'"、"爭奪《新青年》"、"惜別杜威"、"'實在忍不住了'"、"爲皇上所化"等。

1974 年 3 月 15 日,《光明日報》發表張永枚寫的詩報告《西沙之戰》,次日《人民日報》全文轉載,其他報刊也相繼轉載,並出版了單行本。此作由江青授意創作並經江青修改,江青被美化成戰鬥的"鼓舞者"和"力量源泉"。"詩報告"發表後,被看成"新詩學習革命樣板戲的成功範例"。

1974 年 1 月 23 日至 2 月 18 日,國務院文化組在北京舉辦華北地區文藝調演。此間,"四人幫"及其在文化組的親信于會泳等人製造了"《三上桃峰》事件",稱晉劇《三上桃峰》吹捧"桃園經驗",是爲劉少奇翻案的大毒草。這一年受到批判的還有湘劇《園丁之歌》、安東尼奧尼拍攝的《中國》以及一些被稱爲"黑畫"的美術作品等。1974 年成爲"反擊文藝黑線回潮"的一年。

爲紀念"京劇革命"十年,初瀾在《紅旗》雜誌 194 年第 7期發表《京劇革命十年》稱:"第一批八個革命樣板戲的誕生,如平地一聲春雷,宣告了毛主席《在延安文藝座談會上的講話》所指出的革命文藝路線已經在實踐中取得了光輝的成果,中國社會主義文藝的新紀元已經到來,千百年來,由老爺太太少爺小姐們統治舞臺的局面已經結束,工農兵英雄人物在文藝舞臺上揚眉吐氣、大顯身手的時代已經開始。這是中國文藝史上具有偉大意義的變革。"

　　"大寫革命詩歌"是"小靳莊十件新事"之一。1974 年 6 月天津人民出版社出版《小靳莊詩歌選》第一集，1976 年 4 月出版第二集，人民文學出版社也於 1976 年 4 月出版《十二級颱風刮不倒 —— 小靳莊詩歌選》。"小靳莊詩歌"，由江青授意，假借大隊社員的名義捉筆代刀而成。群眾性的詩歌創作活動常常會成爲政治活動，"小靳莊詩歌"則淪爲"陰謀文藝"的一部分。由此，我們看到了另外一種"民間"。

　　1974 年，後來在"新時期"十分活躍的一些作家，他們的名字和作品陸續出現在一些文學刊物上。李存葆在《山東文藝》第 1 期發表《猛虎添翼》，蔣子龍在《天津文藝》第 1 期發表《壓力》，韓少功在《湘江文藝》第 2 期發表《紅爐上山》，朱蘇進在《解放軍文藝》第 2 期發表《鐵流奔騰》，鄒志安在《陝西文藝》第 2 期發表《石橋畔》，鄭萬隆在《北京文藝》第 2 期發表《風雪河彎》，

　　周克芹在《四川文藝》第 5、6 期發表《棉鄉戰鼓》，葉蔚林在《解放軍文藝》第 7 期發表《晶妹子》，古華在 1974 年 10 月出版的"朝霞叢刊"《碧空萬里》上發表《仰天湖傳奇》，等等。這些作家如何由"文革"過渡到"新時期"，也就成了一個無法回避的問題。

　　1974 年 9 月，上海人民出版社出版"上山下鄉知識青年創作叢書"，這套叢書包括汪雷的《劍河浪》（1974）、張抗抗的《分界線》（1975 年）等，這些作品是"文革文學"中的"知青文學"。

　　1975 年 7 月毛澤東主席在兩次談話中指出，"百花齊放都沒有了"，"黨的文藝政策應該調整一下，一年，兩年，三年逐步擴大文藝節目。缺少詩歌，缺少小說，缺少散文，缺少文藝評論。"黨的文藝政策因此有了局部調整。

　　1975 年 2 月，江青指責電影《創業》"在政治上、藝術上都有嚴重問題"，於會泳等人爲《創業》列了"十大罪狀"。6 月電影《海霞》也遭到圍剿。7 月，毛澤東主席在《創業》編劇張天明的來信上作重要批示："此片無大錯，建議通過發行。不要求全責備。而且罪名有十條之多，太過分了，不利調整黨內的文藝政策。"張天民在"文革"結束後對《創業》在"'左''右'之中搖擺"作過認真的剖析："《創業》當然也處於這種搖擺之中，但當時的社會環境，我更多地向左，向左……其中，寫人、寫個性、寫感情的因素還有，但已是十分克制，爲了保存作品中的一點'人性'，我從劇本到拍攝過程中，經過多次鬥爭，有時與批評者大喊大叫，獲得不走群眾路線的罪名，至於其中的削足適履，硬加階級鬥爭的情況，是很明顯的。一方面是由於壓力，一方面也是自己認爲大概這是正確的，主動地這樣。在劇本修改過程中，每次討論提的意思都是'階級鬥爭'條件線。話說回來，如果不是其中硬加了不少階級鬥爭，這部電影大概也就不會問世。生活中當然有階級鬥爭，但其表現形式、特點都不是作品中那樣的。因此，可以認爲，作品中生動的人與人的關係，是我的生活感受，而階級鬥爭、路線鬥爭則是從書本和理念出發，硬編造的。爲了這惱人的'鬥爭'，我在生活了一段之後，在積累了大量工人生活素材之後，仍感到茫然，不得已派了幾位助手，跑到公案部門、保衛部門，看了許多案例，儘管有幾十件案件，仍然用不上，最後還得求助於大腦。在當時的情況下，高明一點的只是：我在這個理念的東西之中，注入了我對文藝規律的一些理解，一些生活感受，比之那些純理念的寫法，要好一點，這就是

《創業》被人們所接受的原因。"[14]

　　1975 年《朝霞》第 3 期發表任犢的《走出"彼得堡"》，對列寧在十月革命勝利後不久要高爾基走出彼得堡的原因作了分析。文章稱："最近讀到胡萬春同志給《朝霞》編輯部的一封信，其中談到：他重新學習了列寧在一九一九年要高爾基走出彼得堡的教導，很有感受。一個在党的培養下成長起來，而後又走過一段彎路的工人作者，回過頭來對革命導師的教導產生了切身體會，那麼對於文化大革命以來湧現的工農兵作者來說，記去他們的教訓，時時用革命導師的教導來鞭策自己，自然有著不言而喻的重要意義了。"對於"工農兵"作者與"知識份子"作家的關係（不局限在"三結合"創作組內），主流文藝思想一直保持著警惕，在"文革文學"的研究中這一點爲研究者所疏忽。任犢在《走出"彼得堡！"》中，對已經被"改造"的知識份子作家仍然沒有絲毫的信任，相反充滿了"階級"的對立情緒甚至是仇恨，並且把"徹底摧毀形形色色的'彼得堡'"看成對被"毒害"的工人作者的療救。對知識份子採取的是"再教育"，對工人作者則採取"回爐"的辦法。

　　1975 年，穆旦在中斷了近二十年創作後，寫出了詩歌《蒼蠅》。這是"潛在寫作"的重要文本。1976 年左右，穆旦的朋友們手裏流傳著他的手寫稿，上面有《智慧之歌》、《秋》、《冬》等詩。郭小川也在 1975 年寫下了重要的詩篇《團泊窪的秋天》、《秋歌》。郭小川爲《團泊窪的秋天》寫了這樣的注："初稿的初稿，還需要做多次多次的修改，屬於《參考消息》一類，萬勿外傳。""文革"後期，許多擱筆多年的作家開始寫作。1972 年，豐子愷

14參見《張天民回顧自己的創作》，《當代文學研究參考資料》1981 年第 1 期。

寫作《緣緣堂隨筆》。牛漢、曾卓、流沙河等也有詩作。

　　1975 年北京人民出版社出版劉心武的中篇小說《睜大你的眼睛》。這是 "一本對少年兒童進行黨的基本路線教育的文學讀物"，它反映了北京市一個街道在批林批孔運動中開展社會主義大院活動的故事："在大院裏，社會主義新生事物和和資本主義腐朽勢力展開著激烈的鬥爭。'孩子頭'方旗依靠黨的領導，帶領全院兒童，機智地鬥倒了妄圖復辟的資產階級分子，挽救了被腐蝕拉攏的夥伴，表現出路線鬥爭和階級鬥爭的覺悟。整個故事想告訴人們：表現睜大警惕的眼睛，加強對資產階級的全面專政。"劉心武《班主任》中的謝惠敏《睜大你的眼睛》；在價值取向上劉否定了謝惠敏，在《睜大你的眼睛》中他則肯定了謝惠敏式的青少年 "孩子頭" 方旗。這個由肯定而否定的過程，也正是劉心武自己精神蛻變轉化的過程。

　　1976 年第三期《紅旗》雜誌發表經姚文元審定的初瀾的文章《堅持文藝革命　反擊右傾翻案風》。3 月，于會泳等人召集文化部創作座談會落實江青、張春橋寫 "與走資派鬥爭" 的作品的指令。一時風起，"怎樣刻劃走資派形象" 成爲評論與創作的重點。《學習與批判》1976 年第 5 期發表方澤生《努力表現無產階級同走資派的鬥爭》，《解放日報》1976 年 5 月 5 日發表江曾培《文藝創作的重要課題——論表現無產階級與走資派的鬥爭》，《光明日報》6 月 19 日發表李希凡《要塑造典型 —— 駁文藝創作上的一種奇談怪論》，等等。《人民文學》1976 年第 3 期發表陳忠實《無畏》，《北京文藝》1976 年 6 月號發表伍兵《嚴峻的日子》，等等。這股逐漸成爲 "陰謀文藝" 的思潮可以追溯到 1973 年。《朝霞》叢刊 1973 年第 2 輯發表清明《初春的早晨》，第 2 輯發表發表穀雨《第一課》;《上海文藝叢刊》1973 年第 2 輯發表立夏《金鐘長鳴》，小說後入選 1975 年"努力反映文化大革命的鬥爭生活"徵文選輯《序曲》。《朝霞》1974 年第 4 期發表崔宏瑞《一篇揭矛盾的報告》，1974 年第 9 期《典型發言 —— 續〈一篇揭矛盾的報告〉》

　　蔣子龍在《人民文學》1976 第 2 期發表小說《機電局長的一天》。儘管小說不時突出"文化大革命"對霍大道的教育，強調霍大道"繼續革命"的精神，但還是比較成功地塑造了工業戰線上一個有幹勁、有魄力、有經驗的老幹部形象。"開拓者家族"的性格特徵就是從霍大道開始形成的。一方面，作者不可能不受主流意識形態的影響，並且試圖在霍大道身上反映出主流意識形態所確認的理念，另一方面也是更重要的方面，蔣子龍又認為同鄧小平的整頓工作，有一種追求現代化事業的衝動，《機電局長的一天》的創作在很大程度就源於這種認同與衝動。即使這樣，小說也不能為主流文藝所容忍。《人民文學》1976 年第 4 期的"編者按"："就這篇小說（指《機電局長的一天》）的發表來說，主要的責任還在編輯部。是我們沒有堅持黨的基本路線，是我們受了鄧小平的'三項指示為綱'修正主義綱領的影響，以致未能看出《機電局長的一天》的嚴重錯誤傾向，給作者以幫助。這一切說明了'階級鬥爭熄滅論'、'唯生產力論'這些黑貨在我們頭腦中還有市場，必須不斷地在鬥爭中加以批判和清除。"同期《人民文學》還發表了蔣子龍為《機電局長的一天》而寫的檢討文章《努力反映無產階級同走資派的鬥爭》。

　　臧克家在《人民文學》1976 年第 2 期發表歌頌"五七幹校"的詩三首《憶向陽》，這一年臧克家還出版了詩集《憶向陽》。田間等老詩人也配合形勢進行詩歌創作。

　　"四五運動"爆發，革命群眾以詩歌為武器，悼念周恩來總理，批判"四人幫"，這些政治詩廣為傳誦，產生了積極的影響。

1978年人民文學出版社出版童懷周編選的《天安門詩抄》。

　　1976年10月"四人幫"陰謀集團被粉碎。張光年（光未然）在選抄當年的日記時，加注敘述當年的心態："這特大的喜訊，當時高興得不敢輕信，日記上也不敢直書，實在可笑！八日下午老友李孔嘉同志來報喜，連說'三個公的一個母的都抓住了'。我心知其意，心想哪有這樣'全捉'的好事，不敢插嘴。""九日獲知十五號檔大致內容，大喜過望。十日畢朔望同志來。他消息靈通，轉告從外事口獲知的具體情節。這才清楚了，然而日記上還是不敢明記！十年來長期充當'牛鬼蛇神'，把人嚇成這樣！這難道不是社會生活的異化嗎、知識份子人格的異化？"今天理性地審視"新時期"文學就不能忽略從"文革"到"新時期"的過渡，從1976年到1978年這一過渡期可以稱為"前新時期"。即使到了1978年底，文藝界對"文藝黑線專政論"的認識仍然有分歧，而且這種分歧是存在於"文革"前十七年文學界的重要人士那裏。1978年冬天，文聯、作協還沒有恢復，周揚和林默涵、張光年、韋君宜、李季等聚會在廣東的肇慶，議論到"四人幫"的覆滅對文藝界意味著什麼。有的認為，"黑線"和"黑八論"還是有的，"我們以前也批過"；有的則認為有"黑線"存在，也有"紅線"在起作用，並無黑線專政論；更有人覺得，"黑線"和"黑線專政論"是'四人幫'為了整倒文藝界而一手製造的，應當根本推翻，文藝方有復甦之日並為更加廣闊的發展前景，創造條件。[15]

　　1976年12月的《北京文藝》發表了郭小川的遺作《長江邊上"五·七"路》。這首詩寫於1971年12月26日，這一天是毛

15伍宇：《中國作協'文革'親歷記》，《傳記文學》1994年第9期。

澤東主席的生日，郭小川在詩的末尾特地署上這個時間，可以想像他作詩時的心情。《北京文藝》發表這首詩顯然是爲了紀念辭世不久的郭小川，它的發表，模糊了郭小川思想發展的歷程；儘管在當時人們還不可能討論郭小川的思想演變問題，但事實上郭小川從寫作《長江邊上"五·七"路》到寫作《團泊窪的秋天》，其心路歷程已經發生了重大變化。以發表帶有鮮明的"文革"時尚與潮流特徵的詩作，紀念一位後來懷著矛盾的心情質疑"文革"的詩人，1976年的文學就這樣劃上了句號。

後　記

前幾年出書，我非常喜歡寫"前記"或"小引"之類的文字，那種急於言說的欲望是怎麼也無法抑制住的。但在寫作、整理這本書時，我卻沒有了那種感覺，只是想：有什麼話還是留在後面說吧。我不知道這是不是四十歲男人的一種變化。

這種變化當然不是變化到"不惑"，相反，愈來愈"惑"了。有許多問題，你常常覺得已經想通了甚至想透了，就在你堅定不移時，又有新問題半夜敲門。這幾年，當我自己的思想十分清醒時，會記起小時侯一次在深夜極恐怖地走過墳地的情景：感覺到的鬼火和似乎感覺到的鬼影總在纏繞著你，回到家裏被子蒙得再緊也有鬼火和鬼影在晃動。今天做一個"知識份子"什麼的，大概免不了遭遇到"鬼火""鬼影"。我不知道別人是怎樣的感受，但我突然發現今天稱做"知識份子"的人已經學會了在各種場合"調情"，我真的感到震驚並且無可奈何，"知識份子"是否也變"鬼"了？這是一個需要魯迅但做不了魯迅也不肯做魯迅的時代。

今年的梅雨季節特別短，和往年比起來幾乎是沒有下雨。我非常喜歡江南那種小雨濕清曉的感覺，喜歡有了這樣的感覺再寫作。我曾經說，江南那瀰漫的潮濕曬不乾擠不淨，江南的寫作是潮濕中的寫作，江南的文體是浸著潮濕的文體。但我今年沒有了這種潮濕的感覺，不到七月，你就有感受到"流火"了。這可能會影響我的寫作，至少會改變一些我一貫的語言"風格"。熟悉我文章的朋友在讀這本書時可能會見到一些陌生的東西。

現在，我等待著下雨。我甚至抽空回味下雨的感覺，但明天肯定不會下雨；已經是七月了，七月該流火了。

王 堯 2000 年 7 月 於蘇州大學

當代語境中的“文革”研究

── 與蔡翔、費振鐘的對談

　　蔡　翔：這幾年我們陸續讀了很多你的關於文革研究的文章，這些文章我們都非常有興趣，特別是你剛發在《當代作家評論》第一期上的長文《“文革”對“五四”及“現代文藝”的敍述與闡釋》，也促使我們想了一些問題。今天，我們三個人有機會聚在一起，可以相互交流。我比較奇怪的是：按照你這樣的年齡，應該不是文革的直接的親歷者，是什麼原因促使你對文革產生如此強烈的研究興趣，或者說你的動力來自哪裏？

　　王　堯：謝謝你們對我研究的關注，蔡翔提的這個問題我還沒有仔細想過。現在回頭來看，這可能是一個比較正常、自然的思想與學術的過程。很早以前，我對圖書館的舊書非常有興趣，讀大學期間，我發現圖書館清理的廢書中，文革時期的出版物特別多，我買了許多放在那裏。直到最近幾年，我才開始集中閱讀它們。為什麼這幾年會集中到文革研究上來，我想主要有這幾個方面的原因：第一，作為一個青年知識份子，我對中國近百年來的重大事件非常有興趣，中國的文革，也是重大事件之一。不管你是否做這樣的研究，如果你還稱為中國的知識份子的話，你不能不面對文革這樣的一個重大事件。我不是一個親歷者，但我是文革後期的一個目擊者。可能跟費振鐘一樣，也就是說像我們這樣一個年齡段的人，五十年代末六十年代初期出生的這樣一代人，與文革沒有任何直接的利害關係，所以我今天面對它的時候，比較容易撇開了政治恩怨、道德糾纏上的問題。作爲一個知識份子不能不面對這樣客觀史實，無法繞開它，我覺得中國所有的問題幾乎都可以從這裏下手，上溯、向下都不能撇開這樣的問題。第二個原因就是：儘管我長期在大學裏工作，但是我對現在所宣導的體制化的學院做派，是非常反感的，在我自己的思想當中，從來沒有把學術道路與介入當代的文化建設分開來，在這樣的思路當中，學術應當凸現問題意識。在相當長一個時期，現當代文學史著作，都是殘缺的，缺少文革這樣一個環節。尤其中國現代化研究、思想史研究也缺少這個環節，這個真正的、非常重要的環節漏掉之後，許多僞問題、假問題都出來了，真正的問題反而沒有凸現出來。這對我觸動很大，非常具有吸引力，我設想通過自己初步的研究把這個環節的重要性凸現出來，把這個環節裏包含的許多問題能夠通過自己的方式——無論是深刻，還是膚淺的，把它提出來。另外與我這幾年對學術問題的思考也有些關係，在前面這兩個前提下，我自己一直想做一些個案的研究，在做博士論文的時候，我就選擇了"文革文學"作爲一個點，但隨後我發現，純粹地做對"文革文學"的研究不能正面地回答這些問題，不能把它拓展開來，包括這一次所寫的這篇長文。我自己試圖想從更宏觀的、更複雜的背景上來探討這個問題，這才能顯示出它的複雜性，單純的一個角度進入是不夠的，我自己有意識地從文學拓展到思想文化領域，拓展到知識份子思想精神研究上來。

蔡　翔：我覺得你這段話裏可能有三個關鍵點：一個是你從資料的收集入手，並給予了高度重視；第二個是你跳出了所謂"當事者" 的個人局限，包括個人的情感局限、經歷的局限、政治道德認識的局限等等；第三，你對文革研究的問題意識。這三點是不是構成了你對學術研究的基本態度和取向？也就是說，你是否認爲學術研究應該從基本的資料佔有入手，以強調學術研究的真實性和客觀性？另外，你是否認爲不應該過多的把個人局限加入到學術研究裏面，以免破壞學術研究的公正性和客觀性？同時你是否認爲學術應該和生活、和當下的存在有機地結合起來？由這三個方面入手，形成的學術研究才能對我們當下的存在提出問題，並回答這些問題的挑戰？

費振鐘：尤其是第三點，如何應對我們當代的生存，這是學術的基本出發點和歸宿。對文革史實的整理與學術研究，需要跟我們現在生存的文化現實和社會現實聯繫起來，沒有和當代的生存現實聯繫起來，你就不可能產生問題意識，實際上研究文革是爲了打開我們曾經經歷的歷史，擴展我們的生存經驗，應對我們的生存困境。我們所以對王堯的研究感興趣，並認爲這樣的研究有意義，主要也是依據這種認識。

王　堯：剛才蔡翔所概括的三個問題是我這兩年比較清醒的意識。第一個關於史料的問題，是很正常的學術準備工作，但是在今天的大學、大學之外或者整個學術界對史料這個問題已經產生很多認識上的差異。在大學階段，當我選擇當代文學作爲自己專業的時候，我感覺到面臨一種懷疑和挑戰，我的老師告訴我古典文學研究是學問，因爲古典文學研究非常重視考據、重視史料的收集。我當時是非常納悶的，因爲學術研究不能沒有考據，但是如果把考據等同爲學問，我不是非常贊成，後面還會提到這個問題。當代文學、文化的研究不能由於缺少古典文學研究這樣那樣的做法，就不稱爲學問。但從另外一個角度講，在我們整個學科研究中，缺少這樣的意識，一些當代文化、文學研究，僅僅出於理論想像，可單有理論想像是不夠的，當代文學學科發展到今天的程度，如果我們忽視了史料，會帶來好多問題，至少我們無法揭開歷史的真實層面，我們會把很多關鍵問題留給我們的後人去考證，這在學術上是不負責任的。今天我們為什麼不能認真梳理文革，把這一段重要歷史做好。第二個很關鍵，觸動我回到史料上，是今天很多學者擅長下結論，而不擅長於做問題的歸納和論證，做結論是非常容易的，包括在一些很著名的學者那裏，他們在談到五四和文革的關係時，也都是輕易下結論的。我在寫這篇文章的時候，包含了對方法的一些思考，我認為需要做這樣的一些研究，需要拿出證據來。無論是親歷者也好，目擊者也好，即使是後來的人跟這段歷史沒有任何關係，我覺得當你試圖來解讀這段歷史的時候，總要有一種還原的方法。還原的方式，我認為最好的是能夠對史料做一些整理。這個功夫我認為是需要花的，而且在整個這樣的過程中，新的史料的發現，並重新解讀，改變了我對整個文學史或知識份子歷史的認識。這時候史料已經不再純粹是我們傳統意義上的資料了，它本來就是一種歷史的呈現。當你在重新選擇它的時候，自己的傾向性也就在這個當中。

蔡　翔：學術肯定是需要想像的，沒有想像就不可能有學術的創造性。我同意你剛才所說的那些話，但是想像如果是脫離了史料的想像，脫離了基本史實的想像，那麼這個想像就很是值得懷疑了。因為我們的想像並不純粹是我們個人的想像，總是受到很多因素制約的，比如說某個時代的主流話語的控制，也可能是個人經歷和經驗的限制、情感限制，等等。所以所謂的資料絕不僅僅是資料，而是一段真實歷史的呈現。現在我們感覺到最大的一個問題就是當代文學的資料的困難性，在現代文學方面已經做

了很多工作，古典文學就更不用說了，而這個問題在某些方面給
我們研究當代文學和文化、文革帶來了限制。我也讀過一些關於
文革研究的文章，覺得有些地方非常宏大、宏觀，而且有很多結
論，但是離開了細部的資料的支撐，那麼這些結論就常常不那麼
使人信服。比如說，文革是很複雜的一段歷史，但是現在經過我
們某些研究者的處理，卻變得簡單了，不那麼複雜了。文革的複
雜性在於，在空間上，糾纏著許多層面，有我們傳統上所說的權
力鬥爭的層面；也有學生參與文革的層面；有工人、農民老百姓
的層面；也有知識份子的層面。有信仰的追求，也有利益的驅使，
而且存在著各種各樣的文化影響。這些不同層面的文革，既有著
一定的聯繫，但也有著很大的差異性。即使在時間上，文革也是
不一樣的。1966 年 ── 1968 年是一段，1968 年 ── 1971 年是一
段，1971 年到"四人幫"粉碎又是一段。這每一段時間的文革，
都呈現出不同的複雜內容。但是這種複雜性，現在並沒有得到清
晰的揭示。這就需要我們做很細緻、很深入的研究。

　　費振鐘：王堯在文革研究方面所下的史料功夫，確實讓人比
較信服。這樣做不單單爲改變那種不要論證只要結論的空玄學
風，甚至也不單單是爲了回到歷史事實，我以爲這是打開歷史的
方法和路徑。文革歷史，仍然像一隻層層包裹的盒子，很多人直
到今天，還只是繞著這只盒子，作各種想像，發出各種各樣的以
爲"正確"議論，可就是不肯去打開它，看它到底都有些什麼。
所以，我覺得王堯現在做的工作，就是堅持要"打開"這個文革
的歷史盒子。文革歷史，就像蔡翔所說，有各種層面上的文革歷
史，需要從不同的層次上打開，王堯選擇了思想文化角度，從青
年知識份子、學生對五四的誤讀入手，來打開文革 ── 由公開或
隱匿的文本構成的文革精神史。表面上看，你的目的是否定文革

與五四的因果聯繫，實際上則是經過對文革的文本材料的整理與客觀歸納，從一個新的途徑打開和進入文革歷史，從而在特殊的思想層面上形成對文革的一種歷史解讀，這可以說是一種深度解讀，是揭開文革這只盒子後對文革作爲中國社會主義文化產物的真實探尋。王堯《“文革”對“五四”及“現代文藝”的敘述與闡釋》這篇長文，在文革與五四的“非因果關係”梳理與歸納中所呈現的“文革史”，是在更爲寬闊的歷史視界上對文革這一當代重大事件的文化還原，其對“文革史”的建構，多有啓發。文革的研究，現在就像是一座巨大的冰山，還有待浮出水面，有待每個研究者從不同的角度，用不同的方式，通過對史料的精心歸納，使這座冰山呈現它本來的歷史面目。

王　堯：通過文革文本，打開文革歷史，這是我的學術路徑。關於文革的歷史文本大約有這兩種類型：一種是文革時期的文本，今天我們視爲史料的，有公開的，也有地下的，有官方的，還有民間的。我覺得民間這一塊重視得還不夠，今天我們看到的民間的這部分是很多以“大字報”、“上書”的形式發表的，還有手抄本，有些是在當時“民間”報紙上發表的，像遇羅克的文章。公開的就是中央文件、社論、出版物，這應當說它們是官方方式留存的文革文獻。即使這些文革文獻也已經呈現出它的複雜性和多樣性，也表現出蔡翔講的多種文革、各個層次上的文革。如果我們把文革的文本清理一遍的話，我們就能發現我們今天關於文革的許多研究恰恰只是一種想像、一種非常簡化的想像。把文革簡化到一個層面、一種理論。文革的文本呈現給我們的已經是非常複雜的狀態。第二類文本，是在文革結束以後，親歷者關於文革的回憶。應當說許多人在回憶文革、重新解讀文革時已經做了修正或者是歪曲。在我看來這類文本之所以重要，是它告訴我們一些文革的親歷者在文革之後是如何重新解釋文革的，這些不同時期的解釋，真實反映了一些人當下的立場。這兩種文本是要區分開來的，有些人研究文革，完全是借助這些回憶。而這些回憶多大程度上是真實的文革需要認真區分。如果不把它區分開來的話，由此所有關於文革的結論，我認爲是不完全真實的。許多當事人在今天的語境裏，帶著其他的政治企圖，還有別的因素，對當時的事件做了許多的修正式的描述。因此，在做研究的時候，要把這兩種文本參照起來。

費振鐘：在文革研究中，我們應該警惕簡單化，尤其應警惕這種僅憑某種回憶就給文革定論的簡單化。

蔡　翔：實際上，在一個相當流行的層面上，主導我們對文革的認識，是兩種話語，一種是“老幹部話語”，一種是“老文化人”話語。這兩種話語往往都是從個人經歷和經驗的層面上來談論文革問題，當然這本無可非議的。問題是學術研究和一般言論的區別在於，所謂的學術研究，可能更多地要回答歷史爲什麼會這樣或那樣。我一直敬佩法國寫《自由之神》的韋克多，他本人是法國貴族的後裔，他的祖先在法國大革命的時候也受到很殘酷的衝擊，我發現他在研究法國大革命的時候，他就跳出了個人的窠臼，他爲我們提供了法國大革命更加複雜、更加多層面的狀態。我們不能太迷信個經驗，我們的學術研究，既要重視個人經驗，又要跳出個人經驗的局限性。這段歷史爲什麼會是這樣，而不是那樣，是什麼原因、力量導致了這段歷史的發生？僅靠個人經驗是不能真實回答的。

費振鐘：在這個方面，王堯的研究方向很準確。他要在打開歷史的過程當中，來尋找文革歷史之所以是這樣，而不是那樣的一些原因。其實研討歷史的方式是多樣的，每個研究者所取的方式都與他的學術的興趣、積累、取向有關係。蔡翔剛才提到韋克多對法國大革命的研究，超出了個體經驗，尤其是超出了個人記憶。這值得我們做歷史、做中國文革史的人借鏡。關於文革的大量個人回憶，除老幹部話語和老文化人話語外，現在還比較多地加入了老紅衛兵話語。這些老紅衛兵，包括徐友漁、朱學勤等對文革的理性反思。它們出現在九十年代後，這樣的話語可能要比前兩種人的話語要更客觀、更具有研究性質，但不管怎麼說，文革史研究須超越個人記憶和個體經驗，要從更爲寬闊的歷史視域，找出它的因緣線索，回答文革爲什麼是這樣而不是那樣等問題。也許王堯的工作剛剛開始，對文革思想文化的整理也還是初步的，還有很大的空間，但從已經做出來的歸納和解析來看，分明具有超越個人經驗之上整合和重建文革歷史的趨向。

　　蔡　翔：但是我覺得這裏面還是有一個問題。爲什麼我們要談到個人的經驗的局限性？我們現在所讀到的歷史實際上都是文字的歷史，誰掌握了控制了文字的解釋權、敘事權、發表權，誰就能夠敘述歷史。所謂的文字歷史是通過這樣的方式表現出來的。我們在做歷史研究的時候，可能更多地就要考慮到那些沒有文字表達權、沒有話語表達權的階層，你是否承認他們也是歷史的一部分？他們的活動、遭遇、表現，是否也是這段歷史的一部分？但是這一塊是最難做的。因爲這在資料上有很大困難。但即使用這樣，也應該努力地把文字以外的歷史因素考慮進去。有時候，它能幫助我們跳出個人的經驗。

　　費振鐘：我們應該記得，當年作家馮驥才曾經用口述實錄方式，寫過關於文革的《一百個人的十年》這本書，可惜的是，這僅僅是文學記錄，而不是從學術研究的角度來進入文革，後來沒有引起更多的學術重視。爲什麼蔡翔一直在強調文革是從上到下，每個層次的人都捲入進去了，即使是像王堯和我這個年齡層次的人都會有一點關於文革的記憶，我明白他是提醒我們自己都有回憶文革的話語權力，都能站出來解釋文革，而一大批沒有、也不可能使用文字權力的人，他們缺席了。他們的缺席，意味著由這部分人構成文革歷史也是缺席的。如果要重建文革史，顯然需要做更多的工作，把他們納入文革的歷史 "系統" 之中。

　　蔡　翔：剛才費振鐘提到馮驥才的 "口述實錄"，這裏馬上又給我們提出另外一個問題。第一，訪問者有對材料的選擇與取捨；第二，訪問者的導向性。我們看到的馮驥才筆下的訪問者對文革的表現，基本上停留在文革的悲慘遭遇的控訴上。這與八十年代個人的政治訴求及功利化的 "思想解放" 背景有關。對文革如果停留在政治訴求上，是一種歷史的短視。古人一直說 "史識"，即要有歷史的長遠眼光，又要有學術思想和實踐的眼光。當我們談到 "識" 這個層面的時候，我同意費振鐘剛才說的，在問題意識後面要具備歷史的寬闊視野。二十年前我們所處文化環境只能出現那種 "訴求" 式的歷史回憶，時過境遷，今天我們對文革的研究，應該怎樣來確立自己的理論背景、理論立場？怎樣跳出以往的框架，使我們的理論背景更加開闊，眼光更加開闊，思考的問題更加複雜？在讀王堯的這篇文革與五四誤讀關係的文章時，我感覺到你實際上更多地涉及到有關文革的 "現代性" 問題，這是把文革放在一百年時間過程中考察的一個紐結，一個繞不過去的紐結，種種關聯皆糾集於此。我受到很大啓發，它在梳理文革和五四內在聯繫時，使我們對文革複雜性的認識往前又走了一步，也就是說文革不是我們一般所理解的僅僅是專制主義的產物，是突然而來的一段歷史。它是中國一百年或者更長時期的歷史的有機組成部分。它有二千年專制主義的因素存在，但是它與“現代性”的世界趨勢卻有著同構性，當然可能是異質同構。

　　王　堯：是這樣，我從一開始就意識到這一點，但就文革解釋文革是不行的，必須考察文革與中國“現代性”歷史的聯繫，包括與五四新文化、十七年思想文化的聯繫。在研究“文革文學”時，我就強調恩格斯關於歐洲中世紀不是歷史的簡單中斷這一思想在方法和取向上的意義。

　　蔡　翔：自鴉片戰爭以來，我們被動地被迫地捲入到現代性的世界漩渦當中，比如文革中突出的標新立異和“破壞舊世界”，推動了青年人跟傳統文化大規模的決裂，“決裂”這個詞的來源可能與中國古代文人的某些習性甚而禪宗思想有關，但它從來沒有成為社會的主流指導思想。而且我們的歷史上從來沒有過如此大規模的決裂，甚至連所有的農民起義都沒有過。現代性在文化層面上的涵義，就是與傳統文化的決裂。梁啟超當年的《少年中國說》中的“新人”的概念統治了我們一百多年的時間。正是現代性在中國的表現，使我們認識世界、解釋世界的觀念都變化了。在某種意義上，文革正是現代性的極端表現形式，一種盲目的現代性的表現。我們要去創造一個新的世界，文革中的很多詞語都體現了要“打破一個舊世界，創造一個新世界”的想法，儘管這個新世界是什麼我們並不知道，但這畢竟是現代性的一個命題。不過，王堯在你的長文中也談到了很多文革和五四之間充分的聯繫，但是你好像也花了很多的篇幅來研究文革和五四的不同部分，也就是基於現代性而作出的文革與五四異質的解析。你能不能再談談，你為什麼要辨析它們之間的異同關係？

　　王　堯：這個問題，我現在還是很難一下子把它講得很清楚。我自己寫這篇長文的學術動機、出發點是由關於文革與五四的異同問題引起的。這裏面有“激進主義”和“保守主義”的區

別。前幾年爲此討論、論爭得很厲害。但是當我進入到寫作過程
當中的時候，我沒有把重點放在異與同的比較上，對民間關於五
四的理解，特別是與主流意識形態的不同理解，也沒有著墨，雖
然這方面的研究也是十分重要的。我最初的著眼點，只是講文革
是如何闡釋五四的，由此我提出了自己的解析與判斷，我更多地
講了文革與五四的不同之處，而且這些不同之處，大多數是負面
的，而不是正面的。爲什麼確定這樣的思路？這一百年過來，我
個人認爲，不管今天人們怎麼評價五四，但我還是願意把五四看
成我們最重要的思想資源，是正面的現代性的思想資源。當我們
今天過多地來指責文革與五四的相同之處，把文革看成是五四的
因果關係的時候，我認爲它帶來的危險是很大的，它會導致我們
對五四這樣的思想資源的輕忽。我的想法是不要使五四的現代性
精神蒙塵。這裏面是有許多問題需要探討，中國左翼知識份子問
題，現代性的問題，對西方的認識問題，對傳統的認識問題等等。
特別是對傳統的認識問題，五四的負面影響是非常大的。但即使
這樣，也不足以說明文革是五四的“果”。

　　蔡　翔：我想問，你是不是認爲，文革絕不是五四精神的必
然的“果”，它只是在整個現代性的潮流當中，表現出表面的相
似性，五四運動和五四精神不應該也不會結出文革這樣的“果”。

　　王　堯：是的，應當在“現代性”的視野中來研究文革，至
少到目前爲止，關於文革與“現代性”的問題是研究不夠的。

　　費振鐘：這一點，我和蔡翔過去也討論過，我們對目前關於
文革的現代性的解釋是有懷疑的。包括有些學者所說的“反現代
性的現代性”觀點。實際上，在六十年代，中國文革剛剛開始，
西方以及日本的某些學者對中國文革的發生和性質就持有這種看
法，而且把它解釋爲反對現代資本主義的“現代性”。可以說，

現有的中國學者對文革的現代性的解釋並不新鮮。王堯文章裏也特別提出這方面的文本材料。

王　堯：我在文章中曾經指出這樣一個事實。西方一些左翼學者在文革開始時，曾經很興奮地從"反現代性的現代性"這個角度來解釋文革的意義。今天對文革，無論是正面的還是負面的評價，或者是大相徑庭的各種評價，涉及到關鍵性的問題，就是文革究竟是不是現代性的重建？這涉及到對中國現代化道路的認識。"現代性"的問題還沒清楚，"後現代"與文革的問題又出來了。《虹南作戰史》大量運用毛主席語錄以及其他一些社論性的東西，有人認為是一種後現代寫作，我是不贊成的。這樣一種判斷，恰恰就是多少年來，我們忽視中國問題，凸現西方理論的後果。

費振鐘：這是用西方理論來發揮我們自己的想像。蔡翔提到的，現代化是二十世紀世界的共同語境，也是中國不可能避免的一個語境。我們當然不可能離開現代性的語境來理解整個中國二十世紀的進程，比如評價五四的意義，五四精神確實是代表了二十世紀世界現代性在中國本土的影響，但另一個問題同時擺在我們面前：中國的本土經驗是什麼？在共同的現代性語境之下，我們是重視理論的假設，還是重視我們的本土經驗？我們怎麼表達本土經驗？怎麼用歷史理性來還原我們具體的歷史語境和我們經驗的現實？這些如果不能夠明確，那麼關於中國現代性的研究只能是邏輯推論。遺憾的是，那麼多有關文革的現代性解釋往往都成了邏輯結論，與我們自己的經驗相距甚遠。

蔡　翔：關於現代性的具體意見，我們還可以再討論，也可能不會完全都一致。不過我想這裏面提出了兩個問題。一個問題是，在一個現代民族國家的重建過程當中所產生現代性的問題以及不同的表現形式，包括同時存在的對現代性的反抗和批判。另外一個就是，面對文革這樣一種極端化的歷史形式，在我們批判現代性的時候，批判的資源是什麼？我們都是從事當代文學批評工作的，在當代文學批評的過程當中也越來越感覺到如果對這段歷史沒有經過非常仔細的梳理和研究的話，我們很難來更深刻地理解當代生活。我一直堅持認爲當代中國也是世界現代性的有機組成部分，但是當代中國在現代化的過程中所面臨的問題以及應對這些問題的方式方法，是中國獨有的。研究當代中國，包括中國的文革，也許能夠幫助我們更好地把握二十世紀現代性的一個更複雜的認識上的轉化。

費振鐘：在這一點上研究現代性在中國當代複雜的轉化，比研究其他的更重要，因爲它本身包含的內容非常豐富，糾集的問題也十分龐雜。中國與西方的整個現代性的進程並不一樣，中國的現代性進程可謂矛盾重重、艱難曲折？爲什麼會出現文革，爲什麼中國會以文革這種極端的方式向現代性進展？這些不僅在學術上很重要，而且在實踐上對我們的當下社會仍然進行的現代性轉變尤其重要。

蔡 翔：說到文革的現代性，一個是所謂的現代性的批判，一個是所謂的現代性的重建，那麼批判的資源是什麼？重建的資源是什麼？文革作爲一個極端化的現代性表現形式，在這兩方面都有極爲深刻的教訓。現代性批判和重建，不可能是憑空的，它們後面總有與之相關的文化背景、思想背景，我們看文革，它所進行的批判，很多利用了極權和專制的東西來進行批判，這是中國文革的特點；它的重建，比如說我現在還記得文革初期成立了很多革命組織，這些組織爲了強調平等，組織成員不設官銜，都叫勤務員：一號勤務員、二號勤務員，等等。在社會差異越來越大,在積極的意義上我們也可以說這樣做是爲了重建平等人際關係並且試圖把它制度化的一種努力,你也可以認爲它是"現代性"的一種。可在中國的文革中,這平等——不加限制的平等,這自由——不加限制的自由,其實是非常可怕的,它會使大部分人淪爲赤貧。且不論別的,文革所建立不加限制的平等,其發展的可能性是什麼?而與之相對,那種借助於批判而產生的專制性的復活,又能帶來什麼?文革極端化的現代性表現給我們提出類似的問題如此之多,都是我們今天應該清理的。

王　堯:這個問題我覺得蔡翔講得非常好,還沒有人這樣清晰地表述這個問題。除了專制的復活外,還有用擴大化了的"解放區意識"來試圖重建一個現代民族國家,在文革發展到了極頂。其中的資源,是"革命"思想,是階級鬥爭的理論。用階級鬥爭作爲杠杆來推進現代化的,革命則是一個階級對另一個階級的專政,後來甚至把"文化大革命"說成是共產黨和國民黨鬥爭的繼續。

蔡　翔:這就是我剛才談到的批判現代性的資源,它這個時候利用的資源是戰爭年代的資源。

費振鐘:批判現代性也好,重建現代性也好,如果說這個前提是可以成立的話,那麼文革的作爲"現代性"實踐的資源是什麼?我想,要是我們弄清了它的資源,就一定能知道文革離現代性到底有多遠!就拿"興無滅資"來說,用中國傳統的"專制主義"和"官僚主義"來批判現代"資本主義",這樣的錯位不啻南轅北轍吧。顯然,論說文革與建立一個現代民族國家之間的關係,並不是靠理論上的假設,靠邏輯推論,否定文革也不能靠道德上的褒貶。我們可以做的工作,就是清理的工作,從它的資源開始清理,比如馬克思主義的革命資源,中國"從上而下"專制主義和官僚主義的資源，等等。進而對文革的現代性極端形式做出客觀的解析，哪怕是一種極端的形式，它的出現總是有歷史依據的。回到歷史，並不是簡單地呈現歷史，而是要找到構成歷史的紐結。我覺得對歷史材料的梳理確實是有助於我們能夠找到文革的資源來自於哪些？只有對這些資源進行細緻的解析，才不至於被那些文革是中國現代性的一種，是 "反現代性的現代性" 的理論遮住我們的眼睛。

　　蔡　翔：我覺得我們現在談論這些問題是越來越複雜了。而這些問題與 1949 年以後中國的境遇有很大關係。1949 年後，我們實際上是要建立一個工業化的現代國家，這就需要投入大量的人力和財力去進行基礎建設，但根據國家情況，它肯定只能選擇那種低成本的、人力的投入。這樣就相應地要求對整個社會進行現代化的總動員。比如在農村裏挖水庫，就是准軍事化的社會動員。這與我們國家有限資源的使用有一定關係。我把 1949 年以後到文革之間的十七年叫做中國現代化的原始積累時期。它不是資本主義的個人的原始積累，它是國家資本的原始積累。為了有效地進行國家關於現代化的總動員，完成中央集權的結權模式，執政者就有利用它原來已經形成的組織資源和文化資源，比如其中的 "戰時意識" 和 "解放區意識" 等等就很突出。而所有這些都和文革有關，都是促成文革的因素，需要進行仔細解析，才能幫助我們理解文革之所以發生更複雜的原因究竟是什麼。

　　王　堯：在這樣一種國家原始資本積累的過程中，可以看到最初國家關於現代化總動員的預想出現了一些情況，這些情況除了國際大環境以外，還有國內人民內部矛盾的激化。原來設想的並不是這樣的，利益的調整帶了很大的問題，知識份子和國家機器的衝突、農民和工人的衝突、城市與鄉村的衝突等等，文革中許多煽動性的口號和做法幾乎是這些矛盾衝突的結果。這些現代化過程當中的問題和西方的許多問題不一樣，中國內部的這樣一些衝突在"匈牙利事件"以後，自然而然地回到用"階級鬥爭"方式來解決問題的模式。而這種解決問題的方式，反而加劇了這樣的衝突，一旦加劇，又讓毛澤東更堅信他的這種用"階級鬥爭的方式"解決問題的正確性。這樣就導致了文革整個極端性的爆發。

　　蔡　翔：王堯的話中涉及到中國現代化過程中遭遇的種種衝突，這些問題有一部分是現代化本身產生的，也有一些問題是中國作為一個傳統的國家原來就存在的，在進入現代化的過程中，這些問題被繼續提出來，比如說幹部層面的問題，就不僅僅是個現代問題，而是"吏治"，整個國家的從上到下的權力模式，專制政體下的官僚主義，等等，二千多年來一直就有的傳統問題。這些問題和現代化的管理模式產生衝突，本身就矛盾重重，不能協調。

　　費振鐘：中國要建立現代民族國家，可它採用的治理模式和體制與現代化本身無法統一到一個目標上去，反而嚴重制約著現代化牽肘著現代化的進步，使中國的變革現代化不能成立。儘管建設一個在現代意義上的族國家，這是中國革命一百年的理想，從上個世紀初到中國共產黨取得政權，中國走過了建立一個民族國家的"現代化"道路，但在進入這個現代化的過程中，恰恰有一種巨大的力量，中國傳統文化的力量遏制了現代化的進程，1949年以後，解決現代化與中國傳統之間的矛盾時，由於沒有別的辦法，只是相信階級鬥爭、相信繼續革命，結果非但不能解決，反而越加激化，這個時候現代化已經變成了一個空話，可以說到了文革終於終止了現代化和現代性的進程。不僅無法發展經濟，文化的發展、社會的發展也都陷於困境，甚至走向倒退。

王　堯：我們的討論屬於政治、經濟、社會和體制上的問題，還是回到文化上來談。我覺得文革還反映了從鴉片戰爭以來，中國文化在現代化重建中的困惑，這不僅僅是中外文化的關係問題，還涉及如何建設社會主義文化的問題。隨著經濟建設高潮的到來，社會主義文化建設的高潮也必將到來，當年毛澤東就有這樣一個預想。但如何來建設社會主義文化，沒有能夠解決好，其中最早也最多凸現出來的是知識份子問題，就是知識份子在整個社會主義現代化建設中的作用問題。文革的矛頭所指，一個是"黨內走資派"，另一個就是"資產階級知識份子"。所以知識份子在整個思想文化中的位置、作用等等一系列問題，又被牽扯出來。我覺得，社會主義文化建設中的一些現象是需要研究的。

蔡　翔：我看單是文革同樣作為中國社會主義文化的極端表現形式，我們研究的空間也很大，當然其中難點很多。王堯你的文章裏面提出了一個概念，叫"無作者文本"，我覺得這個概念非常有意思，它可以作為一個別致的視角，來討論社會主義文化。特別是到了文革後期，"無作者文本"現象非常多，你能否把你這個概念再鑒定申述一下？

王　堯：關於"無作者文本"這個概念，我醞釀的時間比較長。剛開始的時候，我把它局限在文革時期，但當我回頭重新看五十年的時候，我發現"無作者文本"這個現象其實是當代中國社會主義文化的一種現象，不僅是在文革，在十七年甚至在最近二十年當中都有這種現象，所以我認為這是一種社會主義文化特有的現象。使用這個概念，可能為我們審視當代文學史、思想文化史提供一個新的角度。我個人認為有這樣幾點應該明確：首先涉及到對作者的理解，作者的概念是在文藝復興以後產生的，它

是與知識份子與個人話語聯繫在一起，而"無作者文本"顯然與
知識份子的不在場和個人話語的缺失有關，它是集體的產物。第
二，這種文本現象非常複雜，除了在文學創作裏面，更顯著地出
現在眾多文化行為中，並起作重要作用，如社論，編者按等，儘
管事後我們知道有些社論、編者按是某個具體領導人寫的，還有
大量的編者按社論不知道誰寫的，同時它的文本類型也是各種各
樣的。第三，這種現象的產生是非常的複雜，它體現了在社會主
義文化運作過程中一些很特有的規律，比如說，我在另一本還沒
有出版的書裏提到，關於作者的文化身份問題，文化身份問題在
當代的社會裏面不是純粹的一個人的職業問題，還是一個階級身
份的問題。文革前，個人話語權已經非常微弱，文革開始後，個
人話語的權力就完全沒有了，知識份子的話語權力當然就更不可
能有，儘管在林彪事件以後，從 1972 年開始，《虹南作戰史》、《金
光大道》等等作品出現，有一些作家開始寫作，但這時候他們不
是以知識份子的身份來寫作的，所以這裏面發生了一個非常大的
變化，就是個人的話語權被剝奪了，強調集體性，強調階級性，
不但知識份子作家是這樣的，就是工人作家也是這樣的。我記得
在《走出彼得堡》這篇文章裏，任犢就提出當工人作者成為一個
階級的分子的時候，他才能代表這個階級，才有寫作的權力，這
體現了社會主義文化中的寫作，是一種集體性的寫作，是一種政
治意識形態的寫作。第四，雖然個人寫作，知識份子寫作都沒有
了，只能有一種階級寫作，那麼在這個時候，這種"無作者文本"
的一個共同點，就在於所有的話語，都是對意識形態話語的轉述。
一些話語在轉述意識形態話語時，留有空間，隱藏了一些與主流
意識形態話語不一樣的東西，但個人話權的喪失是無法避免的。
記得蔡翔有篇文章講，那時候是話說人，而不是人說話，是話語

對人的控制。是一種集體話語系統對個人的控制。爲什麼“無作者文本”會大量的產生，我認爲就是政治意識形態話語轉換中必然結果。就文學而言，“無作者文本”體現了對社會主義文化的集體想像，文學也是一種螺絲釘，是一個部分，是社會主義集體事業的一個部分。整個文革十年中，這樣“無作者文本”的現象，反映出來的是文化集權。文化集權之下，儘管沒有作者了，但是寫作中已經表明了寫作者的身份，被官方承認的允許的身份。參與“無作者文本”寫作，這也是獲取政治資本的途徑之一，文革期間許多文化館，許多報紙的通訊員都是這樣的。一旦進入到這樣的寫作，本身就意味著一種政治承認，如果你是老的知識份子，就說明你的思想改造成功了，受過再教育了，如果你是年輕人，那就是一代“社會主義文化新人”。再一點，我認爲與整個知識份子文化人格的萎縮，與思想能力的喪失有關係的。當他沒有個人話語權時，他一旦能夠進入集體的創作，他就獲得一種保險係數，只有在轉述主流意識形態的時候，或者當話說人的時候，他才獲得一種安全。

　　蔡　翔：這種話語對人的控制，不僅體現在你所說的已經發表的很多文本當中，同時還控制著我們的私人寫作，比如說書信、日記等等，而重新閱讀當時人的這些日記、書信，深深感到這種意識形態話語對人控制之深。但另一方面，我們也可以提出一個比較有意義的課題：就是說這種話語對人的控制是不是絕對的？是不是在某些時候個人的話語突破了集體話語、意識形態話語的控制？個人的某一想法有時侯也會流露出來，突破了這種控制？我覺得這是一個更有意思的研究，可以幫助我們對那個時代有更完整的瞭解，也就是說正話要反讀，反話要正讀，那些可能是個人無意識的流露，這樣也許有助於我們對那個時代有更完整的瞭

解。當然，這樣也對我們的解讀提供了很多難度：哪些是對意識
形態話語的轉述？哪些是它轉述過程當中個人無意識的流露？比
如說汪曾祺改編《沙家浜》，其中最精彩的一些段落，不是意識形
態意味非常強的東西，而是很民間化的個人語言。我們談這個問
題實際上就印證了文革是非常複雜的一段歷史，大到整個社會的
體制、政治，小到文本，它不是鐵板一塊的，在解讀的方法上也
給我們提供了多種嘗試的可能性。

費振鐘：文革對話語權的控制不僅僅在書面形式上，也控制
日常生活中語言的表述方式，它應納入到＂無作者文本＂當中
去。＂無作者文本＂所起到的滲透作用對日常生活語言作用也是
極大的。我最近在寫一些關於文革的敘事性的東西，其中一篇叫
《戴二家的語言生活》，講到某鎮有一家人，老家是別的地區的，
後來到我們鎮上去了，但他們頑強的外地方言從來不被鎮上人接
受的，文革當中他們的語言起了巨大的變化，因為要求＂早請示，
晚匯報＂，他們從早上到晚上所使用的語言都是政治性很強、集
體性很強的意識形態語言，從早上開始就是向＂敬愛的偉大領袖
毛主席請示＂，晚上是匯報一天的行為和思想，這些意識形態化
話語轉變成了日常語言，他們的語言發生了很大的變化，因此也
與鎮裏人的語言趨同並為鎮上人接受，但他們原先的表達方式在
平時生活中的很多東西還是要流露出來，以至於他們的語言生活
顯得不倫不類。我覺得研究普通老百姓的這種語言表現，也是研
究社會主義文化很重要的方面。社會主義文化確實是很複雜的現
象，由＂無作者文本＂現象可以看出文化對語言的控制上，所體
現出來的各種各樣的特徵。

王　堯：剛才你們提到我覺得值得研究的，無論是民間也
好，日常生活也好，公開的也好，隱匿的也好，當一個人能夠很

嫻熟的用個人的話語來表達主流話語的時候，問題就更嚴重了，他已經到了“出神入化”的地步了。我想除了學術研究外，我們還應該寫一個敍事性的文革。

蔡　翔：這個敍事性的文革它可能會提供另外一種打開和進入文革的方式。

（《當代作家評論》2002 年第 4 期）

在美化和妖化之外

── 與韓少功的對談

韓少功：我從北京來，說要到蘇州去，北京的很多人就知道是參加"小說家講壇"活動。可見這個活動已經很有影響，對當代文學的教學研究，起了一個很好的作用。以前似乎沒有人這麼做過。

王堯：也有，但沒有這麼集中和大規模。我在講壇開幕時的致辭和後來爲"小說家講壇"叢書寫的序言中都提到，這個講壇的設立，是爲了彰顯小說家們被遮蔽掉的意義，同時也想衝擊一下體制內的文學教育。

韓少功：對作家做一個深入和系統的研究，引導學生去理解這一些作品，理解這一段文學史，是很有意義的。對海外漢學界的有關研究也有啓示。據我所知，很多外國的讀者和研究者也關注這批作家，但苦於把握不住研究的途徑和線索，而你們整理的這些演講與對話，可以說提供了一個非常現成的管道，構造了一座很好的橋樑。你們的計畫是雄心勃勃的。能夠堅持到現在這一步，把這件事情做下來，說實話，有點出乎人們的想像。

王堯：在辦講壇的過程中，我建都覺得有些問題還要展開討論，不僅是創作的問題，也不僅是創作的思想文化背景問題。我們在今天，如果還想做一個知識份子的話，不能不面對 90 年代以來的種種現象以及現象背後的東西。坦率說，我是有焦慮的，現在用這個詞也許不合時宜法。我覺得，我們需要表明我們的人文立場，包括困惑。我知道，你在 90 年代初就開始做這樣的工作。

韓少功：說老實話，能夠聽到你提出這問題本身就令人高興。

王堯：我還是比較贊成王曉明先生的看法，遠離當代生活的批評，是沒有生命力的。我想，我們不必把"當代"的概念僅僅理解爲"當下"。其實，"當代"也是各個階段的延續，而不是中斷。譬如，在"當代"之中，"文革"是一個非常大的複雜的歷史事件。可能不僅是現在，即使在以後，如何敍述這段歷史都是件困難的事。這幾年，關於中國"現代性"問題的分歧，在一定程度上與對"文革"認識的差異有關。

韓少功：我覺得現在對"文革"有一種膚淺的認識，就是把它作爲一種道德上的偶然的悲劇，是一些壞人做了一些壞事。這個理解就太簡單了。

王堯：道德化、簡單化地解釋當代中國，在一些人那裏得心應手。

韓少功：中國的歷史發展到這個時代，很多問題是長期積累下來的，是多種原因造成的，最後形成了一個疑難雜症。大致而言，宋代以後，中國社會和文化的發展遇到了新的情況。首先是中原的農耕文明不敵北方的遊牧文明，蒙古、突厥等族群集團越來越強大，中國文明中心從黃河流域向長江流域轉移，北方的邊界線也越來越向南撤退。這以後出現過兩次大的外族入侵，雖然促進了農耕文明與遊牧文明的交流，但以漢代"和親"爲標誌的穩定外部環境趨於瓦解，中央帝國的朝貢體系趨於崩潰，日本、高麗、南安等附屬國都有了離心趨向。王安石等知識份子有過種種改革和復興的願望，但已經力所不逮，雖然有過明、清時代幾

次短暫的修復和喘息，但整個國勢是逐漸往下走的，到了晚清已
經是陷入深重危機，政權腐敗，民生凋敝。正是在這個時候，人
口資源的矛盾也日趨嚴重。晚清時期全國人口三億多，有一說是
四億多，是歐洲六千多萬人口的四、五倍，對於當時低下的農業
生產力來說已經不堪重負，各種社會矛盾不可能不激化。第二個
原因，鴉片戰爭以後，出現了中、西方文明的碰撞，列強的"堅
船利炮"打進來了，西方的資本主義、共產主義、民族主義、個
人主義等等也湧進來了，迫使中國接受一次脫胎換骨的改造，完
全破壞了中國原有的社會生態與文化生態的平衡。這就像生物入
侵，很多陌生的物種冒然闖入，沒有它們的天敵，沒有能夠與之
互相制約的物種，於是無限地擴張蔓延，加劇了社會和文化的無
序程度，增高了危機的代價。紫莖澤蘭在美洲危害不大，到中國
來就是災禍。食人魚在非洲也危害不大，到中國來同樣是災禍。
為什麼？這就是因為原有的生態平衡不一樣，生物入侵以後要實
現一種新的生態平衡，往往需要混亂而痛苦的一個過程。西學東
漸也往往是這樣。中國人在二十世紀上半葉選擇了共產主義。這
個共產主義是西方的一種左翼思潮，來源於早期的空想社會主
義，來源於更早的宗教理想。猶太教就有共產主義因素，對作為
猶太人的馬克思恐怕不無影響，以至以色列現在還有公有制的很
大地盤。基督教也有共產主義因素，凡蒂岡教皇現在還猛批資本
主義。早期烏托邦的設計者康帕內拉等等，大多是一些基督教人
士，把教內的平等意識移植到現實社會中，構造了世俗的空想社
會主義；然後馬克思更進一步，用階級鬥爭和無產階級專政的理
論給予了解釋，用資本論構築經濟學的基礎，把這種空想社會主
義變成了科學社會主義。這個思潮在歐洲發揮過重大作用，現在
北歐的、西歐的發達國家，其資本主義的自我改造，其福利制度

和民主制度，無不受益於社會主義運動。拿破崙法典是禁止工會與罷工的，工會權與罷工權是後來通過鬥爭取得的。十月革命一聲炮響，西方的八小時工作制，婦女投票權等等，也都紛紛實現了。但馬克思主義在創立社會主義國家方面的實踐，卻在東歐與蘇聯由盛及衰，最後自我崩潰。至於如何用馬克思主義來解決中國的危機？比方說，在既沒有猶太教傳統也沒有基督教傳統的世俗國家，在一個人口資源條件極爲惡化並且受到外部強國壓迫的國家，這一主義會引起怎樣的社會與文化的生態變化？這更是一個非常困難的選擇。

王堯：毛澤東和梁漱溟的爭論，其實在很大程度上是關於發展道路的爭論，不能把它僅僅看成是知識份子人格和政治權威的衝突。後來有些學者在研究中只看到了這種衝突，而忽略了別的同樣重要的問題。

韓少功：是的。體現在政策安排上，是聯俄還是聯美？走哪條道路？這都是知識份子一直在焦慮的問題。

王堯：西方有位學者說此時的中國就像一個鐘擺。

韓少功：孫中山晚期"聯俄"，毛澤東晚期放棄"聯俄"而"聯美"，都是這樣的鐘擺狀態。中國一直在"摸著石頭過河"，一直在尋找最符合國情的發展道路，有時候也難免無所適從和慌不擇路。所以說，有些曲折是有很多的原因積累而成的，不能簡單地說是幾個壞人做了幾個壞事。

王堯："文革"的發生，不能否認個人在道義上的責任，但是作爲一個重大的歷史事件，我想，它首先不是個倫理問題。就現在披露的材料看——當然這些材料都還是極小的部分，以及親歷者的敘述，我們沒有理由對"文革"做一個簡單的想像和判斷，尤其是中國語境中成長起來的知識份子，不能像西方一些學者那樣。

韓少功："文革"本身是一種非常複雜的過程。"文革"開始時我十三歲，當時覺得一、兩年之內，甚至一、兩個月之內都變化很大。哪是幾句話說得清楚的？現在國內外學者對"文革"說法很多，有的說是"文革"三年，有的說是"文革"十年。還有的說當時有兩個"文革"，即一個毛澤東的"文革"和另一個人民大眾的"文革"，兩者並不是一回事。實際上，我們作為過來人，與某些局外人甚至外國人的理解不大容易一樣。比方說紅衛兵就有好幾代。第一代紅衛兵骨幹多是高級幹部子弟，是要保衛紅色政權的，因為父母後來被打成"走資派"，就被鎮壓下去了。

王堯：通常所說的"老紅衛兵"，像後來的"聯動"組織，就是第一代紅衛兵組織。他們多是領導幹部家庭出身，在運動初期有優越感，宣傳血統論的對聯"老子英雄兒好漢，老子反動兒壞蛋，基本如此"就出自他們。

韓少功："聯動"被"中央文革"取締和鎮壓，很大一個原因，是他們的父母成了"走資派"，其子弟也成了最早反對"文革"的群體之一。但他們在運動初期的血統論觀念也被下層群眾反感，特別是"出身不好"的群體反感。在打擊"聯動"及其血統論的問題上，"中央文革"和下面那些受壓抑的階層出現過一個聯盟，一個非常短暫的聯盟，雖然聯盟各方的目的並不完全一樣，比方批判血統論的遇羅克，最終就還是死於"中央文革"之手。這裏有上層和下層不時互相利用的現象。"文革"中，這樣的臨時性的力量組合非常多見。

王堯：這種組合帶來的變化很大，老紅衛兵參加的政治運動打倒了他們的父輩"走資派"，他們自己則成了"走資派"的子

女，按照那副對聯的邏輯，老紅衛兵中的一些人一夜之間就成了
"狗崽子"。前一段時間，我重讀《遇羅克遺作與回憶》以及
《1966：我們那一代人的回憶》，真的是感慨萬千。

　　韓少功：第二代紅衛兵骨幹多有知識份子家庭背景，所謂
"三師（醫師、教師、工程師）"子弟多，大多受過壓抑，容易
滑向所謂"極左"，即在"打倒走資派"的名義下對紅色政權提
出改造要求，結果也被鎮壓下去了，遇羅克就是一個典型例子，
湖北的張志揚，湖南的楊曦光，在同一時段也被投入了監獄。即
便同是"極左"的紅衛兵，也有不同的思想成分：當時有的崇拜
吉拉斯，有自由主義色彩；有的嚮往格瓦拉，有共產主義目標。
如果這些千差萬別統統被抹殺，歷史就不可理解了，也不可能被
診斷了，就只能用"全民發瘋"來解釋——事實上，現在的一代
青少年對"文革"就是以"發瘋"一言以蔽之。這正是多年來
"文革"缺乏如實分析和深入研究的結果，是再一次"文革"式
愚民的結果，將使人們難以獲得對"文革"的真正免疫力。我們
不要在人事上算舊帳，歷史恩怨要淡化處理，這是對的。但不能
沒有嚴肅認真的學術探討，更不能隨意地掩蓋歷史和歪曲歷史。
比如說，"文革"中某些群眾性的騷亂，本身也是對"文革"前
已經出現的很多社會弊端的一種消極性懲罰。我記得很清楚，57
年被打成右派的很多知識份子，在"文革"中站出來造反，在我
所在那個城市，由他們組成的"黑鬼戰團"就名噪一時。他們認
為"反右"是"十七年黑線"的一部分，希望毛主席的革命路線
給他們平反。像這樣的細節，在我們後來對"文革"的描述中完
全可能被掩蓋掉。沒有幾個"右派"提到過這樣的造反史和他們
當時對"文革"的寄望。

　　王堯：有一本集體性的追述"文革"的書《那個年代中的我

們》，其中不少文章談到一些人在"文革"發動時期的造反動機。在當代史上，有一個現象，不僅是知識份子，包括別的階層，有一種動機，就是把運動看成是改變自己命運的機會。在日常生活政治化以後，運動就像當年一部話劇的劇名"盛大的節日"。

韓少功：《芙蓉鎮》寫一些"右派"在"文革"中受害，是一部分真實，但當時包括很多"右派"在內的社會各階層，曾經以"文革"的名義要求社會公正，而他們的不無合理的動機又帶來了荒謬或暴力，甚至給其他人造成過傷害，這些複雜的過程還缺少知識上的清理。當時受害者也往表現出施害者同樣的思維方式和行為方式，這種結構性的社會病相，這種衝突雙方的互相複製和互相強化，是"文革"重要的奧秘之一，在簡單的道德批判中卻一直成為盲點。《芙蓉鎮》一類作品在這些方面的膚淺和虛假令人吃驚。這個作品還表現什麼國企員工和其他勞動者的矛盾，好像國企員工都是黨衛軍，是極"左"的，是打壓小集體或者個體戶的，完全是一種概念的圖解，是脫離生活的虛構。在當時的分配制度下，國企員工與其他勞動者並無利益競爭的關係，都是在計劃經濟的一口鍋裏吃飯，因此我相信，沒有任何地方的"文革"史料可以支撐《芙蓉鎮》這種對社會矛盾的虛構。我們在這一類作品中只能看到不可理喻的"瘋狂"，看不到真實可信的人物行為動機和邏輯，看不到歷史悲劇過程中每一個環節的必然性和豐富性。這是批判"文革"嗎？難道人們需要借助謊言來批判"文革"？難道說真話的批判不是最有力量的批判？

王堯：當時也有一些人就像魯迅筆下的"看客"。

韓少功：這種"看客"在 1968 年以後越來越多，因為利用"文革"來改良社會的希望越來越渺茫，"文革"後期的極權化越來越嚴重，而不是像群眾在運動初期希望的那樣越來越緩解。

這就是有些人持"文革"三年說的依據之一,因為 1968 年以後,有限的社會運動也消失了,群眾基本上成了失望與迷惑的"看客"。如果認為"文革"是一次社會運動與高層鬥爭的結合,那麼 1968 年以後實際上只剩下高層鬥爭了。後來的"批林批孔"、"反擊右傾翻案風"等,只是極少數人假社會之名的折騰。

王堯:在後期,運動的激烈程度有緩解,就與群眾對運動的失望有關。在部分黨內人士和知識份子那裏,開始獨立思考,開始重新認識這場還在進行的運動。紅衛兵運動在 1968 年落潮,他們中的不少人思想情緒有反復,這在食指的詩歌中也反映出來。

韓少功:我在《暗示》裏寫到知青"讀書小組"。據我所知,當時這樣的小組在貴州、山西、北京、廣東、廣西、河南、陝西等地都有,是最早懷疑和反思"文革"的一些青年團體,其中很多人後來成為了 1976 年以"天安門事件"為代表的抗議運動的主體力量。

韓少功:"文革"是革命社會演化為極權社會的一個標誌,其危害突出表現在人權災難的層出不窮,逐步升級。但革命與極權呈現為一種交雜的結構和演變的過程,在"社教"、"反右傾"、"反右"乃至延安"搶救運動"中,"文革"一脈其實已經初露端倪而且逐漸發展,民主規則逐漸遭到踐踏,因此"文革"完全不是偶然的。而在另一方面,即使在極權最為嚴重的"文革",革命的某些內容仍在延續。自力更生,艱苦奮鬥,教育改革,合作醫療,文藝下鄉,兩彈一星,南京大橋、雜交水稻,幹部參加勞動,大搞農田基本建設,建立獨立工業體系,還有退出"冷戰"思維的"三個世界"外交理論,等等,這些發生在"文革"時期的事物,與"文革"的極權政治是否有所區別?這些事物儘管也染上了"文革"的汙跡,但對於一個發展中國家來說是否也含有某些合理的因素？葉蔚林等作家在小說或回憶錄中寫到，他們當時下放勞動領取了"安家費"，工資也一分錢沒減，因此鄉下農民經常上門來借錢，鄉村幹部也來揩油。顯然，他們當時並沒有進入奧斯維辛集中營，沒有死於毒氣室。把"文革"類比"奧斯維辛"是眼下流行的修辭，這在氣頭上說說也不要緊，但就當時大面積的社會狀況而言，卻不是一種認真求實的分析。猶太人在納粹德國哪有安家費和工資？再說對外開放吧，我清楚地記得，在毛澤東在世的時候，美國總統與日本首相相繼訪華，重大的政策調整已經開始。鄉下人開始使用從日本進口的化肥，"株式會社"之類的字眼被大家熟悉。

王堯：不少地方，包括在一些城鎮，有人喜歡化肥袋子的布做褲子，一時很流行。

韓少功：這就是最早的對外開放，是十一屆三中全會決定大規模改革開放的遠因——儘管那時候可能是不夠自覺的，是權宜之計還缺乏深謀遠慮，缺乏意識形態的深度調整。"文革"時期的經濟制度也需要具體分析。當時秉承蘇聯計劃經濟的模式，消滅私有經濟，在工業和商業這一塊問題確實很多，最後連火柴、肥皂都緊缺了，城市裏總是停電。但農村經濟制度沒有照搬蘇聯，在經歷過 60 年代初"三年"的人禍天災之後，算是吸取了一些教訓，慢慢摸到了一點"中國特色"。1968 年我們知青下鄉時，農民是有自留地的，集鎮上小型的自由市場也是合法的，我們就經常去"趕場"、"趕鬧子"，它們並沒有被當作"資本主義尾巴"完全被割掉。雖然"割尾巴"的輿論壓力存在，但還沒有變成正式的國家政策。人民公社以生產隊爲核算和分配單位，實際上是以自然村爲自我管理單元，避免了蘇聯式的"國有化"和"公有化"。這種政策安排相對穩定。所以"文革"時期除了大災害，除了有些河南災區來的叫化子，一般沒有出現過嚴重的糧荒。也因爲這個原因，農民憶苦，一憶日本人帶來的戰亂，二憶 1958 年"大躍進"以後的餓死人，說"文革"十年中餓死人的倒不太多見。

王堯：我沒有做個這方面的考察，但是對"文革"中的有些現象有記憶。譬如鄉村的赤腳醫生起到的作用，不可忽視。我在臺灣訪問陳映真時，他對赤腳醫生評價很高。在人民公社化後，60、70 年代的農村經濟體制基本是一貫的。70 年代初期，和我們相鄰的一個縣，社辦企業發展迅速，我們這邊剛有點起色，就開始批。至於個體業更加沒有發展的空間，像木匠等手藝人，在外幹活的都勒令回鄉。這一點我印象很深。最近這幾年，鄰縣的鄉鎮企業和私營經濟發展迅速，而我的老家卻緩慢得很，思想不能解放，這與當年的批判很有關係。問題就是這樣複雜，好的水利設施，多數是在 70 年代建設的，現在許多地方遠不如當年重視。

韓少功：幾年前我到印度去訪問，發現他們那裏的現代化也在進入一個起步階段，但遇到的一個嚴重的問題就是農村。他們的公共水利設施嚴重不足，每次大洪水都造成人口數以萬計的死亡，財產損失就更不用說了。第二，他們基礎性的公共醫療嚴重不足，不像中國有遍及鄉村的公共醫療網點，還有過赤腳醫生和合作醫療這樣的制度實踐，人均壽命比中國低得多。第三，他們的大學教育水準較高，大多是英式教育，但基礎公共教育薄弱，文盲率高達百分之三十以上。張藝謀拍過一個電影《一個也不能少》。我的很多知青朋友都在電影裏的那種學校教過書，有時一個人管一個學校，叫"單人校"、"複式班"。那時學費可以免，收費也很低，學生交一、兩塊錢就可以讀上一個學期。我們可以說，那個時候中國的人權災難主要落在官員、知識份子、"四類分子"頭上，也出現過很多經濟上的瞎折騰，但在農村的基礎公共水利建設、基礎公共教育、基礎公共醫療等方面，卻靠自力更生艱苦奮鬥取得了不小的成果，在農民的生存權和發展權方面有諸多改善。這就是印度與中國的差別之一。解決這些問題，印度主要是靠宗教，很多有宗教信念的知識份子發起下鄉運動，組成自願者的團隊，去幫助下層貧民。中國則靠國家權力的組織動員和精神動員，靠社會主義制度——雖然這種制度在"文革"時期受到極大扭曲。我說這些，並不是要為"文革"評功擺好，而是不贊成在批判極權的同時完全否定革命，不贊成對一個革命與極權相交雜的社會形態貼上簡單的道德標籤。那只能增加批判極權政治的難度，甚至最後需要借助謊言。那不是"文革"式地批"文革"嗎？

王堯："文革"的發生與冷戰有關，冷戰思維對知識份子的影響是不可低估的。我反對以簡單化的態度對待重大歷史事件。另一方面，我同樣反對有些人士為"文革"辯護，我覺得為"文革"辯護的人仍然是在用冷戰思維看問題。當然也有些人為"文革"辯護是出於某種現實的考慮。

韓少功：有些國外的人或者新一代人，沒有親歷過"文革"，當他們對資本主義有所不滿的時候，容易對革命產生浪漫幻想，甚至為"文革"辯護，比如說勞動人民參加政權管理有什麼不好？問題是，那只是一種宣傳，而不是真實。還有些人認為，政治集權乃至極權是發展中國家強國的必要手段，取消民主與自由是發展的必要代價。在這些人看來，韓國、臺灣都是在政治獨裁時期實現了現代化的起飛，中國的極權也無可厚非。這是一種經濟主義，唯發展主義，忘記了人是發展的目的而不是手段。需要指出的是，正視"文革"中或多或少的發展成果，剛好是要說明這些成果並不能取代人的尊嚴、自由、利益、人情等等，剛好是要準確找到批判的物件，就像一個醫生，是要治病而不是要殺人。把殺人當作治病，一定是假醫生。妖化"文革"往往來自唯發展主義的邏輯，因爲在他們看來，"文革"既然不好，社會發展各方面就只可能一無是處。結果這種妖化也剛好爲美化提供了條件，一旦有些人發現當時中國經濟優於印度，一旦他們發現當時的失學率、下崗率、犯罪率比改革開放時期的 90 年代還低，極權政治就可能被他們美化，被他們原諒，被當作一筆"代價"輕易打發。在這裏，妖化"文革"與美化"文革"是互爲因果的。

王堯：我贊成你的一些基本的看法，確實，從政治上給"文革"定性容易做到，但"文革"本身，以及構成"文革"的因素確實是非常複雜的，這就意味著單一角度看文革有很大的局限。你剛才提到的許多多方面的問題都可以作深入的研究，有些問題還需要在世界範圍內討論，譬如"文革"與法國大革命，與"五月風暴"等。深化的。西方包括日本，觀察和評價"文革"的視角和觀點，前後有差異。這裏還涉及到中國的現代性問題，"文革"是不是現代性的重建？還是反"現代性"的現代性？一般地說，階級鬥爭、革命等都是現代性的特徵。"西方"在"文革"發生和發動的過程中，非常關心"文革"時期的現代性重建問題，當然，不同國家的反映有差別。日本的左翼知識份子對中國的"文革"是非常歡呼的，一些學者從技術革命的角度看，工人成爲管理的主體，開闢了建設現代化的，"文革"被看成是在反西方現代性中重建現代性。後來汪暉在文章用"反現代性的現代性"來表述。實際上像這種思想類似的表達，在 60 年代就有了。我在和蔡翔的對話中提到這個問題。我現在覺得，這個話題需要深入下去，譬如說，無論是"重建"還是"反"，它依託的資源

是什麼，“文革”的走向其實是與我說的這種資源有關係。除了
你剛才提到的，列寧史達林關於無產階級專政的理論，還有一種
是從解放區過來的思想意識。我和我的一位朋友討論建國後的文
化建設時，曾經提出一個想法，我們覺得建國以後一段時期裏我
們党和國家領導人是以一種擴大了的解放區意識治理整個中國。

　　韓少功：是的，共產黨其實是一個很現代主義的黨，在某些
方面可能比國民黨更“現代”甚至更“西化”。李宗仁在廣州等
地禁交誼舞的時候，延安在大跳特跳交誼舞。蔣介石提倡“尊孔”
的時候，共產黨最堅決地“打倒孔家店”。錢穆這些國粹派因此
就寄望於國民黨，激進青年們則大多往延安跑，有一個統計資料，
當時國民黨高官90%以上的子弟都思想“赤化”，大概共產黨的
現代主義風格更適合這些青年的口味。用今天的話來說，共產黨
更“酷”，更“先鋒”“另類”呵。從50年代起，中國的發展目
標就是要“超英趕美”，總是算鋼鐵有多少，煤炭有多少，“四
個現代化”的目標也是周恩來在毛澤東的支持下提出來的。在這
些方面，“現代性”的發展主義和進步主義色彩顯而易見。從思
想理論武器來看，比方說“階級”本身就是一個西方的概念。中
國古代人談“君子”和“小人”，有時也談“富者”與“貧
者”，但不談“階級”，不談生產關係與所有制，階級鬥爭和無
產階級專政理論是一種西方的舶來品，最初在解放區進行過實踐
的嘗試。我就記得在1947年前後，解放區的土改政策向全國推
廣，黨內已經有很多的爭論。我下放的地方就是任弼時的家鄉，
縣裏曾安排我去寫關於任弼時的書，讓我瞭解到當時一些情況。
當時任弼時對土改中一些“左”的政策提出了尖銳的反對意見。
因爲中國是一個以自耕農爲主的小農社會，與俄國和歐洲的情況
非常不同。運用西方的階級鬥爭理論來開展中國的土改，總是一

次次發"左"的虛火，教條主義害人不淺。中國的北方與南方也不一樣。作家馬原說過，他老家在東北，地多得不得了。他祖父聽說要土改，把土地趕忙分給幾個兒子，結果每個兒子的地還是多，都夠地主的標準。於是他們家本來只有一個地主的，一分地倒鬧出十幾個地主，算是弄巧成拙。但南方沒有東北那麼多土地，自耕農兼地主，自耕農兼佃農，這樣的混合形態較爲普遍。農民對我們知青說過，有些佃農吃香喝辣，有些地主吞糠咽草，這樣的情況也不稀奇。但當時把俄國的經驗搬到中國，又把北方的經驗搬到南方，一刀切，在階級分化並不明顯和不嚴重的有些地方強化階級鬥爭，人爲地加劇了矛盾和製造了仇恨。"文革"期間在廣西、湖南、江西有些地方出現自發的階級屠殺,出現各種"貧下中農法庭"，在無政府的失控狀態下大量屠殺所謂"四類分子"，可能就與土改時留下的積怨有關。爲什麼這些屠殺大多出現在南方？原因之一，可能就是南方土改中的教條主義和"左"的政策埋下了隱患，階級鬥爭搞過火了，失敗者內心不服，勝利者也內心緊張，一有風吹草動就有過激反應，就把事情做絕。所以說我比較贊成有些學者採用"現代性"的角度，來研究中國的土改以及後來的"文革"。當然我得補充一點，"現代性"的角度可能不是唯一的角度，事物往往是複雜的，需要有多種視角。我舉個例子，就在我剛說過"貧下中農法庭"事件中，湖南道縣有一些農民曾經跑到旅店裏去，查旅客中有沒有姓孔的人。爲什麼呢？他們想殺"蔣宋孔陳"四大家族，"蔣"找到了，"宋"也找到了，"陳"也找到了，唯獨缺了一個"孔"。本地沒姓孔的人,他們就到旅店的房客中去找。這種荒謬的事情與"現代性"有何關係？恐怕倒是與中國傳統的巫術與迷信關係更多吧？"文革"中突出表現出來的家長制、連坐法、宗族衝突、重農抑商等等，恐怕與中國文化傳統有更多關係吧？臺灣沒有社會主義革命，但也有很多"中國特色"。在很長一段時間，臺灣所有的公共汽車都沒有八路車，因爲"八路"讓人聯想到八路軍。紅色在那裏很忌諱，誰用紅色多誰就有"通匪"之嫌。我們就很難說這些現象與現代性有什麼關係，與反現代性的現代性有什麼關係，可能還得需要從另外一些角度來觀察和分析。80年代的人們多用"封建主義"來解釋"文革"，雖然用詞不一定準確，也不是完全沒有道理。

　　王堯：我在臺灣講學時感受到你所說的問題。臺灣的政治意識形態是很強的，即使一些知識份子也沒有擺脫冷戰思維，許多人談到大陸時總要說到"文革"，我提醒那些人，知識份子在別的歷史時期也曾受到迫害，國民黨專政政權的垮臺是有歷史原因的。一些人看不到大陸的進步，或者曲解大陸的發展。一些知識份子常常拿他們讀到的"傷痕文學"來推測中國大陸的狀況。"傷痕文學"成爲一些人想像中國的依據。

　　韓少功："文革"剛結束時，中國人的牢騷也很多，怨氣很大，這個可以理解。但是當時中國人思想的簡單化，與長期閉關鎖國和輿論一律造成的思想營養不良有關，與後來有些知識精英過於囿于自己的利益局限也有關。現在我們既要反思在自由主義思潮背景下對"文革"的道德化理解，也應反思社會主義革命、國際共產主義運動本身的失誤，反思從歐洲到俄國再到中國這個百年革命大潮中意識形態的陷阱和誤區，這樣才能把問題說清楚，才能象孔子說的"不二過"，即不再犯同樣的錯誤。

　　王堯：在70年代末、80年代初期，我們還沒有這樣的思想能力把事情講清楚。

　　韓少功：是的，歷史總是在這樣一種不完美的狀態下進行的，相對來說它有時候好一點，有時候差一點，但不可能有完美的狀態。

王堯：這裏還涉及到知識份子和"文革"的關係。巴金先生在他的《隨想錄》裏有一些表達，巴老從道德的範疇來做一些懺悔。現在有些人說巴金你爲什麼不講真話，其實我覺得對巴老這樣的知識份子不能太挑剔，巴金承認自己也是"文革"發生的社會基礎，這已經不容易。當然他們這一代人應該做得更好些。我覺得"文革"中的知識份子與"文革"的關係應該是比較複雜的。"文革"結束以後，中國的知識份子總把自己寫成被迫害者，實際上知識份子在當時的角色遠不是這樣單一。，所以我覺得許多回憶錄、許多文章有很大的一個失誤就是知識份子往往對自己整個思想歷程的轉化缺少敍述。我寫過一篇文章，談"文革"主流話語和知識份子的關係，我現在有一個基本的想法，就是知識份子的寫作狀態始終是與他的思想命運聯繫在一起的，有這樣一條線索。如果講到知識份子與"文革"的關係可能太大了，從主流話語的生產來看，我覺得有些問題需要討論。譬如關於"寫作組"的問題，現在有些人憑當年發表的文字來譴責余秋雨，譴責其他一些人。從當時的一些文字來看，他們確實參與了主流話語的生產。包括北大的王瑤先生，他也寫過一些文章，後來出文集時，當時的一些文章沒有收進去。我是非常尊重王瑤先生的，他是現代文學學科的開拓者，而且他後來的遭遇也很值得同情。但是北大的一些老師也爲賢者諱，我不是非常贊成。在文字背後，我覺得還有更複雜的東西，需要我們來探討。而且當時參與寫作的人，各自的情況也不一樣，是非常複雜的。現在一些學者談到這個問題時往往糾纏于個人倫理道德問題。如果現在討論"文革"還首先考慮倫理問題，可能會離真實的歷史更遠。這裏我還要提到當時開始創作一些青年作家，不少在新時期活躍的作家在1972年以後開始寫一些東西。但是大多數人在編文集的時候，這些東西都沒有編進去。劉心武他寫過《班主任》，但是在更早的時候，他寫過一個中篇《睜大你的眼睛》，我在選新文學大學"文革文學特輯"時，把它選進去了。這裏面有一個什麼問題，"文革"怎麼轉換到"新時期"的。

韓少功：對，知識份子是參與了主流話語的生產的，我也是其中一個。我1974年開始寫作，也寫了農業學大寨，寫了批判資產階級法權，算是半錯。還寫過防止地主搞破壞的小故事，屬於全錯。當時知識界的狀況很複雜。有些人可能是真誠地接受階級鬥爭理論，接受革命話語，周揚與劉白羽那些前輩的恩恩怨怨當中，可能也雜有這樣的因素，對別人展開階級鬥爭，挖了一個陷阱，結果把自己也裝進去了。還有一種情況是作者可能有所自覺，但是在一種政治壓力之下為了自保，就向強大的權力妥協。這也就是現在某些人追究道德動機的一些合理根據，因為違心寫作確實是不道德的。我當時就沒有足夠的勇敢，雖然接觸到一些地下的思想圈子和文學圈子，已經對主流話語有了懷疑和反感，但還是抱著謀生第一的私心，屈從於當時的出版檢查制度。這就像莫言說過的，當時要吃飯哪，想吃上餃子呀，還沒有承擔道義的精神境界。有些朋友就比我做得好，比如湖南已故作家莫應豐。他很早就開始批判"文革"的長篇小說《將軍吟》，這在當時的1974年是有殺頭危險的，我和幾個朋友都為他擔心。但就是這個莫應豐，當時也不是張志新，在公開場合也順從主流話語，甚至也發表過與主流話語較為合拍的散文或者小說，但他這樣做是一種偽裝，是為了獲得必要條件做更重要的一件事，簡直是一個地下工作者。如果有人抓住他的兩副面孔，說他當時仍然勇敢得不夠，沒當上張志新就是罪惡，那恐怕就有些過於挑剔了。最後，我覺得中國傳統的 "和為貴" ，也可能強化了知識份子的苟且習氣，也促成了一些較為特殊的衝突形態。 "和為貴" 就是不撕破情面，事事留有餘地，給對方下臺階，不把話說死，不把關係鬧僵，即便有衝突也是打打太極拳。我們現在搞民主也好，搞法制也好，還遇到這種文化傳統的障礙，人們不習慣於鐵面無私的公開交鋒，倒是習慣於暗中使絆子、做手腳。在 "文革" 中期與後期，共產黨內高層其實已有一些異端，但思想鬥爭往是採用一些委婉的方式，暗示的方式，話裏聽音的方式，陽奉陰為的方式，與西方人的風格大為不同。我們事後來解讀當時的一些文本，需要非常小心。

王堯：是有一些複雜的問題的。一種像我們剛才講的，有一些作家他就是 "兩手" ，他公開的和私底下的姿態不同，確實是兩手，他相信私底下的以後可能就變成公開的。另外一種情況，用兩種話語寫作的，正是反映了知識份子的矛盾。比如說顧准，從他跟他弟弟的通信，可以看出我們比較高度地評價他是有根據的；但是，在顧准的日記裏面，他確實也在用當時的主流話語來寫作的。所以有人提出了 "兩個顧准" 的問題，又有人寫文章反駁，認為顧准用主流話語寫作，是一種策略性的考慮，認為不存在兩個顧准的問題，他認為那用主流話語寫作的是假顧准。其實不僅是顧准，包括郭小川，還有郭路生，也有用兩種話語寫作的問題。我認為不是一個真假的問題，當時中國的知識份子是充滿矛盾的，如果沒有這個矛盾，也就沒有後來的轉換，而轉換有個過程，這個過程會反映出知識份子的不同方面。

韓少功：我們當年下鄉時，農村存在著一些官僚主義，一些貪污腐敗和坑農傷農的現象。我們帶著一種紅衛兵的造反精神跑

到那裏去貼大字報，同當地某些黨政幹部發生衝突。但當時我們
沒有別的思想資源，只能用主流話語來解釋這種現象，比方把他
們解釋爲"走資派"、"修正主義"，等等。現在看來，你可以
說那些話語都不對，是典型的"文革"遺風，但那些話語所針對
和所解釋的問題卻是真實的，直到現在還存在。你當時整個地生
活在這種主流話語的汪洋大海裏，可能很難有別的什麼解釋。這
是一種話語資源上的困境。我在《暗示》裏也寫到，"文革"後
期反對"四人幫"的，有馬克思主義者，有自由主義者，有極左
的"託派"，有佛教或道教的信仰者，各種思想資源都不一樣，
但這些差別並不重要，因爲它們共同的目標，各種話語共同的所
指，就是要結束"文革"，就是呼喚中國的改革開放。像顧准這
樣一個研究馬克思主義的思想家，話語資源並不等同於他利用這
些資源展開的思想，其文本有一個表層意義與深層意義的不同，
有一個如何解讀的問題。

　　王堯：如何看待"文革"時期的各種思想資源，現在也有分
歧。比如說"文革"時期內部發行過一些所謂灰皮書和黃皮書，
對後來的思想啓蒙產生的作用是很大的。在上海奉賢的五七幹
校，有一批人被組織起來翻譯了西方的一些書，這些書對青年知
識份子影響很大。我曾經讀到一篇文章，題目是《你究竟要幹什
麼》，講了當時參與翻譯的這些人，都不肯回憶這個事情，就是說
不願意承認自己是這些書的譯者。我後來就想這個問題，爲什麼
不承認？看來，在思想不自由的情況下翻譯思想自由的書也給他
們留下了創傷記憶。

　　韓少功：離開了特定語境，我們不可能理解任何文本和事
物。我說過"忠字舞"，它表面的含義和深層的含義是不同的。
從表面上說，"忠字舞"是當時製造個人迷信的折騰，這一點不

言自明。但是在下一個層次，它可能完全是一種娛樂，當時沒有別的娛樂啊，所以只能利用這個娛樂，就像今天人們跳“國標”或者“迪斯可”；再下一個層次，當時很多人還利用“忠字舞”從事某種藝術追求，包括一種很西方化的藝術追求，西洋音樂和西洋舞蹈都在“革命”的名義下偷偷復活了。這在 60 年代後期其實很普遍。我的很朋友就在那個時候成了小提琴和手風琴的發燒友，對西方的音樂家一個個都如數家珍。這是今天很多人可能都想像不到的。北島那個北京圈子很多人的回憶錄，可以證明這一點。

　　王堯：我在想，社會主義文化包括社會主義的文化想像，因為有過挫折，今天很容易地被簡單化地對待。

　　韓少功：比方說毛澤東在 60 年代初期關於“走資派”的理論，有一個官方的讀解，但民間有另一個讀解，就是反官僚主義。不瞭解這一點，就無法理解“文革”為什麼能在初期獲得民意基礎，為什麼能有那麼強大的道德優勢和社會動員力，以致讓絕大多數知識份子都虔誠地捲入進去。如果把“文革”僅僅理解為幾億人的“發瘋”，那倒是把真考虎當紙考虎輕看了。真老虎之所以有力量，在於它往往能利用民心民意，不僅僅是幾個壞人用魔法使民眾發瘋。連希特勒也要反腐敗，墨索里尼也能使火車正點，這樣他們才成了真老虎。

　　王堯：還有關於資產階級法權的討論。

　　韓少功：那場討論能夠激起一種平等主義的道德想像，只是由於民眾對極權體制已有深深的懷疑，所以沒有像“文革”初期那樣積極投入。

　　王堯：有些問題作為“中國問題”並沒有隨著“文革”的結束而消除。這又使一些人常常以現在還存在的問題，譬如官僚主義問題等來推測“文革”發動的原因，“文革”中，毛主席反官僚的一些思想，成爲鬥走資派的根據，但現在不能簡單化地說今天有仍然有官僚主義就說明"文革"發生的合理性，邏輯上是有一些問題的。另外一個方面否定了"文革"又不能忽視問題的存在。其實，今天我們對"文革"也在發生著"想像"。對"紅衛兵"的評價也類似的情況。你在散文中也說過你在國外的體驗。

韓少功：很多外國人不大容易摸準中國的脈，要不是妖化，要不是美化。但這個問題首先應該由中國的知識界來負責，因爲有些人更習慣靠外國人的腦袋來理解中國問題，也在妖化與美化這兩極之間"翻燒餅"，自己也說不清楚自己。

王堯：紅衛兵在運動中的角色在整體上是由"革命先鋒"變爲"再教育"的物件。1968年毛主席接見了紅衛兵領袖以後，形勢發生了極大的轉化，紅衛兵運動變成一個知青運動。其實當時知青運動中的知識青年，是一個政治身份，其中的一些人因爲開始思考，開始思想，從而獲得了知識份子身份，而不是因爲他後來讀了大學，學了文化知識。能夠思考、能夠閱讀，能夠從主流話語中擺脫出來，我覺得他就具有了知識份子的身分。一些人被推薦上了大學，我們未必就稱他爲知識份子。在今天的知識份子群體中，我發現一些工農兵學員出身的知識份子其教育背景對他的影響是很大的，我這樣說不是歧視一代人，我越來越感受到教育背景的重要。

韓少功：在我的感覺中，林彪事件是一個重要的分界點，因爲巨大的思想震動，一次非常隱秘的思想啓蒙從那時候開始。

王堯：朱學勤曾經用"68年人"來命名思想史上一批人。

韓少功：我不知道這個命名是否合適，因爲歐美"68年人"與中國知青一代後來的情況有很多差異。知青下放農村那一段，因爲社會閱歷的增加，因爲農村裏的政治控制較鬆，思想是比較活躍的。那時候讀"禁書"是普遍現象。漫長的夜晚，沒有什麼事做，讀書就成了最大的享樂。你剛才提到的的黃皮書和灰皮書，雖然名義上是"反面材料"，但在一些知青圈子裏廣爲流傳。有時爲了借一本書可以一個晚上走幾十裏路。那是一個知識清理和重建的過程，完全沒有得到社會的什麼幫助和扶持。那個過程中出現了後來的一批知識份子，雖然他們與學歷沒有太大的關係。我從來不覺得知識份子與學歷有什麼直接的相關。幾年前，我與幾個朋友在海南辦了一個《天涯》雜誌，很多人都說它是面向知識份子的，其實從讀者來信的情況看，很多優秀的讀者處於社會底層，比如說是浙江某個縣毛紡廠的工人，或者是某個糧庫的管理員。倒是有很多博士或教授讀這種雜誌有許多障礙，對文化與社會問題根本沒有興奮點。80年代以來一批活躍的知青作家，有幾個是讀了大學的？他們都是在鄉下讀"禁書"成長起來的，黃皮書和灰皮書功不可沒，所以後來出現了史鐵生、張承志、李銳、張煒、王安憶、北島、賈平凹、阿城、梁曉生、張抗抗、鄭萬隆等等。還有一些人進入了哲學和社會科學領域，溫鐵軍、劉禾、陳嘉映、朱學勤、黃子平等等，也是一個可以開列得很長的名單。這一代人有他們的弱點，比方說大多缺乏"童子功"，學養基礎不是太扎實，一般也沒有多少家學淵源。但他們也有長處，那就是曾經在艱苦生活中摸爬滾打，都有一段生活實踐的履歷，與由校門直接走向校門的人不大一樣。文章憎命達。生於憂患死於安樂。艱苦鍛煉對一個人文知識份子可能是非常必要的。這並不意味著我願意全盤肯定知青上山下鄉運動。這種強制性的運動在今後再也不可能出現了，也不應該出現了，但這並不妨礙今後還會有些人自願到艱苦的環境中去磨練自己。

（選自《韓少功王堯對話錄》，蘇州大學出版社2003年第一版）

反省歷史塑造自己的過程

── 與李銳的對談

王堯：好像是李皖說過這句話，沒想到這麼早就回憶了。我也有這樣的感覺，特別是當我面對比自己年輕許多的學生時，我常常會想起自己的經歷，這個經歷其實是很平淡的，並沒有什麼大的起落和傳奇故事，而且我一直覺得我們六十年代出生的人在大的歷史敍事中似乎沒有自己獨立的故事。但是，即使像我這樣的經歷對年輕一輩來說都有些不可思議。儘管如此，我還是不時有些回憶，包括在自己的學術研究中也有這樣的情況。我想了想，這或許有懷舊的成分，但在理性上，我覺得回憶其實是反省歷史塑造自己的過程。

李銳：實際上我覺得這半個世紀以來的中國人的思想和經歷，沒有什麼太多的劃分，就是說，其實我和絕大多數的人、千千萬萬的人都是一樣的，都是經歷了那個從完全的相信、徹底的服從，到經過"文革"的那樣一種震動、那樣一種反覆，到最後開始自己想問題。其實就這麼簡單，不再相信別人給我的真理。

王堯：不過我覺得今天有許多人在回顧那段歷史時，不是非常誠實，我覺得好像很虛偽。也許一些人是例外，但實際上大多數人都是這樣過來的，現在卻不承認這樣的事實。歷史在記憶之中，對記憶的有意修改，其實也是修改歷史。

　　李銳：對對，很多人都變成"哎呀，我是被迫害的。"

　　王堯：都在說自己也有苦難啊。

　　李銳：不是那樣的，實際上不是那樣的。"文化革命"的那個歷史是所有的人共同造成的歷史，真的，你不能只講誰誰誰發動了"文化革命"，於是我們才經受了這樣的一場浩劫，實際上這是一個所有人共同造成的歷史。

　　王堯：每個人以不同的方式來成為"文革"發動的基礎。

　　李銳：成為"文革"的一部分，包括現在有些人忽然又站出來說：哎呀，你們這些知識青年作家不懺悔，什麼什麼的。要求別人來懺悔的這些人，非常怪異，譬如一個過去作意識形態工作的高級幹部，她突然站出來要讓當年十六七歲孩子來懺悔，她認為她寫了那本書就懺悔了。中國的知識份子真會沽名釣譽啊，真是啊，那個對歷史的、對自己良心的態度真簡單啊，就講了一點那樣一些簡單的事實，講了一點，我認為僅僅是一部分，那就認為她自己已經都懺悔了，被好多人捧著，哎呀，這是一本大書，這是一本會留在歷史上的書。裏面有什麼？

　　王堯：有些老一輩這樣講話時，包含了一種"革命導師"心態，那一批人非常喜歡當青年人的導師。當年就是這樣。一些人說紅衛兵是喝"狼奶"長大的，其實有不少人做過"狼"，做過"狼外婆"。

　　李銳：在當下的語境中，你提出來說讓幾個十五六歲的中學生來懺悔，這公平嗎？你這是對歷史的態度？你這樣的態度是對歷史負責的態度嗎？在中國大陸，"文革"正在被製造成一個最大的謊話，提起"文革"只有所謂的"四人幫"和紅衛兵是可以批判的，是有罪的，是十惡不赦的，其他的都不可以批判。當初以國家行為的方式搞了十年的政治運動，現在又製造出一套官版"文革"，而有的人就是願意為這樣的謊話添油加醋。

王堯：許多親歷過歷史的人實際上在遺忘一些東西，有意識地遺忘歷史。

李銳：那是故意地在遺忘，故意地在美化自己，有些人真的就是，哎呀，好像說幾句呼天搶地的話，他就懺悔了，歷史是這麼簡單的嗎？真的是這麼簡單的嗎？好多人只指責當初紅衛兵怎麼怎麼樣，可"文革"搞了整整十年，"文革"不止一個"紅八月"。我不想為"紅八月"的殘忍和暴力辯護。我也不想為自己當過紅衛兵辯護。我只是想指出事實。我記得非常清楚，"文革"一開始的時候，初中是不許搞文化大革命的，中學生不許參加運動。中學的文化大革命是從老師先搞起的，老師們先寫大字報、先揭發，……先從這個開始，然後同學們才知道老師們誰誰誰出身不好、誰亂搞男女關係、誰誰誰走白專道路，要不然同學們後來怎麼能知道那麼多老師的事？現在大家都出來，老師好像都成了被迫害者了，根本不是那麼回事。你不想想我們做學生的時候，老師們是怎麼教育我們的，給過我們什麼思想？你把階級鬥爭、階級仇恨、階級專政都教給學生了，你還想指望自己的學生做什麼？當然，這不是某一位老師個人道德和個人行為的問題。在這個問題上不存在誰更有理，更有道德和道義的問題。把歷史道德化是最省事的謊言。沒用。

王堯：與教育體制有關係。在中國現代史上，無論是反帝反封建還是反抗國民黨的專制統治，青年學生運動都有著光榮的傳統。建國以後，這個傳統中包含的大無畏造反精神和英雄主義行為，成為青年學生的榜樣。我們可以從當年紅衛兵的宣言和行動中清楚地找到這一明顯的歷史因素。但是，青年學生受到的思想教育是矛盾的。要求青年學生"做黨的馴服工具"、"做螺絲釘"，在"文革"中就有了"毛主席揮手我前進"的集體行為。這樣的教育與青年學生運動所體現的精神是矛盾的，甚至是不同方向的。這種矛盾的教育和不斷興起的政治運動交互作用，不僅在思想意識上而且實踐的層面上塑造著紅衛兵一代。源於階級鬥爭擴大化理論和極左思潮的思想政治教育和鬥爭實踐，給青年學生形成了一個相當牢固的政治文化背景，並賦青年學生以這一背景為依託的關於中國與世界、無產階級與資產階級、馬克思主義與修正主義、歷史與現實、個人與集體、革命與反革命等相關知識體系，觀察與思考的立場、觀點和方法，特別是思維方式，以及從事階級鬥爭、參與政治運動的欲望等。"文革"結束以後，一些人的信仰危機與此相關。當然，有不少人從那個背景和知識體系中跳出來了。

李銳：更與國家體制有關，與辛亥以來的歷史結果有關。比如從孫中山開始的那個黨國體制，比如新文化運動前後俄國民粹主義思潮傳播到中國後，所產生的神話大眾和反智主義傾向，（"勞工神聖"這個口號就是蔡元培先生提出來的）這兩個內核再加上全面反傳統的主流意識形態，導致了中國近代史上許多只開花不結果的惡性循環。我看過一些學者寫得很深入的探討文章。其實本來大家不妨各自堅持一個自己的立場討論問題，這個很好，但是切記不要為了自己的立場、理論體系，來簡化歷史、簡化別人，這個是最糟糕的。更不要用簡單化的道德立場來簡化歷史。

王堯：長期以來有這樣一種簡單化的思維方式。許多知青作家在"文革"後期開始寫作時，都帶有當時的痕跡。

李銳：對。那個時候我只是覺得當時插隊一點出路也沒有，只是覺得，我是黑五類、狗崽子，根本沒什麼出路，其實當時我寫作只是出於一種很簡單的反抗，我不願意接受強加給我的這一切，我總想做一件事情向別人證明一下我不是你們說的那樣。當然當時寫的東西現在回過頭來看根本就談不上對文學有認識，都是"文革"的時候那種氣氛，只能寫什麼"三突出"啊什麼的，就是那樣寫了。我記得我的第一篇文章還被出版社說你不好，你的作品傾向有問題，有寫中間人物的傾向，還有編輯這樣來談我的作品。但是回過頭去看，當時寫的東西當然……就是那種東西，就是當時歷史條件下的產物，我當時的思想認識就是那個樣子，就是無產階級專政下的奴隸們能有的那點兒奴隸思想。

王堯：林賢治講有"兩個顧准"，李慎之不同意，但是我認爲還是有"兩個顧准"，他確實有他矛盾的一面，你不能說他用文革話語來寫作，就僅僅是應付，我認爲沒有這麼簡單的事，有它的另外的一面。像馮友蘭他們當時都非常真誠。

李銳：我記得我在一篇文章裏舉過一個例子，你看看傅雷先生自殺的時候寫的那些話，一個人已經到了以死相爭的時候了，留下的遺書裏還要寫我們這些人是社會渣子，早就該退出歷史舞臺了，什麼什麼的，還是對"文革"的完全正面的一個肯定。

王堯：鄧拓、彭德懷臨死還說我不反對毛主席。

李銳：咱們並不是說他這樣講了，他就道德水準很低下，認識水準很低下，不是那個意思，那還是一個很大的悲劇。但是也並不能說因爲他自殺了，他就對這個思想對這個歷史對這個社會有很清醒的認識，不是這樣的。胡風是讓毛主席迫害了半輩子。可解放以後，如果你讓胡風當中國作協黨組書記，按照他那個思想體系、他那個思想理論，他比周揚做得一點都不會差。對他的迫害是不公正的，但是你如果看看他那個萬言書，你看看他那個思想路線，不得了，未必就不打"右派"，未必就不搞"文革"。他只是認爲他那樣做更好、更革命、更權威。現在反過頭來你不能說因爲你蹲了監獄了，於是你就對這個社會的認識、你自己的思想認識一切都成了現在這個樣子了，根本不是的，那叫篡改歷史。

王堯：是有這樣一個問題。關於胡風的研究已經有了太多的非學術因素，指出這一點可能很多人不高興。這還是政治決定論，以前否定你是政治的原因，現在肯定你也是政治的原因。

李銳：對。但是有些人吧，他的經歷影響他終生的情感方式，影響了他那個終生的努力的方向。可以這樣說，如果我沒有這些經歷，我肯定不會寫那樣的小說，你看我的《厚土》，當然了，我這樣說也並非是說，哦，照生活的原形去寫就是文學。其實任何一個作家他都是以自己的生活經歷或者自己的情感經歷作爲他的創作源泉。"文革"搞了十年，它成爲許多年輕人一生當中最爲重要的經歷。當然我很反感一種說法：要不是有"文革"那種苦難的經歷，你們知青作家肯定都寫不出小說來，是"文革"的苦難成就了你們。

王堯："文革"經歷在創作中的作用不能證明"文革"的合法性。

李銳：我很反感那樣的說法，按照這樣的說法，誰進集中營誰就是大作家，因爲集中營裏最苦難。爲什麽集中營裏出來的這麼多人最後都沒有成爲作家？苦難不是文學的必修課。如果苦難可以和文學劃等號，那我寧願這世界上沒有文學。更何況內心的苦難體驗是和外在的苦難經歷是完全不同的兩碼事。而文學依靠的、表達的更是前者。美國的作家從來不下放、不上山下鄉，但是照樣出福克納，照樣出辛格，照樣出海明威，並不是因爲他下放、上山下鄉。那麼上山下鄉有一千多萬知識青年，最後成爲作家的，只有極少數，而成爲傑出作家的就更少了。其實，不過是每一代人有每一代的事，就好像經歷抗日戰爭的作家並不是因爲他們經歷了抗日戰爭，他們比別的作家就高明，不會那樣，那得看你是否會寫出來好的作品。而且很遺憾，經歷了二萬五千里長征，最後活下來三萬人，但是我們沒看到從長征隊伍裏產生出來一個寫小說的作家。很遺憾，萬里長征的豐富性、史詩性，按照傳統的說法，那是最適合寫一部偉大的長卷，可惜，沒有人寫出來。所以由此也可以看出僅僅有經歷，那不是成爲作家的前提。

王堯：從 "紅衛兵" 到 "知青"，這一角色的變化，需要作爲一個整體過程來研究。"文革" 初期，紅衛兵被捧爲革命的 "急先鋒"，當時以爲 "許多事學生一衝就解決了"，但全國的動亂由此而來，學生組織到了失控的地步，工宣隊不得不進駐學校，工人階級的領導地位又被強調。1968 年 7 月 28 日，毛主席接見北京學生組織的頭頭，說他們做現代蠢事、錯事，乃至犯罪的事。隨之而來的是上山下鄉運動。當時的知青是懷著 "大有作爲" 的理想去插隊的，但是前提條件是 "接受貧下中農再教育"。我覺得，我們今天在討論知青作家這一代人時，不能忽略這樣的歷史常識。一九六八年之後大規模的上山下鄉運動的興起，已經改變了知青在 "革命" 中的位置。可以說是顛倒了一個位置。知青一代作家，當他們以知青身份上山下鄉時，他們其實並不真正具備知識份子身份，知青只是一個政治身份，這個身份並不承擔啓蒙的角色，相反，而是要接受"再教育"。這是二十世紀六七十年代的一種政治規定和制度安排。因此，即使部分知青具有"啓蒙"的能力，但在當時的規定和安排中並不具有合法性。

李銳：說起這個知青作家，我覺得必須要分清楚，有一個前提就是基本上絕大多數的知青其實都是原來的紅衛兵，那就是這個經歷都是不可忽視的。有的人一說知青，就說到邊遠山區、到農村、到邊疆，等於像流放一樣，是受盡折磨和苦難的一群人。實際上這群人曾經在學校叱吒風雲，紅八月，被什麼紅司令毛澤東接見，一次又一次地往北京跑，組成了當年天安門廣場上紅海洋的那一群人。後來偉大領袖一揮手，就上山下鄉到農村去，就這個之間的變化，我覺得是一個整體，不能分開它，只有把這個連在一起的時候，你才能體會這些人的巨大變化帶來的複雜性和豐富性。

王堯：也有極個別的不是紅衛兵，但整體上是紅衛兵一代，這不錯。從"紅衛兵"到"知青"這一角色的變化，不僅是一代人命運的轉換，也與當時的政治格局有關。

李銳：我覺得提到知青就不能離開"文革"，提到紅衛兵就不能離開"文革"，實際上"文革"是中國的"奧斯威辛"。是整個中國人情感、心靈、精神的一次毀滅。我有一篇文章就講，文革是什麼？文革是所有中國的理想和外國的理想加在一起燃燒出來的一片廢墟，文革是所有的人所有的現場者製造出來的一場浩劫。所以說一說知青作家，就是受苦受難，我不這樣認為，我覺得這批受苦受難者也是當年"驅趕歷史"的人，充滿英雄主義和浪漫主義的激情，要改天換地，要拯救世界上三分之二被壓迫人民，要解放全人類的那種所謂的浪漫的英雄，他們當年是想驅趕歷史，最後，當他們成爲了知青，被打到了社會的最底層，體驗了種種家破人亡，流離失所，看到了中國真實的普通生活的時候，他們才終於理解到自己被歷史所驅趕，而且不僅僅是個人的命運被歷史所驅趕。對於我來講，我也慢慢地體味到了整個中國被歷史所驅趕，就是所有的中國人在這個世紀裏自覺地充滿了激情，充滿了理想地要去救中國，要確立各種各樣美好的方案、主義來救中國，但最後我們選擇的這個方案、主義卻把中國推向文革十年的深淵，這是一個巨大的歷史困境和反差。

王堯：我注意到您一直是從理想這個角度反思"文革"。

李銳：對。我覺得可以說是整個中國，不是一代人，不是紅衛兵一代人的困境。實際上這紅衛兵一代的父輩，他們創建了新中國，實現了地上天國的神話，可是他們也眼見了這種神話的破滅。

王堯：你當時相信你父母有問題了嗎？

李銳：下鄉的時候，我已經是狗崽子了，我父親被批鬥，家被抄過幾次。我插隊的第一年母親在政治迫害中去世。隔了一年，父親也在江西五七幹校的隔離審查中去世。但是我心裏一直覺得我父親是一個好人，這一點我是很頑固的。我一直這樣認爲：我父親這樣好，他們怎麼說他是壞人？我不相信。他曾經在辦公室裏吐血，被送到醫院裏去搶救，工作忘我到這種程度。他是新中國國營農場事業的開創者之一，1948 年底新中國還沒有建立的時候，他就在河北冀縣擔任了第一個拖拉機培訓班的主任。1950 年初這個培訓班遷到北京雙橋農場改爲機耕學校，他又擔任校長。

美國友人韓丁先生在他的《鐵牛》一書裏，對這段經歷有很詳細的記載。50 年代初第一次進行人民代表選舉，代表人選都是上級黨組織指定的，那一次是指定要選一位貧苦出身的農場工人，可是在我父親所在農場的選區裏頭，他三次被農場群眾自發提名選舉，可見他真的是一個非常受人尊敬的人。記得我上中學的時候，一次學校裏開家長會，要求學生的父母都去參加。開會那天，我父親是坐汽車去的，可我母親是走去的。學校離家有五華里。我父親說汽車是公家分配給他用的，是公車，不可以讓自己的家屬用。在如今這個腐敗成風、貪官遍地的時代，用現在人的眼光看，這幾乎是不近人情，不可理喻的。可對於我父親那是他做人的原則。我父親的爲人是我親眼所見的，共產黨的幹部裏真的曾經有這樣一批理想主義者。所以，他給我的印象是一個以身作則的人，道德上嚴於律己的一個人，怎麼會突然變成了“大叛徒”？變成世界上最壞最壞的人？所以說這種事情對我的衝擊很大。毛主席發出“知識青年到農村去”的號召時，我父親正關在牛棚裏受審查，可他還是叫我們這些孩子們上山下鄉去，聽毛主席的話，不要考慮家裏的事情。他就是關在牛棚裏，他還這樣說。我們家族曾經是自貢的一個鹽商大家，但到我爺爺那一輩時已經衰落了，我爺爺去世後，我父親就經歷了一個衰落家族子弟所經歷的一切，他貧困潦倒，他飽經了所謂貧困潦倒的辛酸。“一二·九” 抗日運動中，我父親曾經擔任重慶學生聯合會常務理事主席，隨後參加了共產黨。先後擔任過中共地下黨自貢市中心市委書記，和地下党的川康聯委書記（是當時川西和西康省的地下黨聯合委員會）。在 1946 年“審幹”運動時期被調回延安審查。因爲 1938 年他在延安抗大畢業後，曾受黨組織委派帶領一批青年學生到武漢八路軍辦事處報到，途中在漢中被國民黨憲兵扣押到“西安戰幹團”進行強迫訓練。那時候國共兩黨雖然表面上合作抗日，可所有從解放區出來的學生青年都要被國民黨再次“洗腦”。這一次的審查，一直到 1956 年才終於有了最後結果，正式恢復他 1936 年算起的黨籍。這件事情成爲他後半生的絆腳石，直到“文革”再次成爲對他政治迫害的藉口。我父親的經歷，是他們那一代人裏許多學生青年所同樣經歷的。

王堯：讀《舊址》，讀到你家族的影子，也有你精神的自敍傳。

李銳。是這樣。“文化革命”的時候，我們這種經歷簡直可以說天上地下。我母親去世後，我父親嚴重肝硬化收到醫院的病危通知書，還是被強迫到五七幹校隔離審查，強迫他掃廁所、放牛。我到山西插隊，我姐姐到內蒙插隊，我的兩個弟弟在北京郊區插隊，當時我們一家，西安、內蒙、山東、江蘇、山西、江西、北京，分了這麼七八個省區，就是這麼一種狀況。所以這種種經歷，包括了我後來到農村，我看到了真正的勞動人民，什麼叫勞動人民，勞動人民是怎樣勞動，勞動人民的生活是什麼樣的，那世世代代被綁在黃土上的人，對貧困的恐怖，希望掙脫黃土地的渴望，這個世世代代的渴望，我是真的看見了，我也真的體驗了。我也老老實實地做了幾年農民，無時無刻不在想著不去做一個光榮的農民。我發現所有歌頌勞動的人，都自己不去勞動，那些所有歌頌勞動人民的人，尤其不讓自己的後代世世代代留在那偉大的土地上，當一個偉大的勞動人民。我覺得這些謊言，對於勞動人民，根本是無用的，這些知識者所製造出來的謊言，只對他們的知識有價值，對勞動者根本沒有用，沒有價值。所以說這是前所未有的體驗。我那時候甚至覺得讀"鋤禾日當午"這樣的詩句都能聞到一股茉莉花茶的香味，我都能看到一個搖著摺扇，穿著長衫的一位知識者，他可以居高臨下地憫農。一個人被人憐憫的處境是很可憐，很可悲的。所以說這一切都導致了我對中國的歷史、人民、土地、祖國、光榮、無產階級、偉大的勞動人民，等等這一切原來最神聖的東西的懷疑，我對這所有的一切都有了新看法，這一切顛覆了我原來的理想殿堂裏的柱石，理想、原則紛紛倒塌，這一切對我來說是刻骨銘心的。慢慢地經過了"文革"後期，經過一些文學思潮，又經過八十年代中後期的文化熱，使我有一個更開闊的眼光來理解自己過去的經歷。當然，我不是從一個理論從一種觀念出發去理解中國，絕對不是。我是從我個人的親身體驗出發，我把我最深刻的體驗表達出來，至於它在什麼程度上表述了中國，表述了歷史，我覺得都是次要的，而最重要的是我深刻地表述了我自己的生命體驗。作爲一個具體的中國人，作爲千百萬知識青年中的一個，作爲一個具體的生活中的人，我所刻骨銘心體驗到的一切，我要把它表達出來。

王堯：這個經歷改變了你，也改變了你們這一代人。後來這一代作家對中國的認識，對文學創作一些關鍵問題的理解，都與"文革"中的插隊經歷有關。您後來在敍述這一段人生經歷時，常用的一個詞是"刻骨銘心"。但刻骨銘心不純粹是個人磨難的記憶。我記得您曾經談到，在呂梁山蹲廁所看到的場景改變了您從書本上獲得的關於"人民"的解釋，對"人民"的不同理解，可以說把一切都翻了個過。我覺得，這一經歷的最大收穫，就是認識了"本土中國"，注意力集中到觀察和思考中國人的精神處境上來了。

李銳：是的，我曾經說過，作為一個中國作家，我只能寫中國人，當我寫著中國人的同時，我自身也是一個地道的中國人。我不打算也不可能有其他的選擇和處境。而每一個中國人，他做只能是這一片成熟得太久了的秋天中的一部分。我只能在對於中國人的處境的深沉的體察中，去體察地球村中被叫做人的這種物種的處境。

王堯：在呂梁山乾旱貧瘠的黃土原上，您對呂梁山人民的處境有了新的認識。以前知識體系中所灌輸的知識和邏輯，也遭到質疑，這就是反思無理性歷史的開始。我們已經習慣把這種質疑視為精神覺醒的開始，其實，在我看來，更準確地說，這是一次重新陷入精神困境的開始。我覺得，無論是知青一代，還是我們六十年代出生的一代，始終沒有能夠擺脫精神困境，在這個意義上，正如您所說，寫作其實是一種"精神自救"。

李銳：我們這所謂生在紅旗下、長在紅旗下的一代人，原來接受的那一切，在"文革"當中完全被打碎，從絕對服從、完全相信、狂熱投入到最後整個情感、世界觀、價值觀被打碎，"文革"給我的一個最大的收穫就是從此不再相信任何人給我的現成的真理，我不管你是中國人、外國人，他寫了一本書，有一個什麼什麼樣的真理，它在講述這個道理的時候，我老在想，這個真理是不是真的？我覺得"文革"給我思想上最大的收穫就是這個，不相信任何現成的，別人告訴我的東西。我得想一想，我得看一看。另外一方面就是文革給我的這種生命體驗，不僅僅是從一種個人的，當然，每一個中國人只能是一個具體的中國人，但是文革這樣一場大的歷史洪流、濁流，而且是這麼殘酷的一場歷史濁流，讓我感到的歷史的荒謬和無理性，那種無理性的歷史對於所有生命的殘酷的淹沒。這一點上給我的體驗是非常非常深的。我可能只是具體地經歷了我自己的家破人亡，可是同時我看到我的身邊的很多很多人都在經歷這樣的事情，整個社會，整個中國都在經歷。

王堯：從整體上看，對無理性的歷史的清算貫穿您創作的始終，包括您的一些思想隨筆也不斷闡釋這一問題。

李銳：是的，這不止是中國人的問題，這也是整個人類的困境。最有理性的人，最終總是陷入在自己製造出來的最沒有理性的歷史當中。一群要"救中國"的人，最終把中國領進文化大革命的深淵。可是你再看看西方人，他們有自認為最好的一切：先進的文化，先進的科學，先進的政治制度、經濟制度，無以倫比的藝術，壓倒世界的軍隊，等等，可他們照樣要在自己家裏打世界大戰，打一次不夠，還要再打一次。他們用自己先進的文明成果製造了奧斯威辛那樣的殺人工廠。美國是所謂最自由最民主最講人權的國家，可美國也是人類歷史上唯一一個使用了原子彈的國家。在蘇東劇變之後，馬上就有安裝了鐳射炸彈的"民主"霸權要來主宰世界。看到這一切，你怎麼能再心安理得地相信人，相信人的理性？

王堯：在《厚土》之後，"文革"成為您追問的中心。

李銳：我在前面已經講過，"文革"對於我是一個繞不過去的深淵，是一個永遠的現在式；"文革"是所有中國的和外國的理想加在一起燒出來的一片廢墟；"文革"是所有在場的人自己給自己造成的災難。"文革"當然是中國自己的事情，可以說"文革"是一個半世紀以來，中國社會轉型過程中無數曲折失敗當中最為慘痛的一次悲劇性失敗。可另外一方面，"文革"也是世界的事情，中國的歷史已經是世界歷史當然的一部分。在這個所謂現代化的世界歷史潮流中，一個不願意被簡單同化，不願意被淹沒的古老文明，到底有沒有存在的意義，到底能不能爲人類的存在和前途提供有價值的東西？到底能不能爲現代性提供創見性的方向和解釋？我們現在把自己的時代稱作是改革開放的時代，其實也不妨稱作是"後文革時代"。因爲正是十年"文革"浩劫所聚集起來的巨大的歷史反衝力，決定了今天改革開放的走向。作爲"理想"的災難，"文革"是一個全人類都應當記取的教訓。作爲"文革"的親歷者，我怎麼能轉過臉去，爲了別人的時髦而寫作？

　　王堯：對五四的解釋一直存在著分歧，現在對"文革"的解釋也一樣。用西方的理論來解釋中國的"文革"現在成爲一種傾向。

　　李銳：什麼詹明信（Fredric Jameson），什麼德里克(Arif dirlik)啊，這些美國的大名鼎鼎的思想家理論家，一談起中國的文革來，他們老是要把文革納入到他們自己的理論體系裏去，納入到他們對於世界當代歷史的解釋當中去，認爲這是馬克思主義的、反體制的，對抗國際壟斷資本體系的，等等。

　　王堯："文革"初期日本的左翼知識份子也是這樣的觀點。我看到一份資料說，在日本，1967 年 2 月，《朝日週刊》介紹過日本左派的觀點，這種觀點認爲"文革"具有兩個側面，一個是由普及毛澤東思想而展開的黨內整風運動，另外一個是具有創造新型的社會主義文化這種積極建設的側面，而且把這場鬥爭看成是"世紀性實驗"。藤村在《中國社會主義革命》一書中，認爲"文革"提出了"即使在世界中也是遙遙領先的大問題"。在他看來，"文革"通過階級鬥爭消滅工農、城鄉、腦體三大差別，旨在實現共產主義。他還高度評價"文革"的群眾路線。這就是說西方對"文革"的理解，包含了克服現代性內在矛盾的欲望，把"文革"看成是對西方現代性重建的思路，是在中國"文革"開始時就有的西方話語。

李銳：西方的所謂的西馬，或者說西方的左派理論家和思想家們，他們對西方整個那個社會和那個社會的文化體系的批評是非常深刻的，這點是無疑的。但是，我覺得他們在理論上思想上有一個盲點，當他們把視點轉向中國的時候，他們就把中國理想化。

王堯：在日本和歐洲都有這樣的情形。山田在《問未來》中通過對"文革"的解釋得出這樣的結論：在高度工業化的國家裏，在分工過細的體制下，人們的存在被隔離開來，生存的目的被忽略；而中國則從相反的方向克服落後性的體制，通過發展這種體制，向現代的最困難的課題提出了挑戰。所以，山田認為，克服近代問題的契機就在這裏。現在有些學者還持這樣的觀點。

李銳：在法國，比如說薩特，他對"文化革命"的態度；伏波娃，那是法國最有批判立場、最左翼、最有批判鋒芒的思想家，可是他們"文革"的時候看到中國是這個樣子，他們根本就沒有對這個東西進行一種批判，甚至有的人，當時法國許多左翼知識份子就是贊同"文革"，有的記者來了中國以後隱瞞真實情況。

王堯：1968 年法國的"五月革命"是西方的一次"群眾運動"，中國對法國的"五月"給予了熱切的關注和聲援。5 月 27 日的《人民日報》社論《偉大的風暴》稱它是"巴黎公社的繼續"，是"第二次世界大戰以來最偉大的人民運動"。不僅是學生和工人，法國一批著名的知識份子也參加了這一次"革命"，法國存在主義哲學家薩特的思想對法國"五月革命"產生了非同小可的影響。他在"五月革命"中多次去巴黎大學演講，支持左派學生。法國的輿論甚至認爲"五月風暴"是"薩特的革命，戴高樂的麥城"。對於薩特的言行，保羅·詹森在《知識份子》一書中充滿了尖銳的批評和辛辣的諷刺。他稱薩特是 60 年代末擾亂社會的恐怖活動的"理論教父"。

李銳：我前不久看了一些文章，就是現在法國知識界對當時他們的那段歷史也有一個反省。

王堯：如同中國的"文革"一樣，1968 年的"五月風暴"成爲戰後法國社會文化史上最重要的分水嶺。有研究者指出，這場風暴過去之後，法國的左派知識份子隊伍再次分化。一些人繼續堅持激進的革命態度，甚至主張用暴力推翻戴高樂派政權。而另一些人則在對五月風暴的結果深感失望之餘，認爲馬克思主義"欺騙"了他們。因此，他們把自己的理論偶像從阿爾杜塞、毛澤東和馬克思轉向拉康、福柯和索爾仁尼琴，從熱衷於馬克思主義、共產主義轉向公開地反共、反馬克思主義。中國在粉碎"四人幫"以後一段時間出現的"信仰危機"與此有些類似。無疑，1968 年成爲法國左翼知識份子分道的路標。中國青年知識份子思想大規模的轉向和分化是在"文革"之後，但這種轉向和分化的過程大致始於 1968 年

李銳：需要反省。比如說，詹明信，提到中國的"文革"，就採取一個肯定的理想主義的態度，完全肯定。我覺得這不好，這是他們思想上理論上的一個盲點，或者說，他們出於對自己理論的偏好，希望找一個支撐，我認爲這是另一種意義上的對中國

的"東方化"。如果借用薩義德的觀點來分析的話。但是薩義德說的東方化是說西方把東方本質化成爲神秘的、落後的、麻木的、醜惡的,他們這樣來東方化中國。可是這些左翼思想家們當他們發現全世界的共產主義運動發展到後來,蘇聯出現了立場和觀點上的改變,和那個所謂國際資本接軌了。實際上,蘇聯的執政黨當時的一些觀點和做法,和資本主義並無二致了,他們也要建立自己的勢力範圍,也要壓榨他們下面的附屬國,給人感覺這和當年大英帝國做的事情沒有差別。西方左翼理論家和西方的馬克思主義者們,看到那個本來是革命的發源地、十月革命的發源地,第一個社會主義國家卻那樣的時候,他們就把自己的理想寄託到了中國身上。而這個寄託的過程就有一個理想化和簡單化的過程,中國從原來的麻木的、落後的、一切都不行,被徹底否定的這麼一個角色,變成了一個革命的、反體制的、代表了理想的、可以衝擊國際資本主義體制的、唯一可以挑戰所謂國際壟斷資本的這樣一個巨大的國家實體、一個巨大的理想實體,這本身也是對中國的一個簡單化,而這種簡單化其實是另一種方式的東方化。

王堯:您這是非常有意義的表述。現在看來,不僅"文革"是個問題,如何認識"文革"也是一個問題。

李銳:而且是個繞不開的大問題。

(選自《李銳王堯對話錄》,蘇州大學出版社 2003 年第一版。)

後　記

　　收在這本集子中的論文大多是我上個世紀九十年代中期轉向"文革文學"研究後的成果，也是在對歷史的敍述中反省自己思想歷程的記錄。

　　"文革"是二十世紀中國大陸發生的一個重大事件，它對中國乃至世界的影響大概是無法估算的。當"文革"成爲我少年生活的一部分時，我絲毫也沒有想到我後來的學術生涯會與這段歷史發生如此緊密的聯繫。1998 年 12 月我以《"文革文學"研究》通過了博士論文答辯，此後一段時間我的研究基本集中在這個領域。相關工作調整了我觀察和寫作當代文學史的知識背景與理論立場，同樣重要的是我由此清理了自己的思想歷程，由此開始了學術研究中對自我的反省與批判。在這個基礎上我又關注當代知識份子的精神史，並撰寫了《在紅色的大街上 ── 1966─1976 年中國知識份子研究》，這本書和《"文革文學"研究》一樣至今仍向隅而泣。我在研究中特別強調堅持歷史原則和學理立場，因此獲得學界的理解，一些刊物的編輯，特別是《當代作家評論》的主編林建法先生對論文的發表給予了從容和有力的支持。這些年來，我自己關於該領域研究的想法有不少變化，重讀舊作也生出些疑問，但論文既已發表，還是保持原樣爲好，至於那些新的想法只能在以後的著述中表達。

　　"文革"結束快三十年了，中國大陸的狀況亦今非昔比，我願以這本微薄的論文集紀念曾經的歷史和歷史的進步。這一想法得到臺灣政治大學張堂錡博士和文史哲出版社彭正雄先生的支持，他們二位在學界、出版界多年來致力於兩岸的文化交流，可敬可佩。我幾次訪學臺灣，常和堂錡兄去文史哲，彭先生總是讓我任意挑選自己喜歡的書，又親自打包幫我寄回大陸。這次編輯論文集，堂錡兄不厭其煩，沒有他的細心和熱情也就沒有這本書現在的面貌了。我唯一能表示感謝的是，趕緊完成《二十世紀中國散文史》的寫作，因為 2001 年春天我便向他們作過承諾。

王　堯　2005 年 10 月